香港大學世紀之間

改革開放初期與內地交流的人和事

陳婉瑩
主編

本書由 2021 年中啟動籌備，期間得到以下人士及單位的支持和慷慨捐贈，在此深表謝意。

朱裕倫

李嘉輝

李麗娟

紀文鳳

梁安妮

陳求德

湯蕭麗珍

馮紹波

楊佰成

香港大學何鴻燊校友挑戰計劃

香港大學教研發展基金

香港大學發展及校友事務部

* 敬稱略

解讀港大「世紀之問」（代序）

陳婉瑩

國家改革開放初期，香港大學參與並見證了內地的發展，受益於兩地往來交流，推動國家的學科發展，培育人才。本書通過訪談、文獻收集和整理，回顧港大在改革開放初期（1978–1992 年）與內地大學和知識界的互動。書中的港大教授和校友投入了改革開放的偉大工程。他們是冒險者，也是創業者。他們的激情、學問和智慧改變了個人生命的軌跡，也為社會和國家作出貢獻。他們用行動彰顯了港大創校「為中國而立」的初心，而且植根於民族情懷，給予「為中國而立」新的演繹。

香港大學是為「為中國而立」還是為「為香港而立」？這問題在港大建校之後的半世紀中爭論不休。英國和港府高官、大學高層和捐款的殷商意見紛紜。從 1920 到 1946 年，英國政府、港府和大學高層分別任命了六個委員會檢討港大的財務和運作。[1] 這些檢討的中心問題是港大的使命和功能：連年財困的港大，如何能為中國服務？還是因為資源有限，只能為香港服務？如果單是為了香港，又是否需要一間大學？

港大的難局驚動了香港和倫敦政府的最高層，1920 年，香港總督司徒拔（Sir Reginald Edward Stubbs）去信和發電報給時任英國殖民地事務大臣邱吉爾（Sir Winston Churchill）緊急求援，警告說「除非政府提供可觀援助，這所大學將無可避免地成為災難。」[2] 及至 1937 年盧溝橋事變，日本侵華，辯論因戰火戛然而止，到 1946 年方再提上議程。戰後

的討論甚至有質問是否要重建港大，還是將之併入內地或馬來亞的大學。

當年大力推動在香港成立大學的香港總督盧嘉（ Sir Frederick Lugard）明言，港大的使命，是為中國而立，要服務香港，更要向「落後的中國」宣揚大英帝國的文化，進而輻射整個「遠東」。[3] 1910 年 3 月 16 日，盧嘉在港大的奠基禮上致辭說：

「我相信，大學的畢業生……將成為最高意義上的『帝國傳教士』——被派遣傳播實用教育所帶來的好處和祝福……香港將成為皇家殖民地中的領航者，再次證明大英帝國不僅是個龐大的貿易公司，而且還肩負着神聖的帝國責任。」（It is my belief that the graduates of this University...will be 'Missionaries of Empire' in the highest sense – sent out to spread the benefits and blessings which practical education confers...That Hong Kong shall lead the way among Crown Colonies is proving anew that the British Empire is not merely a vast trading corporation, but has still the sacred fire of Imperial responsibility.）[4]

香港史學者丁新豹從文獻中，總結盧嘉的思路是讓香港效法英國實用型大學的模式建校，通過高等教育向中國及華人宣揚英國文化，藉以增強英國在當時「遠東」，特別是對中國的影響。盧嘉在聖士提反書院的演講中提到，「我們必須利用這個機會，否則將會拱手讓人。」丁新豹說，「這是他這個帝國使者義不容辭的事。他看中了當前正是開辦大學的理想時機，因而機不可失。」[5]

即使如此，英國政府對當年在香港這小島創建大學的建議反應冷淡，不願撥款。香港本地的中外商人雖大多不認同盧嘉的「帝國使命」，但有足夠的智慧，藉機支持興建一所本地的大學。建校從零開始籌募經費，得到印度的巴斯商人摩地（Hormusjee Naorojee Mody）、兩廣總督張人

1910 年 3 月 16 日，香港大學本部大樓奠基儀式。（香港大學檔案館圖片）

駿、香港華商及少數英商的慷慨解囊，以及來自惠州、廈門、越南、馬
來西亞和澳洲等地的捐款。加上中國政府略表支持，港大主樓才得以動
工，並聘用教學人才。建校後財政持續告急，得到美國洛克菲勒基金會
的捐贈，在醫學院設立三個講座教授席；英國政府亦被迫將部分庚子賠
款撥給港大，大學暫時渡過難關。[6]

年青的大學在戰亂中成長

無情的現實讓「為中國而立」的初心難得實現。港大生逢亂世，在動盪
和戰亂中成長。從 1909 年創校前夕到 1941 年香港淪陷、全面停課，港
大的財務危機頻發，需要不斷募捐和爭取港府撥款，才能勉強存活。

已故港大首任華人校長黃麗松在回憶錄中寫道：創校前人「認為香港大學應為中國服務，參與中國的青年教育，作東西文化的匯通之所。但是香港大學建校以後幾十年，創辦人的理想可以說幾乎完全沒有實現：港大與其在大陸上同時代的姊妹學校彼此既沒有什麼來往，也沒有什麼內地的學生到港大讀書。」[7]

他解釋說，導致這種情況，第一個原因是港大的教授、講師幾乎清一色是英國人；他們大多對內地興趣不大，而港大的教學語言是英文，能夠通過英文入學考試的內地生絕無僅有。其次，港大費用高昂，內地學生負擔不起。即使在香港，「大部分的學生都是來自香港的富家子弟，而大學實際上可以視為有錢人的精英培育機構。」

即使如此，從二次世界大戰前，港大還是為國家培養了一批人才，學成返回內地作出貢獻。歷史學者劉蜀永編著的《一枝一葉總關情》一書，對這時期來港大的內地學生有詳細介紹。他們主要是得到河北省教育廳選派的公費，或港大提供給師範學生的獎學金來港大。競爭激烈，獲選的精英學子大都以一等榮譽畢業，回到內地後成為學科的奠基人和行業領袖。最為人樂道的有劉仙洲，1924 年以 34 歲之齡出任中國歷史最久的工科大學天津北洋大學校長，其後在清華大學教學，籌建機械工程系，提倡學理與實驗並重，人稱「工程師的工程師」，劉少奇、李富春、李維漢等都曾受教於他。從河北赴港大的學生還有就讀土木工程的趙今聲，後來擔任天津大學副校長；曾任河北省水利廳副廳長的水利專家喬辛煐；曾任秦皇島開灤醫院院長的楊寶璋醫生等。[8] 微生物學與免疫學、流行病學專家、曾任中華醫學會會長的林宗揚，投身教學和研究 70 多年，造就了幾代醫學人才。

在文科領域，得到港大教育系獎學金來港的師範學生包括日後的心理學

1987 年，港大老校友於北京難得聚首，前排左起：施正信、林宗揚、許乃波；後排左起：秦省如、馮子珮、葉蘭蓀。（文灼非攝）

家兼教育家高覺敷、語言文學家郭斌龢和美學家朱光潛。朱光潛 1918 至 1922 年在港大修讀英國語言和文學、教育學、生物學和心理學。他說：「這段經歷奠定了我這一生教育活動和學術活動的方向。半個世紀來，每當我在學業上取得成績的時候，我總要想起母校對我的培育。母校也沒有忘記我這位學生。」[9]

山河變色　師生奮起支援抗日

1937 年 7 月 7 日盧溝橋事變，港大、香港和國家的命運連結起來了，香港各行各業緊急動員，投進抗日的洪流。9 月 20 日，港大學生會帶頭和全港中學的學生代表在大學的大禮堂（即日後的陸佑堂）召開大會，成立「香港學生賑濟會」，籌款支持抗戰，向內地輸送醫療物資，

並組織「回國服務團」，動員同學及青年前赴日佔區及戰區。港大師生也加入醫學院畢業生組成的「省港救護團」前赴廣州。1938 年冬天，廣州被日軍佔領，港大師生為 500 名從廣州逃難到港的嶺南大學學生提供課室和實驗室，兩校學生相處融洽，還合作籌款支持抗戰。

港大同學還捐獻社交活動經費和體育比賽的獎金，成立醫療救助金。廣東淪陷前夕，港大學生會籌款購買兩部救護車和兩個戰地救傷站，由四個同學送往廣州交付。1941 年聖誕節香港陷落，港大師生輾轉回到內地繼續學業或投身各地後勤、游擊或敵後工作。醫學院的師生為難民提供醫療服務，工程科的校友投進長江上游水利，及衡陽到桂林的鐵路建築等工程中。[10] 在香港大學，大禮堂被改裝為戰地醫院，師生權充醫護人員，其中一位文科生就是來自上海、日後的名作家張愛玲。

1938 年 7 月 27 日，香港大學聯合會（香港大學學生會前身）會員將籌款所購的救護車及醫療物資送往廣州，出發前留影。（《南華早報》圖片）

冷戰下創校使命再受考驗

及至 1949 年中華人民共和國成立，冷戰時代開始，東西壁壘分明，不少已經返回內地的校友參與國家建設，港大「為中國而立」的創校使命再受考驗。國際環境突變，大學與內地關係斷絕，港大高層於是尋求重新定位。1952 年，香港總督葛量洪邀請兩位英國專家來港檢討港大財務和組織架構，專家提交了 *Jennings Logan Report*。丁新豹解釋說，這個「報告把港大立校時的政治考量加以淡化。在學科設計上，加強亞洲及本地因素，加強中國文化研究。」[11]

對港大頭 50 年的發展，黃麗松這樣憶述，「港大由創校到 1950 年代，仍是一個規模很小的大學。到 1955 年學生仍不到 1,000 人，而且經費經常缺乏，亦談不上有什麼重要的學術研究。到了 1960 年代中葉，大學經濟開始有所好轉……一直到 70 年代之後，中國實行改革開放政策，與國內大學往來的時機才比較成熟。」[12]

黃麗松北上改革開放帶來轉機

1949 年後，港大和內地中斷聯繫，直到鄧小平吹響改革開放的號角。

1976 年四人幫倒台，恢復高考；繼而鄧小平在 1978 年的全國科學大會上講話指出，四個現代化關鍵是科學技術的現代化，教育是培養科學技術人才的基礎，他還說：「要積極開展國際學術交流活動，加強同世界各國科學界的友好往來和合作關係。」[13] 同年 12 月，中共十一屆三中全會上將現代化建設定為國家重點工作，開啟了改革開放的歷史新時期，也宣佈全面重建教育。

1980 年秋天，黃麗松應國務院港澳事務辦公室邀請，於 9 月 5 日訪問北京與時任港澳辦主任廖承志會面，是為破冰之旅。[14]

1982 年，黃麗松再獲邀訪京。6 月 2 日，鄧小平在人民大會堂會見黃麗松，說明香港回歸和「一國兩制」的構思，並表示香港大學對內地大學的發展，可以扮演重要角色。[15] 黃麗松兩次訪京回港後，開始籌辦和推動與內地大學的交流。港大當年的高級行政人員徐天佑在 2021 年 7 月為本書接受訪問時，記得黃麗松回港後，對他這樣說：「鄧小平還談及香港大學有三個特點，應該長期維持下去，第一是英語教學，有助學術交流國際化；第二是港大有外籍教授，預計內地未來發展需要很多這方面的人才，港大的經驗可以借鑑；第三，港大是一個很好的平台，內地學者跟香港學者多接觸，可以更了解國際學術界。」[16]

黃麗松也向香港大學畢業同學會的多位創辦人談及了這次和鄧小平會面的情況。當時的同學會會長馮可強記得：「（黃校長）向我們講述，鄧小平接見他時，談到中國將恢復對香港的主權，請他向港大同學會和校友轉達期望，希望我們作為社會精英，為香港前途作出貢獻。黃校長更以誠懇的眼神，勉勵我們留港為社會繼續服務。」[17]

1986 年，歷史學家王賡武繼任校長，他大力支持和內地的學術交流，交流經費被列為大學經常費用，並撥資金給學校語言中心，鼓勵港大老師學普通話。當年創立內地事務處的首任主任黃依情回憶，1989 至 1992 年間，王賡武特別要加強面向內地的工作，要學生了解中國，成立基金。[18] 王校長對校友說，「希望通過這些活動，港大能夠多少實現 90 年前創校時的一個理想，在溝通中港文化、服務中國的大業上，有點貢獻。」

1982 年，鄧小平與黃麗松在人民大會堂會面。（摘自 *A Lifetime in Academia: An Autobiography by Rayson Huang, Expanded Second Edition*, Hong Kong University Press, 2011）

就像當年對港大建校解囊相助一樣，支持各種和內地交流活動的包括個人、商界、本地和國際基金會，詳細有記錄可考的見本書附錄。譬如在 1979 年成立的裘槎基金會（Croucher Foundation），創立迄今一直立足香港，是對科研支持力度最大的非政府基金會，當年成立的三個目的之一就是促進香港和內地大學的聯繫與合作研究。[19]1992 年入職港大負責統籌募款的徐詠璇說，校友和公眾對支持和內地的交流活動、獎學金和講座等非常熱心。[20]

校友也熱心捐資，譬如香港大學畢業同學會在 1987 年成立「大學畢業同學會獎學金基金」，在校長黃麗松和王賡武協助下，得到東亞銀行總裁李國寶和信興集團主席蒙民偉襄助，籌辦啟動基金。從 1988 至 2001 年，資助了 58 位內地學者到香港進行為期三個月的實地研究。[21]

同學會獎學金的受益人國世平對他從武漢大學到香港做研究的回憶，表達了當年學子的心聲：「人生視野從此開闊；1988 年內地仍然非常

落後，儘管中國正在逐步開放……當時我們對世界的了解是支離破碎的，很不完整……到了香港，一下進入世界知識的海洋，對全世界狀況一覽無餘……在香港的三個月，我如饑似渴地學習，在知識大海中游弋。」[22]

改革開放，也為港大帶來了新機遇、擴展了做學問的空間，帶來研究的新夥伴和資源。本書記載了藉着改革開放的機緣，兩地當年研究合作的一些發展和成果。

本書章節

本書共九章，介紹的 18 位學者和校友，分屬醫學、工程、文史、教育、建築、社會工作、法律及城市規劃八個領域，配以有關學院或學系在當年和內地交流標誌性的事件記錄。

篇章按學系或學院的成立年份先後排序。港大建校的一個使命是為內地培訓人才，因此創校時最先設立實用性的學院或學系。醫學院的前身華人西醫書院，創辦於 1887 年；工程學院隨港大開校時（1911 年）成立，接着有文學院（1913 年），旨在培訓教師；四年後教育系（1917 年）成立。至 1950 年代，隨着時代需要，新專業出現，建築學系及社工學系在 1950 年開設，1969 年開設法律學系，1980 年開設城市研究及城市規劃中心，提供城規課程。各學系的誕生，反映時代的發展和要求；部分學系在 1970 年代末至 1980 年代初升格為學院，正好迎上改革開放，進入新時代。

書中人物有改革開放後港大的第一代領導人物：文史的趙令揚、工程的張佑啟和建築的黎錦超；在加入港大時已卓有成就，工程界的李焯芬、

醫學界的梁智鴻和周肇平；還有早年港大畢業、投身商界的朱裕倫和楊佰成。

當年北上的年輕學者，有教育界的程介明和白傑瑞；社會工作專業的周永新、陳麗雲和梁祖彬，他們投身研究近 40 年，把理論應用到實踐。還有施能自，香港出生卻在 1991 年北上紮根迄今，在商界嶄露頭角。早逝的律師何美歡自許「為國家做學問」，使人閱之動容。她用專業精神演繹了真正的家國情懷。病毒專家陳鴻霖在內地出生，改革開放初期獲獎學金來港大攻讀博士。2020 年，他成為協調港大和內地科學家開發新冠疫苗的關鍵人物，30 年前改革開放交流播下的種子，今天開花結實。

本書人物不少擁有多元的國際背景，譬如何美歡在加拿大讀法律，持有加拿大、美國、英國、香港的執業律師資格，卻選擇回到港大教學。郭彥弘是 1970 年代首位在美國獲得城規博士的華人，1980 年代到港大走上教研道路。李焯芬任加拿大安大略省水電局總工程師，足跡遍及加國大小水電站和核廢料基地，積累水電核電工程經驗，1992 年回港大任教。黎錦超在吉隆坡出生，父親是廣東人，母親是客家人，留學美國的他形容自己是文化混血兒。顏可親是第三代加拿大華裔移民，卻看到和內地合作的黃金機會。還有香港出生的張佑啟，在三大洲教學繞了一個大圈之後回歸香港。

我們希望如人文學者陳平原所說，透過「生氣淋漓的人物和故事」，「使大家意識到大學不是一個空洞的概念，而是一個知識共同體，一個有血有肉、有學問有精神的人組成的知識共同體。」[23]

歷史圖像的初稿

港大校史著作不少，但都聚焦早期創校和二戰之前的事蹟。[24] 本書關注的是一個被忽略的時期，還未有完整的記載。我和團隊是歷史的學生，不敢言史，向讀者提供的是一份初步報告，一份歷史圖像的初稿。

章節的「紀事」，不是整個學系或學院的全貌，而是根據所得到的材料，對港大和內地在八個領域的交流情況作初步整理。每個領域的交流有共通之處，但依據學科的性質，以及學科在港大和內地的發展狀況各有不同的互動。譬如醫學院在港大歷史最久，和內地醫學界淵源深遠，很早就發展交流；教育、建築和社會工作都需要專業認可，港大特別在建立專業和國際認可方面提供協助；城市規劃是比較新興的學科，港大和內地合作研究，互為補足。法律領域交流的背景是 1984 年《中英聯合聲明》的簽署，急需草擬《基本法》，港大法律系和內地探討兩地法制的溝通與共融。文史界的交往，主要透過系列大小會議在理念和思想上的碰撞，激發對人文問題的深層思考。

團隊訪問了 50 多位當年的教授、他們的後人、同事和學生，同時挖掘、梳理及核實了海量而碎片化的資料，包括港大的內部記錄。參考的一手材料包括校務委員會的會議紀要、校董會會議紀要、大學公報、校長報告、大學年報、校訊《交流》、畢業生議會通訊、院系和部門的年報、院系通訊、會議記錄和出版等。本書也參考和收集了當年的書函信札原件、內地的雜誌和期刊文章、會議論文集、媒體報道、親歷者回憶錄、當事人手稿、原始辦會資料（如會議邀請信、小冊子、邀請人名單、出席名單、海報、程序單、發言稿、照片、報刊報道等等）。可惜的是各院系的檔案藏儲情況參差，這幾十年間有部分資料及原始記錄因各種原因已經散失、銷毀或藏在民間。

本書每一個人名和事件的背後都有更深遠和動人的故事有待發掘，還有更多當年人物的事蹟值得銘記。限於篇幅和史料，對書中人物和各領域的活動亦只能作浮光掠影的介紹，而團隊的筆力更不足以反映當年的激情與嚮往。希望本書能引起對港大歷史的關注和發掘。我們也期待家有珍藏照片和歷史材料的人士捐贈給大學的檔案館，豐富歷史寶藏。本書的遺漏當然是我和團隊的責任，期待各方指正。

傳承歷史、回答「港大之問」

1970 年 9 月，剛從經濟學系畢業、22 歲的宋恩榮在港大學生會出版的《學苑》上，發表了「為中國而立 —— 港大的回顧」的萬字長文，追溯母校 60 年成長的起伏跌宕、「為中國而立」的初衷和蛻變。這篇赤子情懷洋溢的文章當年激發了新一輪的辯論，他的結語到今天仍然擲地有聲：

「我們從歷史看到，港大的使命與香港的使命有不可分割的關係，香港一直是外界與中國接觸最方便的地方，也是全東南亞最現代的城市。香港對中國和東南亞都有極強的衝擊。正因為香港是如此獨特的地方，港大必有獨特的使命。」

港大是中國的大學，也是香港的大學。港大從誕生日起，就有國際化的基因，是國際化的大學。自百年前「為中國而立」這命題提出到今天，不同的人在不同時期對「港大為誰而立」提出了不同的說法，他們有的是為了考量昔日大英帝國的利益，更多的是基於對國家和香港的關懷和熱愛。但不管他們的出發點，論者都明白香港與內地關係密切，都希望通過香港大學和香港，影響內地，也從內地吸取養料。百年以來，一代又一代的港大人，為回答「港大之問」提出了答案。

本書編著和完成時，正值香港回歸進入第二個 25 年、港大創校 112 週
年，我們希望本書這卑微的努力有助於啟迪思考、展望將來。在 21 世
紀，國際政治波濤洶湧，科技飛躍發展，對大學提出了新的挑戰。回
眸改革開放初期先行者的足跡，和大學成長的脈絡，正好激勵我們揚
帆啟航。

繼往開來，從認識歷史起步。

註

1　Anthony Sweeting, 'The University by Report', in Chan Lau Kit-ching and Peter Cunich (eds), *An Impossible Dream, Hong Kong University from Foundation to Re-establishment, 1910-1950* (Hong Kong: Oxford University Press, 2002) pp 213-240，對這六個委員會的成立、運作和影響有詳細的記載。

2　同上，頁 215-217。

3　盧嘉（Frederick Lugard, 1858-1945）為香港第 14 任總督，有譯作「盧押」、「盧吉」或「盧伽」，香港太平山頂盧吉道（Lugard Road）即以其命名。本文使用「盧嘉」譯名，以免與盧押（Charles Luard，1867-1947）混淆，盧押為 1920 年代駐南中國英軍總司令兼駐港英軍司令，灣仔盧押道（Luard Road）以其命名。

4　Alfred Lin, 'The Founding of the University of Hong Kong: British Imperial Ideals and Chinese Practical Common Sense,' in *An Impossible Dream*, pp 4-5.

5　丁新豹：〈為中國而立？為香港而立！香港大學創立百年反思〉，香港大學評議會演講，2011 年 7 月 20 日。

6　同註 4，對港大始創時的募捐情況有詳細的記錄。

7　黃麗松：〈第二章：大學時代與香港圍城〉，載於黃麗松：《風雨絃歌：黃麗松回憶錄》（香港：香港大學出版社，2000），頁 13。

8　劉蜀永編：《一枝一葉總關情》（香港：香港大學出版社，1999 年增訂版）。

9　朱光潛：〈第 45 章：感謝母校的厚愛〉，載劉蜀永編：《一枝一葉總關情》，頁 259。

10　有關港大師生支持抗戰的事蹟，見 Fung Chi Ming, ‘Campus Activism in Defence of China and Hong Kong, 1937-1941’, in *An Impossible Dream*, pp 175-191; Clifford Matthews & Oswald Cheung, ed., *Dispersal and Renewal, Hong Kong University During the War Years* (Hong Kong: Hong Kong University Press, 1998)；Watershed Hong Kong：《香港保衛戰紀——18 個需要記住的香港故事》（香港：峰鳥出版有限公司，2021）。

11　同註 4。

12　黃麗松：〈你們是中港之間的橋樑〉，載於劉蜀永編：《一枝一葉總關情》，頁 255-260。

13　鄧小平：《鄧小平文選》卷二（北京：人民出版社，2008），頁 91。

14　黃麗松：《風雨絃歌：黃麗松回憶錄》（香港：香港大學出版社，2000），頁 125。

15　同上，頁 126。

16　徐天佑訪談，2021 年 7 月 8 日。

17　馮可強：〈四十年來家國——同學會四十週年的光影片段〉，載於黎慧霞：《我們的香港，我們的同學會》（香港：香港大學畢業同學會），頁 36。

18　黃依倩訪談記錄，2022 年 4 月 26 日。

19　同註 12，頁 133。黃麗松在書中說，從 1979 至 1999 年，裘槎基金會共撥款 2,100 萬美元作為研究員基金、獎學金及助學金，另外研究基金 1,900 萬美元，受益者包括本地和內地學者。裘槎基金會的詳細介紹，見 *Vaudine England, The Croucher Foundation: the First 25 Years* (Hong Kong: The Croucher Foundation, 2004).

20　徐詠璇訪談記錄，2023 年 1 月 15 日。

21　麥齊明：〈以專業為橋樑——成立同學會獎學金基金〉，載於《我們的香港，我們的同學會》，頁 50-51。

22　國世平：〈同學會改變了我的命運〉，載於《我們的香港，我們的同學會》，頁 54-55。

23　陳平原：《歷史、傳說與精神——中國大學百年》（香港：三聯書店（香港）有限公司，2009），頁 183。

24　有關港大早年歷史的專著有：

Brian Harrison, *The First 50 Years, University of Hong Kong* (Hong Kong: Hong Kong University Press, 1962).

Bernard Mellor, *The University of Hong Kong, An Informal History,* Vol.1&2 (Hong Kong: Hong Kong University Press, 1980).

Bernard Mellor, *Lugard in Hong Kong, Empires, Education and a Governor at Work, 1907-1912* (Hong Kong: Hong Kong University Press, 1992).

Chan Lau Kit-ching and Peter Cunich, *An Impossible Dream, Hong Kong University from Foundation to Re-establishment, 1910-1950* (Hong Kong: Oxford University Press, 2002).

Peter Cunich, *A History of The University of Hong Kong*, Vol. 1, 1911-1945 (Hong Kong, Hong Kong: University Press, 2012).

劉蜀永編：《一枝一葉總關情》（香港：香港大學出版社，1999 年增訂版）。

梁卓偉：《大醫精誠，香港醫學發展 130 年》（香港：三聯書店（香港）有限公司，2017），記述港大醫學院歷史的人與事。

目錄

第 一 章

醫學篇

港大醫學院和內地西醫教育同根同源，早期歷任院長都曾在內地從事醫學教育。1980 年代，港大畢業的醫生紛紛北上示範先進手術，介紹前沿研究，引進優秀年輕學者來港。前人培育人才的心血，今天開花結實，福惠人間。

1

1923 年 2 月 20 日孫中山訪問香港大學，與港大師生在本部大樓前合照。（香港大學檔案館提供）

MEDICINE

梁智鴻

外科金刀崎嶇的
北上之路

醫學篇

范家朗攝

改革初年頻頻北上，和內地醫護結緣。
一通意外的電話開啟了泉州、北京、
烏魯木齊之旅。

1979 年秋天，梁智鴻在醫院接到一通來自泉州的電話。對方語音緊張，操着他聽不懂的方言，無法溝通，幸而找到護士翻譯。原來，泉州想找他去當地大學和醫院做手術示範並講學。至今梁智鴻也奇怪，泉州是怎麼知道他，怎麼找到他的電話？梁智鴻爽快地答應了，對方抱歉地表示拿不出錢回報。他說，「不用錢，給我個地方住就好。」[1]

梁智鴻 1939 年出生於醫學世家，因手術技巧高超獲得「金刀梁」雅號。他熱心公益，擔任公職無數，在 2009 至 2015 年出任香港大學校務委員會主席；曾任主席的機構還有香港醫院管理局、人類生殖科技管理局、安老事務委員會、廉政公署事宜投訴委員會、長者學苑發展基金、標準工時委員會等。他在 1988 至 2000 年出任立法會議員，2010 年因在公共

及社會服務的卓越貢獻而獲頒大紫荊勳章。比較鮮為人知的是，他在改革開放初年頻到內地，示範手術和引進前沿醫學知識。他和內地結緣，就是從那通泉州的電話開始。

不久後，梁智鴻帶着新買的內窺鏡和給病人用的術後物品，乘船去廈門，再轉泉州，不料在廈門入關時被攔了下來。海關從未見過這些醫療器械，以為是武器，氣氛緊張。好在梁智鴻及時聯絡幾十公里外的泉州醫院，院長親自駕車來廈門接應，消除了誤會。到達泉州已是晚上七、八點，黨委領導和市長帶着三、四百醫護人員起立鼓掌。梁智鴻展示幻燈片，用英語講解香港和世界最新的泌尿醫學發展。

到達泉州次日，40 個前列腺脹大的病人在醫院等着見他。他們的尿液需由簡陋的紅色橡膠導管排出，導尿管連接着安全套，以防滑出。泉州醫院的人員說，「你來這裡一週，希望能給他們做手術。」梁智鴻嚇了一跳，說，「我盡量吧。」每次手術都有三、四十名醫護人員圍觀，大家擠在手術室裡，靠開窗通風。電力不穩，有時一個小時的手術要做三、四個小時。這次經歷令他下定決心，「為內地同胞竭盡我作為外科醫生的一己之力。這成為我日後的奮鬥目標。」[2]

遠赴烏魯木齊

梁智鴻不介意每年自費去內地，如心電感應般，自泉州行後，北京、上海、烏魯木齊等省份都和他聯絡，請他去做手術示範。至今，他也不知道自己的名聲是如何在內地傳開，和背後牽線搭橋的網絡。每次北上，梁智鴻都花費幾萬港元，購買手術儀器和 50 支導尿管，作為給醫院的見面禮。

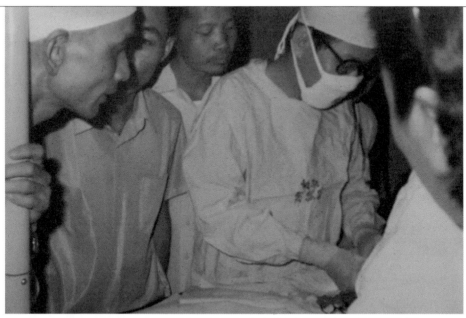

↑｜改革開放初期，梁智鴻赴泉州作手術示範。（梁智鴻提供）

↓←｜手術後，梁智鴻接受護士獻花。（梁智鴻提供）

↓→｜1981 年，梁智鴻在北京協和醫院與吳德誠教授合影。（梁智鴻提供）

梁智鴻在北京做手術，是受到「中國泌尿之父」吳階平的邀請。吳階平作為「國醫」，曾經治療朝鮮最高領導人金日成、越南最高領導人胡志明、毛澤東妻子江青等人。梁智鴻和吳階平於 1970 年代相識於一個國際醫學大會。改革開放初期，吳階平邀請梁智鴻赴北京協和醫院，做換腎和體外碎石手術，梁智鴻也幫助內地專業團體取得國際認可。1982年，香港舉辦世界醫學會周年大會，梁智鴻作為香港醫學會主席，推薦吳階平領導的中華醫學會加入世界醫學會，協助內地官方的醫學組織獲得世界同行的接納。

梁智鴻最遠曾接到過新疆烏魯木齊人民醫院的邀請。1981 年 1 月，他請假一週，赴新疆做手術，提前到廣州住了一晚，打算次日早上 8 點飛往烏魯木齊。延誤六小時後，飛機終於起飛，但沒過多久，機組就通知乘客由於天色太黑，必須降落甘肅蘭州。蘭州中川機場地處高原，距離市區 70 公里，坐大巴要兩個多小時。機場坐落在杳無人煙的沙地上，停着小飛機。簡陋的平房充當候機樓，「空姐」燙着大波浪捲髮，頭戴大蓋帽，身着類似警服的制服。

到達機場時遇到大雪，到烏魯木齊的航班全部取消。這一耽擱，梁智鴻在蘭州機場被困整整四天，當年沒有手機，和家人失聯。由於行李在飛機上不能取出，四天無法更衣沐浴。滯留機場的多是維吾爾族和回族人，飲食要求不同，機場只提供熟雞蛋，一餐四隻，一天 12 隻。在那四天，梁智鴻吃了 40 多隻雞蛋，至今仍能回味出那股味道。

第五天，梁智鴻抵達烏魯木齊機場，等候他的是人民醫院院長買買提明‧阿木提。買買提明簽署聘書，聘任梁智鴻擔任新疆維吾爾自治區人民醫院技術顧問兼泌尿外科客座主任。由於損失了四天時間，梁智鴻把所有時間花在醫院裡，做前列腺和血液透析等手術，沒有機會參觀烏魯

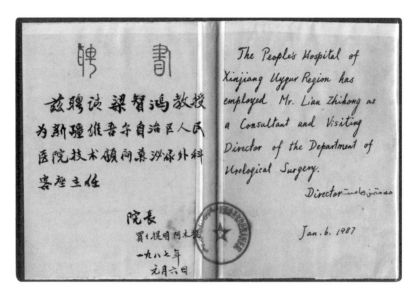

1987 年，新疆維吾爾自治區人民醫院聘書。（梁智鴻提供）

木齊的市容。他對烏市的印象是，回去晚了，酒店電梯就會停運，而且在零下 25 度的天氣裡，暖氣要分時段供應。

從烏魯木齊的回程也不順利。到機場辦理登機時，得知航班取消，要一週後才能直飛廣州，梁智鴻不得不改道北京。到達北京後，南下的經濟艙爆滿，有空位的頭等艙不賣給持回鄉證的港客，幸而有人退票，梁智鴻終於飛返廣州，輾轉回港。

北上之路崎嶇，但梁智鴻無怨無悔，他回顧說，「同胞讓我幫手，我願意盡綿薄之力。」

推動愛滋病防治

作為香港愛滋病基金會主席，梁智鴻為內地防治愛滋病出力。他在自傳中，介紹了自己當年的工作。[3]

基金會成立於 1991 年，在香港的教育工作非常成功，愛滋病感染率和發病率很低。反歧視條例實施後，愛滋病感染者可以到政府醫院就診。結合在推動公眾教育和預防方面的經驗，梁智鴻說，他為內地防治愛滋病做了兩件事。

首先，他將內地與國際愛滋病預防及教育組織聯繫起來。1996 年，溫哥華舉辦國際愛滋病會議。基金會在會上透過衛星，舉辦了「愛滋病在華人社區的情況」專題研討會，來自新加坡、馬來西亞、澳洲、台灣地區及香港地區的華人團體，分享愛滋病的應對方法。在會議的前一年，衛生部統計顯示，內地的愛滋病感染者人數從之前的幾百例激增到上千例，多數來自河南農村的賣血人群。在研討會上，內地性病愛滋病防治協會秘書長沈潔就愛滋病問題發言，打破禁忌。她的公開發言預示着官方開始正視愛滋病問題。

此外，梁智鴻協助國家制定愛滋病教育和預防政策。內地性病愛滋病防治協會甄選培訓員赴港兩週，參加由基金會籌辦和贊助的「培訓員培訓計劃」。

1997 年，梁智鴻和基金會人員坐火車北上，沿途宣傳愛滋病防治，在終點北京西客站，得到中國衛生部長陳敏章帶人列隊歡迎。其後 12 月1 日世界愛滋病日，梁智鴻在北京人民大會堂前出席活動，並陪同陳敏章到地壇醫院探望愛滋病人。當年內地社會對愛滋病感染者存在嚴重恐

懼和歧視，陳敏章在各大媒體的鏡頭下，與愛滋病病人握手，傳遞了寬容的信息。

周肇平

長懷不忍之心的
骨科醫生

從悲憫情懷出發，從示範手術、合作科研，
到籌款支持內地學者，
致力提升醫療發展。

1978 年，國家科技部國際部門的「羅同志」找到骨科醫生周肇平，打電話邀請他前往內地講學，介紹國際手外科和創傷學的最新科研和臨床動態。

那個年代，不用簽合約，不用付錢，一個電話就能請到名醫自費遠途應診和示範手術。改革開放初期，周肇平就是這樣，甚至還未弄清楚來電者的身份，便欣然應邀北上。憑着一股熱情，這位外科名醫早年頻繁到內地示範手術和引進前沿醫學知識，也動用在香港的人脈資源，協助內地醫生來港進修或短期訪問。

周肇平 1944 年生於肇慶，父親是吉隆坡華僑，1952 年舉家遷來香港。

他在 1973 年加入港大骨科學系（2004 年改稱矯形及創傷外科學系），
從講師晉升為高級講師、教授、講座教授，1995 至 1998 年出任港大醫
學院院長；2000 至 2001 年以及 2008 至 2014 年，兩度出任港大副校長。

這半世紀醫學生涯，是受到不忍之心的驅動。他寫過 40 多年前，曾在
夢中恍惚，到了個痲瘋病村，有個皮膚潰爛、赤裸的小孩哭著顫抖地向
他走來。「我不忍地上前，把這小孩緊緊抱著，臉貼臉，淚水不停從我
臉上流下來。」

2008 年汶川地震後，周肇平鼓勵第一時間投入災後救援的香港醫療
隊：「什麼是慈悲為懷呢？就是握著地震傷者的手，如同自己的兄弟姐
妹；就是與失去孩子的父母一同哭泣，如同自己的父母；就是緊緊擁抱
地震的孤兒，如同自己的孩子。」[1]

內地的手外科起步於「大躍進」時代粗獷的工業發展；燒傷外科則在「大
煉鋼」的背景下因應需要而受到重視。[2] 1959 年，王澍寰醫生在北京積
水潭醫院建立了內地首個手外科專業。[3] 1963 年，上海市第六人民醫院
陳中偉醫生完成了世界首例斷肢再植手術。[4] 1966 年，復旦大學附屬華
山醫院的顧玉東醫生和楊東岳醫生首創「第二足趾游離移植再造拇指」
的手術。[5] 隨後「文革」打斷了蓬勃發展的手外科臨床和研究。周肇平
是上肢手術和微外科（microsurgery）專家，正能幫助內地重建這個專業。

接到科技部電話後不久，周肇平來到大師輩出的廣東中山醫學院（1985
年更名為中山醫科大學，後在 2001 年與中山大學合併），介紹手外科
的最新發展，難得接觸境外資訊的幾百同行興趣十足。返港前，廣東省
人民醫院骨科主任趕來，抓住周肇平不放說：「港大脊骨手術全世界聞
名。我們沒有新的儀器和知識，你們來示範手術好不好？」

↑ | 2008 年，周肇平探望遷至「黃土鎮過渡安置板房區」的四川地震災民。（香港大學傳訊及公共事務處圖片）

↓ | 2008 年，周肇平（左）深入受地震嚴重破壞的北川縣曲山鎮，從山崗上俯瞰這個三分之二已塌下的縣鎮。（香港大學傳訊及公共事務處圖片）

1978 年年底，周肇平和港大骨科學系主任邱明才教授、港大骨科講師梁智仁醫生，以及一位兒童醫院的護士，帶着先進的德國醫療器械再訪廣州，入住東方賓館。除了講解最新的國際知識外，周肇平還展示了香港領先世界的創舉——前路做腰骨手術（Anterior Spine Approach），外科醫生從病人前面動脊柱手術。

在廣州，他結識了內地手外科大師黃承達 6 和朱家愷。7 二人展示在「文革」下鄉時自製的顯微外科儀器，令周肇平肅然起敬，讚嘆同行在艱難的歲月中能搞出那麼有創意的發明。周肇平也分享大家對改革開放的欣喜和期盼。黃承達告訴他：「現在不是赤腳醫生啦，一等教授每個月有 300 塊工資，怎麼都花不完呢！」8

1981 年，在周肇平的努力下，黃承達獲聘為香港瑪麗醫院訪問教授，是內地首位獲聘的醫科學者。9 周肇平告訴他，「你帶着項目過來，我有實驗室，我們一起做。」黃承達當時正在研究在手術中接駁全世界最細的血管，希望跟周肇平一起完善技術。

黃承達住在以骨科治療著名的大口環兒童醫院，兩人白天在實驗室埋頭苦幹，晚上 11 點去堅尼地城的粥舖吃宵夜。黃承達吃東西前都要用酒精消毒，開始不敢吃大牌檔，在周肇平的鼓勵下才入鄉隨俗。週末休息時，他們以行山為樂，或者去周家燒烤。

不久，黃承達完成了打破世界紀錄的動脈縫合實驗。要寫文章時，他和周肇平差不多一夜寫成，寄去國際期刊發表。10 短短三個月內，兩人合作在期刊上發表了多篇重量級論文，包括《外徑約 0.20 毫米的動脈吻合術經驗》和《外徑為 0.15 至 0.30 毫米的微動脈解剖特徵的研究——其與解剖技術的關係》。11,12 在港大，黃承達實現了在國際期刊發表論

文零的突破。

周肇平還接待過許多來訪的內地教授團,每次十多人,向他們介紹香港的醫療制度、最新的醫學發展,以及不同階層的生活。來訪者通常住在香港傷健中心位於薄扶林水塘、環境優美的營舍。

對訪港的內地專家,周肇平特別記得後來出任衛生部部長的陳竺醫生,他在贊助下來香港進修三個月。陳竺的父母是內地享負盛名的內分泌專家,上海交通大學醫學院瑞金醫院終身教授陳家倫和許曼音夫婦。港大和瑞金醫院的交流也很密切,陳竺的父母在瑞金醫院工作時,曾熱情接待前往交流的港大學生。[13] 在中華醫學基金會贊助下,當年許多內地醫療人才來港學習。

北上積水潭醫院

周肇平也去了北京,在 1979 年訪問積水潭醫院,接待他的是中國手外科創始人王澍寰教授和他的學生楊克非醫生。周肇平介紹手外科、脊骨手術和骨科最新發展的講座,吸引上千名醫生。周肇平記得一位老教授問他關於頸部手術的問題,「問得好到家,但我答得不算好。」後來他才知道,老教授是內地頸部手術的頭號人物,做過 2,000 例手術。之後不久,周肇平四處籌錢,請王澍寰來港大做訪問教授,楊克非也來了三個月。

周肇平發現,「國手」接觸外界信息也不方便。一次上北京,身兼衛生部部長、中華醫學會會長和協和醫學院院長的陳敏章教授問他,「可不可以給我看看你們的博士論文,我想比較下我們的水準。」周肇平記得他的英文相當好,為人謙和,詢問了許多有關香港醫療制度的問題。

↑｜1979 年，周肇平（右二）和中國工程院院士、中國整復外科創始人張滌生（左二）在印度國際手外科大會首次見面，同行的還有來自香港的梁秉中醫生（左一）和來自北京的楊克非醫生（右一）。（周肇平提供）

↓｜香港手外科先驅梁秉中（左）和周肇平（右）。（香港醫學專科學院出版社圖片）

同樣在北京，楊克非有次拉住周肇平商討：「可不可以將國外那些文章的目錄頁定期寄給我，我也將我們的寄給你。」周肇平才知道內地同行獲取外國信息不易，於是答應捐贈期刊。

周肇平在香港接待過上海第一醫學院的顧玉東，令他印象深刻。在「文化大革命」惡劣的處境下，他發明了很多新的手術方法，有些甚至超過外國的先進技術，其創新能力令周肇平無比佩服。顧玉東後來應邀來港大做訪問教授，還陸續派了幾名醫生來學習。

接待專家來港大需要經費，周肇平是個籌款能手。1993 年，在他的遊說下，曾在多個慈善團體出任主席及諮委會成員的胡郭秀萍女士捐助 500 萬港幣，成立 Ivy Wu Fellowship，資助內地學者到港大醫學院接受專科培訓，前後有 43 位學者受益。[14]

周肇平懂得動用他的關係網，找熱心公益的商人籌款，譬如得到地產發展商、新世界的創辦人之一鄭裕彤成立獎學金，資助內地醫者來港大訪問。有時候，周肇平會自掏腰包，有趟他應邀為醫院所組織的比賽擔任評委，起初組織方經費有限，只用鉛筆做獎勵，為鼓勵大家參加，周肇平捐出了十萬元設立「周肇平骨科獎學金」。

合作科研

周肇平與內地醫生有不少合作研究，例如與廣東省人民醫院創傷骨科醫生余安定，對不完全性肌腱損傷後是否需要手術修復，以 120 條雞屈趾肌腱作實驗，結果發現手術（包括縫合及固定）後的康復情況，優於只包紮傷患處三天。該結果於 1995 年發表於內地期刊《中國修復重建外科雜誌》。[15]

另一項研究與北京積水潭醫院手外科醫生楊克非合作，利用冷凍乾燥人胎盤血管作為異體移植，修復兔股動脈缺損，找到微血管的代用品。[16] 周肇平還帶領港大解剖學系周明華及生理學系 Bruce IC，與重慶第三軍醫大學合作，發現二步吻合技術對帶血管神經移植修復脊髓損傷起正面作用，脊髓連接處疤痕減少，有利神經再生。此項研究對醫治相關損傷提供了新的方案。[17]

周肇平又翻譯外國書籍，為內地引入先進的外科技術。國際內固定研究學會（AO/ASIF）出版、被視為骨折治理「聖經」的 *Principles of Fracture Management*，中文版《骨折治療的 AO 原則》在 2003 年出版，周肇平是譯者之一。書內詳細解釋骨折處理的治療方案、復位及內固定方法、特殊骨折、併發症等，圖文並茂，是內地骨科學生必讀書。該書在 2019 年發行第三版。

周肇平還熱心參與內地的醫學會議。1987 年，由中華醫學會主辦的「第二次全國外科學術會議」在山東青島舉行，海內外專家共 480 人參加，周肇平提交論文《局部靜脈麻醉在手外科的應用》。[18] 他亦曾擔任內地醫學期刊《中國修復重建外科雜誌》特邀顧問。

回憶往事，周肇平至今對內地同行仍充滿敬意。他說，「我們在交流中跟內地學到很多。黃承達向我展示儀器，顧玉東在觀念和技術上有許多創新。他們在艱苦環境中能做出成績，這精神使我很受鼓舞。」

陳鴻霖

從植物學到
疫苗創新

——醫學篇

范家朗攝

專研病毒學和分子生物學，
參與新冠噴鼻疫苗開發歷史性的科研發現，
協調與內地合作，互補互利。

2022 年 12 月 5 日下午，陳鴻霖接到了一個期待已久的信息，他參與的港大微生物學系團隊與廈門大學、內地萬泰生物藥業公司聯合開發的噴鼻新冠疫苗，經國家衛健委推薦，獲得國家藥品監督管理局批准緊急使用，為內地首隻噴鼻式新冠疫苗的應用亮起綠燈。

這是個歷史性的突破。首先，噴鼻新冠疫苗針對提高上呼吸道黏膜免疫，副作用極小，可作為初步免疫和加強劑，也可以結合流感疫苗同時使用，老少皆宜。更具意義的是，這款噴鼻疫苗是唯一在香港開發的「土生」疫苗技術，港大通過和廈門大學及在上海上市的萬泰生物公司合作在內地生產，成為了產學研跨地域結盟範本的一道亮麗風景。

陳鴻霖在這突破中，扮演了關鍵的角色。 他是在 1980 年代首批得到李嘉誠獎學金來港大醫學院深造的博士生，在美國做博士後研究，20 年前加入港大，現在是港大微生物學系教授。他深入研究流感病毒和冠狀病毒，參與了微生物學系系列有關的突破性科學發現。鑑於香港沒有疫苗生產設施，港大和廈門大學合作對疫苗進行進一步改善，並通過廈大同內地萬泰生物聯繫，合作進行後續研究、臨床試驗以及生產。 噴鼻疫苗三年來的開發歷經波折，陳鴻霖一直與廈大和萬泰保持著緊密的聯繫。

港大和廈大的合作關係，可以追溯到改革開放初期。回顧 30 多年前港大與內地的交流，先行者培育人才的心血，為今天的科研成果播下種子，開花結實，福惠人間。

從廈大，汕大到港大

陳鴻霖在廈門大學專攻植物學，不是病毒學。1977 年內地大學恢復高考不久，漳州成長的陳鴻霖在 1979 年如願考入離家不遠的廈大生物學系植物學專業，畢業時被分配到大西北的科學院青海省高原凍土研究所。他回憶說，「那時我剛考上了廈門大學的研究生，沒有去那科學院研究所工作。」[1]

恢復高考頭幾年，全國還很少博士課程，碩士差不多是內地大學的最高學歷。1986 年拿到碩士學位時，廈大要把陳鴻霖分配到浙江大學，碰上國家允許研究生自主擇業的第一年。適逢廈大 65 周年校慶，1981 年剛成立的汕頭大學副校長郭寶江教授到廈大參加慶典，同時為汕大招募老師。郭教授問陳鴻霖的碩士導師黃厚哲教授：「你有沒有優秀的畢業生？我們很需要老師。」

在廈大一個招待所裡，從未去過汕頭的陳鴻霖見到了郭寶江，對方拳拳盛意，力邀往訪。1981 年，國務院批准汕頭市龍湖區試辦經濟特區。同年，李嘉誠在家鄉創辦汕頭大學，是內地唯一由私人資助的公立大學，創校的使命是「優良管理成就學術自由空間」。1991 年 4 月，汕頭經濟特區擴大到整個汕頭市。汕大扮演了獨特的角色，是內地教育的改革實驗田。

在一個週六，陳鴻霖坐了九個小時的小巴，從廈門來到 300 公里外的汕頭。純白色的校園建築樸素、明亮，在南國猛烈的太陽下顯得特別耀眼。那是一個幾十年後仍然記憶猶新的訪問，新生的大學條件有限，辦學者的誠意卻讓人感動，像要憑意志和理念讓夢想成真，在荒野中建造美麗的花園。

回到廈大，陳鴻霖和導師分享他的感受。意外地，導師沒有堅持要他加入可以讓本校加分的名校，而是鼓勵他放膽探索新的機會，「你還年輕，如果進入傳統大學，發展不易。」經過艱難的抉擇，陳鴻霖婉拒浙大，在 1986 年夏天來到汕頭大學。沒料到，這是一個改變他人生的決定。

在汕大開荒不易，為了開出第一屆學生的課，陳鴻霖要回廈門和到廣州的大學聯繫，找教材和實驗材料，像他說的「拚命地找人幫忙」。科研條件十分有限，他在教學之餘，開始在幽靜的校園苦思未來的學術道路要怎樣走下去。

1987 年的一天，生物系系主任鍾秉偉給陳鴻霖帶來了個意外的消息，「現在學校有公派去香港大學學習的機會，你要不要試試？」原來，港大和幾所香港院校支援汕大建校，得到李嘉誠基金會設立獎學金，資助汕大教師赴港進修。

幾輪考核後，陳鴻霖通過最後的面試和筆試，主持面試的港大醫學院微生物學系主任吳文翰教授，接受他到港大微生物學系攻讀博士。就這樣，他作為李嘉誠基金會資助的第一批汕大赴港博士生，投入第四型人類皰疹病毒（Epstein-Barr virus）與鼻咽癌關係的研究，從植物學轉向，開始了分子病毒學的研究生涯。

樂於培養人才的系主任

港大微生物學系和廈門大學的合作早有淵源。陳鴻霖在廈門認識的好友夏寧邵在 1980 年代獲邀到港大微生物學系，在吳文翰的實驗室工作。生於上海的吳文翰 1970 年於美國紐約大學取得博士學位，1972 年入職港大。改革開放後，他第一時間回到內地，和中山醫學院及中山人民醫院開展鼻咽癌的研究。鼻咽癌又稱「廣東瘤」，是華南地區的高發腫瘤。

吳文翰樂於培育後進，不少當年跟他做研究的年輕學子今天已成為科研先鋒，除了陳鴻霖和夏寧邵，還有香港土生土長的袁國勇，也從他領導的微生物學系起步，成為國際知名的微生物學和免疫學專家。

1996 年，陳鴻霖赴美國霍普金斯醫學院做博士後研究，2003 年返港加入港大微生物學系，投進了嶄新的研究領域，特別是 SARS 冠狀病毒和流感病毒的研究。同時聚焦新發病毒分子生物學和相關應用、EB 病毒同鼻咽癌的關係。

他和吳文翰跟夏寧邵一直維繫亦師亦友的科研關係。夏寧邵如今已成為廈大公共衛生學院院長、國家傳染病診斷試劑與疫苗工程技術研究中心主任、分子疫苗學和分子診斷學國家重點實驗室主任，在中國疫苗創新研究開闢了很多新的領域。夏寧邵告訴陳鴻霖，他非常感激吳文翰對內

1988 年，陳鴻霖初來香港。
（陳鴻霖提供）

地科研發展的支持，尤其是在廈大建立研究團隊和基礎。多年後他還清楚記得當時的很多感人細節，緬懷至今。

傳染病防控國家重點實驗室

為推動科研，加強內地機構與港大的聯繫，國家科技部 2005 年在港大成立傳染病防控國家重點實驗室，是首個境外的國家重點實驗室。[2] 陳鴻霖從始創時期，已是主要的研究人員，同時兼任港大的生物安全防護三級（P3）實驗室主任至今，管理這個研究危險傳染病毒以及其他病原微生物的重要實驗設施。港大的 P3 實驗室經歷了 20 多年各種流感和冠狀病毒疫情，成為呼吸道病毒研究的重要實驗基地。港大微生物學系和其他合作學系的諸多研究成果，就是在這個實驗室裡孕育出來。

↑│1992 年 12 月 7 日，陳鴻霖與博士導師吳文翰教授。（陳鴻霖提供）

↓│1994 年 4 月 28 日，管軼（左一）、陳鴻霖（左二）與其他到港大學習的汕頭大學學員在港大柏立基學院參加研討會合影。（陳鴻霖提供）

2019 年 12 月，世界迎來 1918 年流感大流行以來，最嚴重的新冠狀病毒（COVID-19）挑戰。2019 年 12 月 31 日，陳鴻霖在機場啟程赴美時接到電話，知道武漢爆發了傳染病，病原未知。團隊於是火速投入研究，憑著 20 多年來對研究 SARS、流感和冠狀病毒積累下來的經驗，很快在一個月內的 2020 年 1 月底，開發出噴鼻新冠疫苗的「種子」。

疫苗種子利用高度減毒的流感病毒作為載體表達新型冠狀病毒的受體結合區（receptor binding domain; RBD）抗原。病毒的受體結合區處在病毒的突刺蛋白（spike protein）上，作用相當於病毒進入人體的第一把「鑰匙」。此疫苗的原理就是利用抗原誘導人體免疫力封鎖病毒進入細胞，阻斷病毒感染。噴鼻疫苗在 2021 年日內瓦國際發明展獲得「評判特別嘉許金獎」，其後分在四個國家和地區完成第三期臨床試驗，取得關鍵數據，顯示其對新冠原始病毒和多種的變異病毒株都產生良好保護力。國家藥品監督管理局去年底批准緊急使用後，到 2023 年初在內地多個省份上市，剛好趕上應對 Omicron 防疫抗疫的新要求。

噴鼻新冠疫苗從研發到應用，源自幾代人的努力和傳承。陳鴻霖從廈大、汕大到港大；港大和廈大的合作，彰顯了港大和內地早年交流的成果。今天兩地合作開發疫苗這突破性的科研發現，要感謝前人 30 多年前推動交流播下的種子。

承先啟後　治病救人

改革開放初期，香港大學醫學院（現名李嘉誠醫學院）迅速恢復和內地的交流。港大畢業的醫生紛紛北上介紹治療經驗和外科手術，引進前沿的學術理論。這些交流初期多以個人為主，但很快就在學院層面建立常規的交流和研究合作，在各界捐助者的支持下，內地醫學學生和學者來到港大醫學院深造和調研。[1]

1980 年代蓬勃的交流有現實的理由。首先，內地醫療體制的矛盾逐漸浮現，譬如衞生資源不足、醫療費用增長過快、高等醫學教育沿用前蘇聯模式、畢業生知識結構不合理、科研與現實脫節等。[2] 港大醫學院作為當年香港唯一的醫學院，成為了支援內地醫療和教學的天然夥伴。

更深層的歷史原因，是港大醫學院與內地歷史最久的西醫教育機構，關係盤根錯節，都由傳教士所建，教學體系同源。1866 年，美國傳教士在廣州成立博濟醫學堂，是中國第一所西醫學院（今廣州中山大學醫學院的前身）。1881 年，李鴻章在傳教士的建議下在天津建立北洋西醫學堂。1887 年，來自英國的醫生和傳教士創立香港華人西醫書院，是中華大地上第三間西醫學校[3]，1892 年孫中山就是第一屆畢業生。1907 年華人西醫書院改名為香港

西醫書院，決定併入籌辦中的香港大學。

1922 年，美國洛克菲勒基金宣佈捐出 75 萬美元協助港大開辦內外科、婦產科等學系，同時另撥資金設立獎學金資助畢業生進修。[4] 洛克菲勒基金對內地的醫學教育也大力支持，在 1914 年成立了中華醫學基金會（China Medical Board），1917 年在北京創立協和醫學院（Peking Union Medical College），前身是英美六個教會合作開辦的協和醫學堂。

港大醫學院早期的教授和內地還有其他淵源，傳奇的前院長「達爺」達安輝（David Todd）的義父 Paul Todd，是美國長老會醫生，曾在博濟醫學堂工作；義母 Margaret Strathie 是廣州第一位註冊護士。1909 年，Paul Todd 參與創建廣東公立醫學校（今中山大學醫學院源頭之一）並出任校長。1923 年，香港西醫書院畢業生李樹芬接任成為第二任校長，在三年後返回香港出任養和醫院院長。

掌管醫學院十年，在 2022 年 8 月卸任的前院長梁卓偉，對醫學教育的歷史深有研究，他回憶就任院長的時候，有很重的歷史感，意識到承先啟後的責任。在他看來，改革開放後和內地的交流是「歷史進程必行的一步……。作為改革開放的先行引路者，醫學院和其他界別的最大區別在於，我們與內地醫學發展同根同源，大家都經歷過外國傳教士的洗禮。」[5]

他提到，港大醫學院早期歷任院長，均有在內地從事醫學教育的經歷。香港華人西醫書院的倡辦者和創始人、有「熱帶醫學之父」之稱的 Patrick Manson（白文信）在 1883 年來香港前，曾在廈門行醫；港大醫學院第五任院長 Prof. H.G. Earle（安爾），曾在上海工作。港大早年的校友也在內地執業，其中最知名的病理學先驅侯寶璋，曾任港大病理學系

主任。侯氏杏林世家，和港大醫學院淵源深遠，成員在香港、廣州、北京等地的醫療系統擔任要職，在改革開放後，對促進兩地醫學交流做出很大貢獻。

北上示範盡己所能

改革開放前後，絡繹北上的港大校友和醫生，包括當年的世界紀錄創造者。1970 年代初，外科醫生梁智鴻完成世界首宗使用胃竇擴大膀胱的手術。1977 年，骨科醫生周肇平在香港首次完成顯微外科斷指再植，其縫接 0.15 毫米血管的實驗性手術，至 2022 年仍是世界紀錄。[6] 1996年，范上達成功移植右半肝，開創了成人對成人活體肝移植的技術，有助於緩解成人患者器官短缺，是肝移植史上的重大突破。[7]

時任醫學院院長、內分泌學教授楊紫芝多次率領醫生團，訪問復旦大學及清華大學。她說，當年有些想法很樸素，「並非『我要幫助國家發展』那麼偉大，只是非常好奇，也相信會對我們的醫學研究有幫助。」[8] 曾任港大副校長和醫學院院長的周肇平記得，大家只想「盡自己的能力，希望能幫助、鼓勵內地的同胞。」[9]

1979 年 3 月 12 至 19 日，應廣東省高等教育局之邀，港大醫學院教務處及解剖學系主任李守基（Peter Lisowski）教授帶領八名解剖學專業工作者訪問廣東，在科學館、中山醫學院、第一軍醫大學、暨南大學醫學院等地做了八次學術報告，介紹歐、美、澳等地區的醫學教育情況和改革嘗試、實驗室管理與技術、港大醫學科研成果等內容。李守基多次表示願與廣東合作科研項目，將港大的標本和材料等「成品」帶到廣東應用，並協助內地派出的採購員，在香港選購實惠適用的儀器物品。[10] 為使廣東了解港大醫學院解剖學的教學情況，港大贈送了一套有關教學計

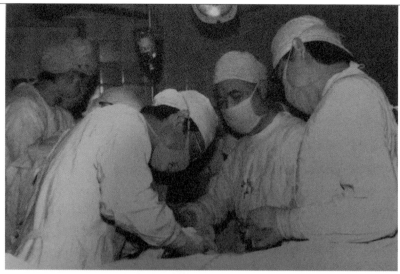

↑｜1980 年代初期，梁智仁於廣東省人民醫院進行手術示範。（香港大學李嘉誠醫學院圖片）

↓｜港大解剖學系主任李守基教授。（香港大學發展及校友事務部圖片）

劃、課程安排、講課內容、實驗內容、考試要求等資料共 15 種，論文 25 份，以及一套國外光學儀器的技術資料。

婦產科教授馬鍾可璣，和港大婦產科醫生鄔世杰、黃譚智媛、黃令翠等教授先後到昆明醫學院講授超聲波應用、卵巢惡性腫瘤、生殖器畸形等婦科專題。

另方面，內地學者及專家到港大進修及探訪持續增加。根據港大官方記錄，1983 到 1990 年，曾到港大交流的內地專家、攻讀學位或進修訪問的人員共 252 人，其中醫學院人數最多，共 107 人。[11] 國寶級的內地醫生也在 1980 年代來港大訪問，包括內地手外科專業奠基人王澍寰 [12]、「世界斷肢再植之父」陳中偉 [13]、內地顯微外科奠基人朱家愷 [14] 和先驅黃承達 [15]、世界首創「足趾駁手指」的顧玉東 [16]、內地整形外科之父張滌生 [17] 等。

1980 年代末，浙江大學外科醫生鄭樹森訪問港大，1991 年重返香港，作為第一助手參加港大外科學教授范上達主持的香港首例人體原位肝臟移植。[18] 1993 年，鄭樹森完成浙江省第一例肝臟移植手術，後入選中國工程院院士，在國際上首次提出適合中國肝癌肝移植受體選擇的「杭州標準」。

內地學者到港大，除學習新知識及技術外，還感受到溫暖的照顧。1985 年，昆明醫學院第一附屬醫院婦產科副主任張命珍來到港大，進修超聲檢查在婦產科的應用。她記得，港大婦產科的馬鍾可璣教授派人為內地來訪學者鋪床、打掃房間，還接待他們遊覽香港和離島。馬鍾可璣親自買菜、做飯招待他們一行，其他港大醫生也多次請內地訪問學者到家中作客吃飯。[19]

1984 年 9 月，港大醫學院馬鍾可機教授在昆明醫學院講課。（摘自《一枝一葉總關情》，香港大學出版社，1999 年）

1985 年，港大病理學系教授陳煥璋在北京參加全國政協會議時，拜訪北京協和醫院病理學家劉彤華教授，認識了年輕醫生崔全才。劉教授希望陳煥璋安排崔全才赴港大學習，為國家培養病理人才。陳煥璋回港後籌措資助，與港大協調，聯絡住處。1985 年 9 月，陳煥璋駕車從機場接上崔全才，送他到霍英東提供的青山道東昇足球隊寓所入住。崔全才在瑪麗醫院病理科學習的一年裡，港大病理學教授馬童麗麗常帶他在病理切片庫，看在內地尚缺的病理切片。

當時陳煥璋在聖德肋撒醫院和養和醫院工作，崔全才常去這兩家醫院觀摩學習，對陳煥璋在手術中快速冰凍的能力和水準欽佩不已。陳煥璋採用不同的染色方法，對於簡單和大體表現良性的病變採用快速液氮冷凍、切片、美藍染色後在顯微鏡下診斷，全套動作在五至十分鐘內完

成，這樣的速度在當時領先世界。課餘時間，陳煥璋常約崔全才飲茶，也邀請他參加香港各種學術活動和沙龍。

後來成為北京協和醫院病理科主任的崔全才在回憶陳煥璋的文章中說，「他留給我的東西不僅僅使我能成為一名優秀病理醫生，更教會了我如何做人⋯⋯我學到和看到了很多的東西，可以說影響了我的一生。」[20]

根據港大醫學院 1996 年 2 月的通訊，當年和醫學院建立聯繫的內地醫學院校有北京協和醫學院、北京醫科大學、上海醫科大學、四川華西醫科大學、廣東中山醫科大學。[21]

部分交流活動

1980 年 7 月	中山醫學院副院長陳國楨教授和暨南大學醫學院院長羅潛教授帶領一行十人訪問香港，參觀港大醫學院解剖學系、生理學系、內科學系、圖書館、實驗動物中心、教研媒介資源中心、瑪麗醫院等。[22]
1981 年 6 月	港大解剖室技術總管李家忠應暨南大學人體解剖技術訓練班邀請，赴廣州講學兩週，教授技術室管理、屍體防腐固定、照相幻燈片製作等內容，「引起到會同志很大的興趣。」[23]
1983 年開始	世界衛生組織資助昆明醫學院每年派出一到三人，赴港大做訪問學者。同年 3 至 9 月，昆明醫學院派出首批訪港學者李珉教授和肖澤方教授，赴港大學習超聲波檢查和其他婦產科應用技術。
1988 年	新任港大醫科進修教育主任巴拉（John I. Balla）來到昆明醫學院，按照港大訪學名單一一問候，詢問他們在雲南所教醫生、病人的數目、所遇到的實際困難和能否學以致用。

1996 年	回歸前一年，港大醫學院與內地交流格外頻繁。9 月 9 日，周肇平代表港大醫學院與中山醫科大學 [24] 校長黃潔夫簽署兩校「教職員及研究生交換協議」，旨在加強內地與香港學術交流，為中山醫科大學的教職員和研究生提供赴港一年的研究和臨床培訓的機會。[25]
1996 年 10 月	雲南昆明召開內地首屆全國職業健康監護學術會議，港大醫學院社會醫學系教授林大慶受邀為主講人。他為大會提交了有關職業健康監測在流行病學研究中的方法問題，這研究源於他十年前與廣州市職業病防治院江朝強博士的合作。[26]
1996 年 11 月	港大舉辦中國兒科論壇，探討華裔兒童的醫療保健問題。與會者 400 餘名，99 人來自內地和海外。
1996 年 12 月	港大在黃麗松講堂舉行腸胃病學、內分泌學和生殖學國際會議，由港大醫學院和內地第四軍醫大學、北京協和醫學院等機構合辦，與會者來自世界各地和內地。[27]
1996 年 12 月	預見到香港和內地對新興的轉基因技術的需求，在港大醫學院和香港工業署的支持下，生物化學系的教授岑美霞著手興建轉基因技術培訓的核心設施，開展亞洲首個「分子胚胎學和轉基因技術」課程。[28]
1996 年底	港大護理學系籌辦第一屆中港護理教育會議，為亞洲區域內首次護理教育大會。主講人來自香港、北京和上海，討論華人社區護理教育的未來發展和課程創新。[29]

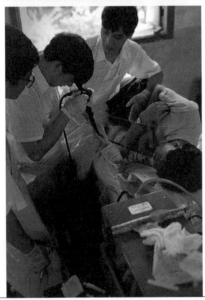

↑｜1996 年，中山醫科大學校長黃潔夫（左）和港大周肇平簽署兩校「教職員及研究生交換協議」。（香港大學李嘉誠醫學院圖片）

↓｜林兆鑫團隊在福建。（香港大學李嘉誠醫學院圖片）

福建找出胃癌元兇的突破

在科研方面，港大和內地早在 1990 年代開始大型合作。內科教授林兆鑫在福建省主持大規模調研，首次發現幽門螺旋菌感染和胃癌的關係，是國際醫學界胃癌防治的重大突破。

內地人口龐大，為醫學科研提供了大量病例。1960 年代，港大內科率先在香港發展腸胃道內窺鏡檢查。1970 年代中，內窺鏡診療成為常規程序。林兆鑫 1967 年畢業於港大醫學院，之後在內科學系任教並主管腸胃科研究。1990 年代前，他的主要研究方向是胃酸和潰瘍與胃癌的關係。1990 年早期，應中國衛生部邀請，林兆鑫協助舉辦會議，將內地的腸胃病學研究和國際建立聯繫。[30]

自 1994 年起，林兆鑫和團隊在福建省開展大規模「化學防治」人群研究（Chemoprevention Population Study），首次發現早期根除幽門螺旋菌可以預防胃癌。[31]

1995 年 7 月，時任內科學系系主任的林兆鑫帶領港大腸胃科專家組，出訪福建省長樂縣，協助當地胃癌篩查和治療。長樂縣是內地胃癌發病率最高的縣之一，一行人帶着 14 箱設備抵達長樂。當地的腫瘤專家負責普查患者的飲食習慣、招募患者和採集血液。

研究團隊邀請北京、武漢的醫學院校，福建、廣州、東莞等地醫學教授、醫生、研究員、研究生參與研究；招募當地醫生、醫學生和剛拿到資格的護士協助內窺鏡檢查。團隊在長樂縣六個村落工作，包括會診、內窺鏡檢查、隨訪，進行了近十年的縱貫性研究（longitudinal study）。

港大的團隊初次下鄉時不大適應在農村工作，但經過培訓後很快上手，首天上午，篩查了 100 名患者。其後四週裡，團隊在多個城鎮檢查，將學校用作診所及鏡房。團隊為篩查出的早期黏膜癌患者做黏膜切除手術，並在外科醫生的協助下治療晚期病人。四週項目結束時，團隊共做了 2,500 次內窺鏡檢查，發現了 20 多個胃癌患者，其中一些尚屬早期。[32] 過去，由於村莊無法接觸到先進的篩查技術，胃癌患者通常發現時已是晚期。

2004 年，林兆鑫和來自港大醫學院、中國福建長樂癌症研究所、中國預防醫學科學院營養與食品衛生研究所的腸胃專家合著論文，將 1994 至 2002 年在福建針對 988 名參與者的研究成果發表於《美國醫學會雜誌》。[33] 研究結果證實慢性幽門螺旋菌（*H. pylori*）與胃癌發展的關聯，是全球首個在高危人群中確定根除幽門螺旋菌可降低胃癌發病率的前瞻性、隨機性、安慰劑對照和基於人群的研究。

林兆鑫在消滅幽門螺旋菌和預防胃癌及胃潰瘍方面取得可觀成就，陸續出版九本專書和 400 多篇論文 [34]，獲得世界腸胃病學組織（World Organization of Gastroenterology）授予 Bockus 獎章，該榮譽每四年一次授予世界上最傑出的腸胃病學專家。他亦獲邀出任北京、上海、廣州、新疆等地醫學院的客座教授。

福建的胃癌防治研究得到多方經濟支持，霍英東基金會、何耀光基金會、曾憲梓基金會、何添、梁銶琚等都曾慷慨解囊。[35]

方心讓、鄧樸方會面

骨科醫生方心讓 1923 年生於南京，父親是民國將領方振武。他 1950

1984 年，中國殘疾人福利基金會成立，鄧樸方首次訪港，在方心讓陪同下參觀跑馬地賽馬。
（方幸生授權）

年畢業於港大醫學院，之後幾年在港大骨科執教。他終其一生致力於
服務殘疾人士，是許多復康機構和醫學學會的創始人，被譽為「復
康之父」。1959 年，方心讓成立香港復康會（Hong Kong Society for
Rehabilitation），1980 年，當選國際復康總會會長。因在復康事業的突
出貢獻，方心讓獲得了眾多國際獎項和榮譽。

方心讓在自傳 *Rehabilitation: A Life's Work* 中提到，1983 年他和鄧樸方首次
在北京一個四合院內見面，就許多復康問題討論了三個小時，包括是
否該在北京建立一個大型復康研究中心。鄧樸方在「文革」時遭打擊致
殘，曾赴渥太華就醫。1980 年代初，鄧樸方籌建中國殘疾人福利基金
會。當時兩人意見分歧，唯一的共識是，這項目需要的經費巨大。方心

讓認為應該將錢用於發展以社區為基礎的復康設施（Community-based Rehabilitation, CBR），而鄧樸方說，「方醫生，中國是個人口眾多的大國。你不認為這個國家應該至少擁有一個現代化的世界級復康和研究中心嗎？」[36] 說到這裡，二人達到共識。

1984 年，鄧樸方攜帶大批中國名人畫作來港，打算賣畫籌款。方心讓卻有更好的主意，建議舉辦數場小型晚宴，介紹香港慈善家邵逸夫、霍英東、李嘉誠、新鴻基郭氏兄弟、包玉剛、利國偉等人與鄧樸方結交。晚宴上，眾人紛為籌建中的中國復康中心捐款。鄧樸方在香港的三週，共籌得 5,800 多萬港元，遠超賣畫預算。在答謝酒會上，鄧樸方將帶來的畫作贈予眾捐款人，另外撥出 500 萬港元回贈香港復康會，以表示「中國和香港的殘疾人是一家。」[37] 同年，在方鄧二人合作下，中國成為國際復康總會會員。

2009 年，方心讓去世，鄧樸方發唁電「痛失良師益友」，提到在 1980 年代初「方心讓對尚處於起步階段的內地殘疾人事業，給予極大的關注和支持。」[38]

除了方心讓，港大醫學院校友、骨科醫生梁秉中也為內地復康事業作出貢獻。他在 1993 年創立「關懷行動」（Operation Concern），為內地偏遠地區居民提供免費手術和復康治療。「關懷行動」的幾百名醫護志願者，大多數外科醫生是港大醫學院校友。創立十年時，「關懷行動」已在內地完成了 1,200 台手術，服務 5,000 多名患者，設立了十多個醫療中心。[39]

1980 年代初，左起：彭文偉、余宇康、陳煥璋、梁智鴻，在廣州中山大學醫學院合影。（梁智鴻提供）

侯寶璋家族的貢獻

侯寶璋是中國近代病理學先驅，曾任港大醫學院病理學系系主任和教授，他的著作《實用病理組織學》是中國第一部病理組織學用書。侯寶璋為港大培養出許多醫學棟樑，包括港大內科學系前主任達安輝、港大醫學院前院長楊紫芝、香港婦產科及公共衛生先鋒李健鴻、外科梁智鴻、香港內科醫學院院士余宇康等。

出身中醫之家的侯寶璋，也培養出多位家族的杏林名醫，特別是次子侯健存、四子侯勵存、女婿陳煥璋和彭文偉，在改革開放初期攜手促進內地和香港的交流和醫學發展。

劉智鵬、劉蜀永在《侯寶璋家族史》中，詳細記載了侯家六位醫生為內地和香港的醫療事業做出的貢獻。侯健存在港大醫學院完成學業並取得行醫資格，曾在港大醫學院協助父親的教研工作。1952 年，他回到北京工作，1974 至 1984 年，為中國醫學科學院引進國外先進的免疫組織化學技術，建設了免疫病理研究實驗室。他又擔任協和醫科大學研究生院導師，培養人才。

侯勵存 1956 年在港大醫學院獲得內外全科醫學士學位，曾任瑪麗醫院內科駐院醫生。他在英國取得博士學位，後在港大病理學系任名譽教授，又在養和醫院出任組織病理暨細胞學主任。1978 年，侯勵存捐贈了一部冰凍切片機給廣州中山醫學院病理部，十分鐘內就能出病理報告。他為此到廣州示範如何使用機器，編寫使用指南。[40]

陳煥璋曾擔任港大病理學系教授，後在九龍聖德肋撒醫院任病理主任。1980 年代，陳煥璋與商人霍英東協助內地醫療團體來聖德肋撒醫院化驗室觀摩，安排內地醫學生來港學習。

中華醫學基金會助力

中華醫學基金會源自洛克菲勒基金會，1928 年在紐約註冊，旨在促進亞洲，特別是內地的醫療、護理、公共健康研究和教育。基金會主席 Patrick Ongley 於 1979 年訪問內地，確認需要發展基礎學科和培育科研人才。他也認為基金會應該援助多所醫學院校，而非集中投入單一學校。[41] 1980 年代，在中華醫學基金會的協助下，內地醫生絡繹來港，在港大接受培訓，港大與內地的關係加強，同時成為東南亞和東亞地區的醫學研究教育中心。

1983 年 6 月 1 日，楊紫芝成為第一位出任港大醫學院院長的女教授。（香港大學發展及校友事務部圖片）

作家秦家驄在《香港醫學的 130 年，從中華醫學院到李嘉誠醫學院》書中，對中華醫學基金會和內地的互動有詳細敘述，引用了港大檔案館的歷史信件記錄。[42]

根據秦家驄的記載，1980 年，基金會經官方批准，重返內地，向七所醫科大學提供研究、教育和館藏方面的配套資金支持，並得到中國衛生部同意派十人醫學代表團訪港，以及四名護士赴港接受高級培訓，費用均由基金會承擔。[43]

1981 年 4 月 21 日，在基金會的資助下，港大醫科進修教育主任 Peter J. Preston 率領香港代表團訪問湖南長沙。8 月，內地派出醫學代表團，由

上海第一醫學院院長、外科教授石美鑫擔任團長，中山醫學院副院長、內科教授陳國植擔任代表團顧問，湖南醫學院副院長羅嘉典擔任副團長；其他成員來自衛生部和北京、四川、西安、瀋陽、湖南等地的大學醫學院。代表團與港大醫學院院長會談，並參觀了港大精神病學、微生物學、病理學、外科、婦產科和兒科等各個科室。

隨後，基金會資助內地開展護理培訓。1981 至 1982 年，在香港醫務衛生署的協調下，港大參與制定培訓計劃，四名來自湖南醫學院的護士在瑪麗醫院接受培訓。1984 年，基金會提出培養內地護士的五年計劃，再次尋求港大醫學院合作。基金會主席 Ongley 致函港大醫學院院長楊紫芝，通知她董事會已撥款 40 萬美元以支持護士獎學金計劃，「希望此項目將培養有能力的護理教師，返回內地成為核心的新一代護理教育者。」他還希望在港大接受培訓的內地護理人數可以增加到每年 12 人。[44]

1981 至 1982 年，由基金會資助的港大醫學院區域獎學金名額總數與往年持平，首次包括六名內地醫生。

不止以上，移民海外的港大醫學院校友惦記內地發展。羅安鼎移民澳洲執業後，籌款開展「Project China」，促進澳洲、紐西蘭和內地的醫療交流。1993 年，「Project China」組織第一個澳洲醫學隊訪問廣州，分享外科技術和經驗。之後，項目組織北京、上海、南京和長沙等地的外科醫生與澳洲互訪。「Project China」亦捐贈醫療器械和書籍期刊給內地醫學院校。[45]

港大醫學院在 1982 至 1987 年的計劃中，每年為內地學員預留 12 名額，另外 18 人來自其他東亞國家和地區。[46,47] 基金會在一封公函中對港大培養東南亞醫學人才的獎學金項目的成功給予強烈肯定，特別提到

納入內地醫生的重要性，並承諾進一步提供資金支持。[48]

面對內地的需求，港大常常自籌資金安排學者訪港。1983 年，廣州暨南大學醫學中心希望派一名研究員在港大做六個月的訪問研究。解剖學教授李守基一向熱心支持內地醫學發展，他通知黃麗松校長，已從香港著名實業家安子介處籌得四萬港幣，「以支付生活費、書籍和設備費用。」[49] 黃麗松事後寫信感謝安先生為「香港大學 / 中華醫學基金會周邊地區醫學院教師獎學金計劃」作出的貢獻。[50]

中華醫學基金會與內地的合作不斷加強，除了醫學培訓，港大還在資金流通上給予幫助。基金會向內地多間大學提供美元資助，但內地大學在使用美元採購方面遇到困難，幾番協調後，港大表示願意盡一切努力，在合法合規前提下，協助內地院校採購試劑、書籍、小件設備等物資。

里程碑的港大深圳醫院

香港大學醫學院是港大 1911 年創校時的三個學院之一，是香港第一所醫學院，也是亞洲歷史最悠久的西醫教育機構，到 2022 年已走過 135 個寒暑。1997 年香港回歸，正值港大醫學院 110 周年。在周年紀念大會的致辭中，前港大醫學院院長、港大副校長周肇平說，「香港是內地與國際社會之間的橋樑，我們認為港大醫學院很好地發揮了這一作用。」[51] 2011 年，港大深圳醫院成立，體現了這橋樑作用，又是里程碑的發展。

展望將來，醫學院也會繼往開來，治病救人，開發醫學知識的前沿疆界，擔負為國家、為香港培育人才的使命。

註

梁智鴻

1　梁智鴻訪談記錄，2022 年 4 月 27 日。

2　Che-Hung Leong, *The Triumph of Rationality: from Surgical Practice to Public Service.* (Hong Kong: The Commercial Press, 2018), p.35.

3　Che-Hung Leong, pp.105-112.

周肇平

1　周肇平：〈談談義務醫療工作〉，載梁卓偉著《大醫精誠：香港醫學發展一百三十年》（香港：三聯書店（香港）有限公司，2017），頁 323。

2　顧玉東：〈中國手外科發展歷程〉，《中華創傷骨科雜誌》，2005 年第 7 卷第 1 期（2005 年 1 月），頁 9-11。

3　詹洪春、王光躍：〈王澍寰：開啟新中國手外科歷史的大醫者〉，《中國醫藥科學》，2011 年第 1 卷第 2 期（2011 年 2 月），頁 1-3。

4　侯春林、劉小林：〈中國顯微外科歷史回顧〉，《中華顯微外科雜誌》，2015 年第 38 卷第 5 期（2015 年 10 月），頁 417-415。

5　顧玉東：〈第二趾移植再造拇指的歷史回顧與展望〉，《中華手外科雜誌》，2006 年第 22 卷第 1 期（2006 年 2 月），頁 3-5。

6　〈中國顯微外科先驅──黃承達教授〉，《中華顯微外科雜誌》，2021 年第 44 卷第 1 期（2021 年 2 月），插頁 1-5。

7　朱家愷：〈重溫手外科的歷史，開拓美好的前景〉，《廣東醫學》，2005 年第 26 卷第 12 期（2005 年 12 月），頁 1601-1602。

8　周肇平訪談記錄，2021 年 7 月 5 日。

9　顧立強、劉小林、汪華僑：〈見微知著震古爍今──廣東省顯微外科的發展〉，《中華顯微外科雜誌》，2014 年第 37 卷第 1 期（2014 年 2 月），頁 5-9。

10　周肇平訪談記錄，2021 年 7 月 5 日。

11　C.D.Huang, S.P. Chow, C.W. Chan, 'Experience with Anastomoses of Arteries Approximately 0.20 mm in External Diameter', *Plastic and Reconstructive Surgery*, February 1982, Vol.69, Issue 2, pp 299-305.

12　C.D.Huang, S.P. Chow, C.W. Chan, K.S. Lau, 'A study of the anatomical features of micro arteries 0.15 to 0.30 mm in external diameter - Its relationship to the technique of anastomosis', *Clinical Medical Journal*, 1982; 62:602-604.

13　楊紫芝訪談記錄，2021 年 7 月 19 日。

14　'2001 Honorary University Fellow, Lady Ivy Wu KWOK Sau Ping'，取自 www4.hku.hk/honfellows/honorary-university-fellows/lady-ivy-sau-ping-wu-kwok/，13-8-2022 擷取。

15　余安定、周肇平：〈不完全性肌腱斷裂的實驗研究〉，《中國修復重建外科雜誌》，1995 年第 9 卷第二期，頁 112-113。

16　楊克非、周肇平：〈異種微血管移植的實驗研究〉，《中國修復重建外科雜誌》，1996 年第 10 卷第 3 期，頁 180-182。

17　王愛民、周肇平、周明華、Bruce IC、蔣祖言、李起鴻：〈帶血管神經二步吻合移植修復鼠脊髓損傷實驗研究〉，《中華神經外科雜誌》，1995 年第 11 卷 6 期（1995 年 11 月），頁 351-353。

18　楊哲整理：〈第二次全國手外科學術會議簡況〉，《醫學研究通訊》，1997 年第 16 卷第 1 期，頁 29-31。

陳鴻霖

1　陳鴻霖訪談記錄，2022 年 4 月 19 日。

2　<Background and History of the Laboratory>. From www.skleid.hku.hk/background.html, retrieved 01-12-2022.

紀事

1　*HKU Med News*, 'Fruitful Engagement with Mainland China', Vol 26 Issue 2, Dec 2021, pp12-13.

2　李志平：〈20 世紀下半葉中國醫學發展史分期問題探討〉，《中華醫史雜誌》，2005 年第 35 卷第 1 期（2005 年 1 月），頁 37。

3　Gabriel M. Leung, and N.G.(Niv) Patil, 'A Brief History of Medical Education in Hong Kong' in *Medical Education in East Asia: Past and Future*. Edited by Lincoln C. Chen et al (Bloomington: Indiana University Press, 2017), p.115.

4　梁卓偉：《大醫精誠：香港醫學發展一百三十年》（香港：三聯書店（香港）有限公司，2017），頁 64。該書對港大醫學院早期歷史有詳細記載。

5　梁卓偉訪談記錄，2022 年 11 月 22 日。

6　香港大學：〈2018 名譽大學院士周肇平教授〉。取自 www4.hku.hk/honfellows/chit/honorary-university-fellows/professor-shew-ping-chow，09-8-2022 擷取。

7　香港科學院：〈我們的院士——范上達〉。取自 www.ashk.org.hk/tc/ourMembers/details/24，09-8-2022 擷取。

8　楊紫芝訪談記錄，2021 年 7 月 9 日。

9　周肇平訪談記錄，2021 年 7 月 5 日。

10　〈香港大學解剖專業工作者來穗訪問〉，《廣東解剖通報》，1979 年第 1 期（1979 年 7 月），頁 82-83。

11　程靜：〈我所了解的港大與內地的交流〉，載劉蜀永編：《一枝一葉總關情》（香港：香港大學出版社，1999 年增訂版），頁 283。

12　尹大慶：〈中國手外科事業的創始人王澍寰院士〉，《中華骨科雜誌》，2001 年第 21 卷第 12 期（2001 年 12 月），頁 765。

13　張健：〈沉痛悼念陳中偉院士〉，《中華創傷骨科雜誌》，2004 年第 6 卷第 4 期（2004 年 4 月），頁 480。

14　中山大學附屬第一醫院：〈沉痛悼念中國顯微外科奠基人朱家愷教授〉。取自 www.gzsums.net/tese_25974.aspx，09-8-2022 擷取。

15　〈中國顯微外科先驅——黃承達教授〉，《中華顯微外科雜誌》，2021 年第 44 卷第 1 期（2021 年 2 月），頁 1-5。

16　侯春林：〈我國對世界顯微外科發展的貢獻〉，《中華顯微外科雜誌》，2007 年第 30 卷第 4 期（2007 年 8 月），頁 247。

17　甄橙、胡俊：〈紀念中國整形外科專家張滌生院士〉，《生物學通報》，第 50 卷第 11 期（2015 年），頁 58。

18　Frank Ching, *Shaping the Health of Hong Kong: 120 Years of Achievements*. (Hong Kong: The University of Hong Kong, Li Ka Shing Faculty of Medicine, 2006), p.135.

19　張命珍：〈醫學交流瑣記〉，載劉蜀永編：《一枝一葉總關情》（香港：香港大學出版社，1999 年增訂版），頁 270-272。

20　劉智鵬、劉蜀永編：《侯寶璋家族史》（香港：和平圖書有限公司，2012 年增訂版），頁 225。

21　*Medical Faculty News*, Vol 1, Number 1, February 1996, HKU Archives.

22　〈我會部分會員參加赴港學術交流訪問團〉，《廣東解剖通報》，1980 年第 2 期（1980 年 12 月），頁 130-131。

23　戴正國：〈香港大學人解實驗室主管李家忠來暨大講學〉，《廣東解剖學通報》，1981 年第 2 期（1981 年 12 月），頁 263-264。

24　中山醫學院 1985 年更名為中山醫科大學，後在 2001 年與中山大學合併。

25　*Medical Faculty News*, Vol 1 Issue 4, January 1997, HKU Archives.

26　同上。

27　*Medical Faculty News*, Vol 2 Issue 1, May 1997, HKU Archives.

28　Hong Kong Industry Department and University of Hong Kong Medical Faculty Transgenic Technology Training Facility, HKU Archives.

29　*Medical Faculty News*, Vol 1 Issue 4, January 1997, HKU Archives.

30　Frank Ching, *Shaping the Health of Hong Kong: 120 Years of Achievements*. (Hong Kong: The University of Hong Kong, Li Ka Shing Faculty of Medicine, 2006), p.125.

31　同上。

32　*Medical Faculty News*, Vol 1, Number 2, May 1996, HKU Archives.

33　Benjamin Chun-Yu Wong, MD; Shiu Kum Lam, MD; Wai Man Wong, MD; et al, 'Helicobacter pylori Eradication to Prevent Gastric Cancer in a High-Risk Region of China. A Randomized Controlled Trial', *JAMA*. 2004; 291(2):187-194. doi:10.1001/jama.291.2.187, From jamanetwork.com/journals/jama/fullarticle/197985, retrieved 17-8-2022.

34　Frank Ching, *Shaping the Health of Hong Kong: 120 Years of Achievements*. (Hong Kong: The University of Hong Kong, Li Ka Shing Faculty of Medicine, 2006), p.125.

35　林兆鑫訪談記錄，2022 年 7 月 8 日。

36　Sin-yang Fang and Lawrence Jeffery, *Rehabilitation: A Life's Work*. (Hong Kong: Hong Kong University Press, 2002), pp.111-113.

37　〈鄧樸方設酒會答謝各界　撥五百萬助港澳殘疾人〉，《大公報》，1984 年 9 月 19 日；〈復康會獲贈五百萬 成立永久基金組織〉，《大公報》，1984 年 12 月 16 日。

38　〈鄧樸方發唁電悼骨科名醫方心讓〉，《中國新聞網》，2009 年 8 月 27 日，取自 www.chinanews.com.cn/ga/ga-gaynd/news/2009/08-27/1836712.shtml，09-8-2022 擷取。

39　*Growing with Hong Kong: the University and its Graduates: the First 90 Years* (Hong Kong: Hong Kong University Press, 2002), p.117.

40　劉智鵬、劉蜀永編：《侯寶璋家族史》（香港：和平圖書有限公司，2012 年增訂版），頁 142。

41　Daqing Zhang, 'Medical Education in Contemporary Mainland China' in *Medical Education in East Asia: Past and Future*. Edited by Lincoln C. Chen et al (Bloomington: Indiana University Press, 2017), p. 74.

42　香港大學檔案館保留着中華醫學基金會、香港大學和內地醫學院校彼此往來的信函、相關工作報告、財務安排等原始文件。本章提到的文件均可在港大檔案館查閱。

43　Ongley to He and Wang, 7 November 1980, China Medical Board Fellowship 1973-1993, Box 04898 Folder 16. HKU Archives.

44　Ongley to Young, 7 June 1984, China Medical Board Fellowship, 1973-1993, Box 04898 Folder 16, HKU Archives.

45　*Growing with Hong Kong: the University and its Graduates: the First 90 Years* (Hong Kong: Hong Kong University Press, 2002), p.117.

46　The University of Hong Kong/China Medical Board Fellowships. Yearly estimates for 1982-87 Regional Fellowship Program (Sponsored by CMB), 1978-1988, Box 04899 Folder 2, HKU Archives.

47　在秦家聽書中，「東亞」指韓國、菲律賓、印度尼西亞、泰國和台灣地區。

48　Ongley to Hsieh, 2 December 1982. Regional Fellowship Program (Sponsored by CMB), 1978-1988, Box 04899 Folder 2, HKU Archives.

49　Lisowski to Vice-Chancellor, 9 May 1983, China Medical Board Fellowship, 1973-1993, Box 04898 Folder 16, HKU Archives.

50　Vice-Chancellor to Ann, 28 May 1983, China Medical Board Fellowship, 1973-1993, Box 04898 Folder 16, HKU Archives.

51　110th Anniversary Celebration Scientific Congress, October 24-26, 1997.

第二章

工程篇

作為港大兩個創校學院之一，工程學院最早展開與內地交流，配合內地大興土木建設的需要。高樓建築、流體力學及結構與岩土工程，研究結合實戰。內地學者也參與港人熟悉的青馬大橋、維港海堤的建設。

港大研究高樓，在石澳的模擬大廈。（港大圖片）

ENGINEERING

港大土木工程系提供

張佑啟 (1934-2022)

棄醫從工
鑄成大師

他拿了三個博士學位，享譽國際，卻心懷故土，
在世界繞了一個大圈後回歸港大，
尤其推動和內地交流，創下功業。

改革開放之初，港大工程學院透過北上講學、合辦國際會議、錄取內地生及邀請學者來訪等，搭建的交流通道愈見寬闊平坦，交流亦由初期的單向變為雙向。港大與內地院校及學者攜手合作研究，互補發揮，內地多間院校與港大工程學院屬下的學系簽訂協議，為未來鋪展學術合作。與內地多年來建立的良好關係，裨益港大學生。自 1994 年，港大工程學院學生獲安排北上實習，擴闊眼界，甚至有機會參與國家級工程。

1977 年的夏天，43 歲的張佑啟回到土生土長的香港，出任香港大學講座教授和土木工程系系主任。他記得 23 年前，辛苦考進了港大醫學院，但讀了一年後就退學，到廣州華南工學院（後來的華南理工大學）轉讀工程。其後，他拿了三個博士學位，在加拿大和澳洲的大學獲聘為

正教授，成為了享譽國際的土木工程和計算力學專家。

回港後的 23 年寒暑，張佑啟全情投入教學和科研，歷任土木工程系系主任、工程學院院長、副校長、代首席副校長等職。在當年的香港，他是對西方和內地學術界都有認識的少數學者，在任內將工程學院帶上了新台階。

張佑啟回港，正是改革開放前夕，港大對他寄以厚望。工程學院百年紀念刊物這樣記述：「中國對外開放對（工程）學院來說是一個難得的機遇⋯⋯他（張佑啟）擁有理想的背景，為學院發展貫通中西的角色⋯⋯他為學院帶來兩項資產，良好的研究國際聲譽及內地學術界的聯繫。」[1]

曾在內地及外國深造、工作的張佑啟，是對香港、西方以及內地學術界都有認識的少數學者。他就任後積極北上講學及舉辦國際學術會議，為內地與國際學術界搭建交流平台。此外，他在大學開風氣錄取內地生，並積極尋求基金，資助內地生來港深造及學者來訪。港大在 2000 年向張佑啟頒發名譽科學博士學位時的讚詞提到：「張教授經常認真負起作為學系精神領導的責任。他努力尋找外界捐助，為值得培育的學生提供獎學金，籌辦國際會議，安排大學與內地院校開展交流活動。」[2]

國際學術會議推手

1981 年 1 月，張佑啟忙著接待改革開放之初來學院的內地學者考察團。[3] 翌年夏天，與內地合辦「國際有限元會議」，討論他專攻的課題有限元法。這是他和中國建築學會商討兩年的成果，由港大土木工程系與中國建築學會、中國土木工程學會及中國力學學會在上海合辦。[4]

↑｜1981 年，港大接待來自內地的考察團，圖為工程學院張佑啟（左）與來訪的內地學者交流。（香港大學檔案館提供）

↓｜張佑啟（左三）與來港大訪問的內地代表團合照。（香港大學檔案館提供）

當時的學系講師李啟光對此次會議印象深刻,那是他自內地移居香港後首次回到內地。五天會議在一家上海市的酒店舉行,張佑啟與內地力學專家何廣乾一同出任大會主席。與會者除內地及香港的學者外,還有歐洲、美國、澳洲及日本等地 300 人,共收到 500 篇論文,時任上海副市長楊士法在會上致辭。[5] 會後港大收到不少內地學院邀辦學術會議。[6]

挖掘具潛質學生來港

港大前副校長、現任澳門科技大學校長李行偉、當年張佑啟的同事記得,「他來了之後,改革土木工程系,注入活力,他很鼓勵同事做研究,氣氛不同。」[7]

港大工程學院自 1980 年代從教學型轉向研究型。做研究需要年輕的研究人員,但自 1980 年代,加入做研究的本地生愈來愈少[8],張佑啟在跟內地學界的交流中,發掘一些具潛質的內地學生和年輕學者,爭取他們到港大進修和協助研究。

自 1980 年代末,內地研究生被當地大學安排來港大學習,當時曾與這些內地學生合作研究的李啟光指,「張佑啟知道內地一些院校跟港大做的研究課題相關,就安排那些院校的博士生來港一起做研究。」這一安排很受內地院校歡迎,「我們的研究方向,除了發展理論,亦重視實驗及實地的研究工作(Laboratory and field study),內地則比較偏向理論方面發展。」[9] 他接觸過的內地博士生,一般來港大約一年,大部分時間在實驗室及工地上度過。

郭大江來自華南工學院,老師羅松發把他推薦給當時經常返母校講學的張佑啟,他於 1983 年獲港大土木工程系取錄,成為該系自改革開放後

↑｜張佑啟（前左二）對內地生非常照顧，逢年過節都會招呼他們到家裡相聚，前排右二為張佑啟太太。（郭大江提供）

↓｜假日時張佑啟夫婦（右三及四）會與內地生出外遊玩，一行人在中環遮打花園留影。（郭大江提供）

首名內地博士生。他記得張佑啟要求嚴格:「敲定論文題目後,我們要定期向他匯報進展,他不理會我們的具體工作,但有一個基本要求,每年至少在學術期刊發表一篇論文,他說過:『如果你跟我學習,沒有三至五篇論文刊登,就休想畢業。』」[10] 郭大江說,當時研究氣氛濃厚,學系內的茶房(Tea room)成為教學人員交流研究心得的聚腳地。

他印象最深刻的,是張佑啟教他如何申請入讀港大,由遞交文件到撰寫研究建議書,處處提點,「要寫研究建議書,我完全不懂,張教授差不多『手把手』的教我怎樣做,着我把成績翻譯成英文,找人證明是官方成績,怎樣找教授為我寫推薦信。」入港大後,郭大江兼任研究助理,亦是張佑啟安排的,「讓我可以用我研究助理的收入,支付生活費。」

張佑啟經常帶着一班內地生去「飲茶」,「每逢週三中午,系內老師會一起吃午飯,去華富邨或置富的酒樓飲茶,他一定會帶我們一起去,目的是想我們跟老師交流,希望我們盡快融入港大這個大家庭。」逢年過節,張佑啟會邀請在香港「無家可歸」的內地生返家吃飯,「我們會看他拍的幻燈片、聽他講自己的經歷,晚飯後一起賞月吃水果,每年都有。」有時高興起來,張佑啟更會高唱在內地學會的蘇聯歌曲,他唱男低音沉穩有力,成為不少內地生的港大回憶。

自改革開放以來錄取內地生,為港大跟內地的大學作進一步學術交流和合作研究打下基礎。工程學院下各學系,錄取了來自華中工學院的王元漢、朱達善,以及來自中山大學的陳樹輝等修讀博士學位,而碩士研究生則有華南工學院的陳斗南等。[11]

其中來自北京工業大學的碩士研究生程靜,他於 1985 年入讀港大,跟隨當時在港大的水利專家李行偉做研究。他憶述導師李行偉「很隨和,

學術上很有造詣，對自己要求很高，對學生要求也很嚴格。」學習艱苦，卻進入另一個研究天地，「我自己覺得，通過幾年的學習，在科學研究、治學態度、學習方法等方面，收穫實在是太大了。」[12] 畢業後返回內地工作的他，曾出任北京工業大學副校長和北京市水務局局長等高職，還成為早期港大內地校友聯誼會中堅人物；而他的港大學弟、1997年到港大從事博士後研究的唐洪武，先後出任河海大學水利水電工程學院院長、副校長等職位。

此外，時任機械工程系系主任周其隆和電機電子工程系陳清泉，也錄取了一批內地研究生，其中1987年來自西安交通大學的盧天健是師從周其隆。他1990年取得港大機械工程哲學博士後，再到美國哈佛大學深造，1995年取得工程科學哲學博士，1997年到英國劍橋大學任教，於2004年受聘回母校，出任西安交通大學副校長。

當年在港大的內地研究生都很刻苦，譚國煥對他們印象深刻。譚國煥是少數跟隨張佑啟學習的本地學生，1977年港大畢業後留校攻讀博士學位，畢業後加入港大，至2011年出任工程學院院長。他在1980年代曾多次隨張佑啟到內地交流，不論工作及生活上，都在系內支援內地學者及研究生，「無論是研究生還是訪問學者，都很刻苦。他們長時間在實驗室，生活節儉，在有限的資金下生活，結束後回內地時，還可以為家中添置電器。」[13]

由醫轉工的大膽決定

張佑啟，1953年皇仁書院畢業，憑着三科優的成績，以全港第六名入讀港大醫學院。在港大宿舍馬禮遜堂，他遇上三年級土木工程系學生、後來成為香港拓展署署長的周子京。[14]

兩位宿友特別投契，愛數學、學工程。周子京回想當年，張佑啟為滿足
父親期望讀醫，但一直心繫工程。張佑啟曾說：「醫科比較着重記憶，
工科比較着重推理思考，我較喜歡後者。」[15] 周子京記得好友讀醫第一
年功課未算多，但已受不了要記大堆醫學名詞，曾抱怨：「醫科要記很
多拉丁長名，還要記 organic chemistry（有機化學）的詞，一個人的骨頭
有 200 多塊，每件骨頭的頭、中間及末端又有不同名稱。」[16]

讀土木工程先要懂數學，張佑啟在課餘愛找周子京補習數學。他向周子
京借來土木工程系一年級的書自學，「他晚上有時間就過來，我房有
張大枱，有時我在畫工程圖，他就過來跟我學，對工程的興趣愈來愈
大。」

一年後，張佑啟決定棄醫轉讀工程。當時香港掀起回祖國建設的思潮，
他北上廣州，考入華南工學院土木工程系，主修工業與民用建築結構專
業，完全投入內地的大學生活。他成績優異，畢業後想去科學院做研究
或留校教學，但事與願違，被分配到鄭州的河南省建築設計研究院，
擔任助理結構工程師。貫徹其勇於創新的性格，他設計了一個可容納
1,500 人的大禮堂，木桁架跨長 27 米，在當時屬高難度項目。

另外，他又設計過招待所泳池，採用外國最新設計，池身以彈性基礎樑
（beam on elastic foundation）、泳池頂則用圓筒型殼體（cylindrical shell）
結構算法，全是他從書本學來應用，這個新穎大膽的設計讓施工的工人
嘖嘖稱奇。當他知道毛澤東可能會來游泳，不禁嚇了一跳，「如果毛主席
游泳時有石屎從天花上脫落並擊中他，我豈不是會有麻煩！」[17]

年輕的張佑啟希望在學術上發展，但當時鄭州的土木工程及建築很簡
單，一直想做研究的他，堅持在工作後進修，每年暑假返港，就向好友

↑｜以優異成績入讀港大醫科的張佑啟，一年後退學北上，實現工程夢想。（張佑啟家人提供）

↓｜張佑啟（左）心向工程，向宿友周子京學習工程繪圖。（周子京提供）

張佑啟是冼奇維茨（O. C. Zienkiewicz）（左）錄取的首位中國博士研究生，期間發表了他首篇有限元法論文。（張佑啟家人提供）

周子京借來大堆專科研究書籍，努力鑽研。

寒窗苦讀，機會終於出現。張佑啟回香港探親，得悉波蘭裔教授冼奇維茨（O. C. Zienkiewicz）從美國西北大學來到英國威爾斯大學史雲思大學學院（University of Wales, Swansea），遂大膽寫信給對方，表達想拜入其門下求學的意願。

1961 年，張佑啟前往英國面試。當時英國的大學不承認內地學位，面試機會不易，靠好友周子京幫上一把。「我當時已是註冊工程師，又找來在港大任土木工程系講師、在英國讀博士的港大舊生。我來自業界，港大講師來自學術界，我們各自寫推薦信，讓他交給英國那邊。」[18] 張佑啟又找人把他的畢業證書翻譯成英文，英國方面才接受

他的申請。經過漫長的面試，張佑啟表現出色，獲破格收為兩年制的博士研究生。

創立「有限條法」

張佑啟跟隨洗奇維茨研究有限元法，並自學新興的電腦程式語言「Fortran」。他曾說：「要用計算器解開四條 equation 已經十分困難，要解 40 條可能要幾晚捱夜才行，要解 400 條簡直是天方夜譚。」[19] 但他很快上手，成為洗奇維茨的得力助手，協助處理大量論文數據。他的電腦知識了得，甚至獲聘為電腦課講師，成為該校首位當講師的研究生。

1964 年，張佑啟與導師洗奇維茨教授將共同研究成果寫成論文 *The Finite Element Method for Analysis of Elastic Isotropic and Orthotropic Slabs*，發表於英國土木工程師學會（Institution of Civil Engineers, ICE）會刊 *Proceedings of the Institution of Civil Engineers* 上，被視為學術經典。二人開創的理論除了應用於土木工程之外，還被航空、汽車和船舶、水力、土力等工程師廣泛採用，以解決各種工程問題。論文出版成專書，更被翻譯成中、法、德、日、俄、波蘭文及西班牙文等版本。[20, 21] 同年，張佑啟獲得博士學位。

張佑啟的學術光芒為學院帶來一陣小小的騷動，他的辦公室訪客不斷，不少年輕華人學生視他為「偶像」。[22] 他放在大學圖書館的博士論文正本接二連三被人偷去，連作者本人手上也只剩影印本。他後來擔任英國威爾斯克萊維多水壩（Clywedog Dam in Wales）工程顧問時，也因為採用了「有限元法」解決實際問題，贏得英國混凝土學會（UK Concrete Society）的「成熟結構大獎」（Mature Structures Award）。[23]

獲博士學位後，張佑啟在「有限元法」的基礎上創立「有限條法」（Finite Strip Method），結合了解析法和數值法的理論，開闢了計算力學的新方向，並發展為今日廣被採用的「半解析元法」（Semi-Analytical Method），令結構力學的計算程序更節省時間及資源，尤其適用於分析工程結構的總體動力反應，成為工程科學數值方法的一個重要分支。張佑啟曾這樣描述有限條法的應用：「那時候辦公室還沒有電腦。工程師用的是計算尺，一種只可以計算兩三位有效數字乘除運算的工具。那時要設計一座水壩，工程師用有限差分法，兩三個人要算一年，算出來的結果還可能是錯的；採用有限元法，算十天八天，就算出來了。後來，我所開創的有限條法，則讓這個計算結果來得更快，更精確。」[24]

1967 年張佑啟發表了有關「有限條法」的研究後，由英國轉到加拿大卡爾加里大學（University of Calgary）出任土木工程學系副教授，三年後升為正教授，時年 35 歲。

張佑啟曾為多項大型工程出任顧問，例如非洲尼日爾大壩（Niger Dam）、英國德貝鐵路大橋（Derby Railway Bridge）、菲立斯石油公司（Philips Petroleum Company）位於北海的埃高菲斯克油庫（Eckofish Oil Storage Tank）等；這些工程的複雜程度令人驚歎，其中他為加拿大研究設計埋於凍土的油管，要計算嚴寒天氣下，石油熱力引起的氣溫變化和凍土中的解凍線，因為凍土解凍後泥土土質較軟，會導致油管下沉及爆裂，他要就此進行精準的結構分析。[25]

在一次到澳洲阿德雷特大學（University of Adelaide）開會時，張佑啟深受當地環境吸引，於是結束七年的北美生活，由加拿大來到這所英式百年老校，出任土木工程系教授兼系主任。當時，他是大學中唯一的非歐裔教授，也是高級教員中最年輕的教授，上任時僅 39 歲。連鄰居也驚

張佑啟領導港大土木工程系及工程學院，是港大與內地的一道橋樑，並為日後兩地學術交流立下基礎。（港大土木工程系提供）

訝：一個「黃面孔」居然是教授。

在澳洲期間，張佑啟一天接到周子京來自香港的電話，告訴他港大土木工程系系主任退休，提議他申請空缺。周子京了解老朋友，拿了申請表寄往澳洲：「他也想回來，始終長時間在外國。」就這樣，張佑啟在世界轉了一個大圈，回到原點，創造了新的傳奇。

張佑啟在港大 34 年，為學系以至大學寫下重要一頁，2022 年 9 月因病離世，享年 88 歲。

李焯芬

悲智願行
整治險峻山河

他完成了不止十個志業，從工程到人文、教育、佛學、到慈善事業，境隨心轉，活在當下。

李焯芬做過工程師，專攻水利、核電、減災和滑波治理；他是教授、大學校長、佛學家、暢銷書作家；也是基金會和文化團體創始人、董事、義務顧問。智者說，人生應該起碼轉行兩次、追尋三個志業（careers）。李焯芬完成了不止十個志業，77 歲的他每天還在忙着。

他講話溫和、低調，卻是個學術研究的重量級中心（powerhouse）。在曾經的工程師生涯中，他在國際學術期刊發表論文 300 多篇；他是中國工程院院士、加拿大工程院院士、香港工程科學院院士及前院長；曾在世界銀行、聯合國發展計劃、亞洲開發銀行、加拿大國際開發總署等國際組織擔任科學技術顧問。

報效社會、香港、祖國是他一切努力的初心，從香港到加拿大，到跋涉祖國的險峻山河、大江南北，至今不離不棄。

他這樣解釋自己的追求，「我的根在祖國，心中所繫所想是我的故土、我的鄉親。最初讀大學選擇水利工程的初衷，就是全心全意地服務國家服務國民。」

李焯芬在港大工程系取得學士、碩士學位，專研香港的土壤礦物及其工程特性。1972 年在加拿大西安大略大學取得岩土工程博士學位後，他先後留校和在多倫多大學任教，後加入安大略省水電局，負責水電和核電的開發建設。1994 年重返港大，出任土木工程系教授，投入建設三峽工程。

從 1970 年代開始，李焯芬為了勘察工地修堤築壩，和整治流域研究生態，踏遍大江南北。從四川省西南邊陲的二灘、涼山彝族自治州的瀑布溝、河南省洛陽市的小浪底，到青海省尖扎縣的李家峽等數十個水利工程現場，都有他的身影。他曾參與 1976 年唐山大地震的災後重建，以及 32 年後汶川大地震的震害研究；他研發了治理斜坡的「土釘法」，另外協助國家發展大亞灣、秦山等核電工程項目。

與三峽結緣

李焯芬和三峽工程結緣於改革開放初期。當時，他擔任加拿大安大略省水電局總工程師，走遍加國大小水電站和核廢料實驗基地，積累水電核電工程經驗。水電局轄下有 5,000 多名工程師、68 個水電站、20 個核反應堆，以及多個火電廠和電網。

1996 年秋，於湖北省清江流域參與勘察工作。（李焯芬提供）

1980 年 9 月，中國水利部長錢正英女士帶領六人代表團訪問加拿大，同行者包括兩位副部長汪恕誠（後來的水利部長）和陸佑楣（後來的三峽工程總經理）。他們告訴李焯芬，國家要學習借鑑國外先進技術，發展水利水電事業。作為安大略省水電局工程設計與施工總工程師兼華人專家，李焯芬帶領訪問團到各地考察大壩、水電、核電工作，由大西洋沿岸走到太平洋，歷時一個月。他沿路講解大壩結構和安全性，如何設計減災、預防準則。他的專業知識和謙遜態度，得到錢正英賞識。考察結束時她向李焯芬說：「國家改革開放了，要大規模發展水電核電，不如你每年都回來參與前期勘探（feasibility study）。」[1] 前期勘探是水利工程的第一步，就環境、減災、安全性等問題做可行性評估，之後設計、施工。

1981 年，李焯芬義務出任中國水利部高級技術顧問，初踏內地水利現場，用兩三週了解情況。1983 年，三峽工程啟動前期勘探，他開始每年數次自費前往內地的生活。同時期，四川、雲南、貴州、湖北、甘肅、東北等地有多個水利項目上馬，李焯芬奔波於窮山惡水間，尋找合適的壩址，勘探地質，研究工程的可行性。期間，他結識了張倬元、潘家錚、王思敬、戴定忠和戴廣秀等內地水利專家。

1980 年代後期，李焯芬負責四川省西南邊陲攀枝花市鹽邊與米易兩縣交界處、長江支流雅礱江下游地帶的二灘水電站。地質勘探往往要攀山越嶺，車開不到的地方，勘探隊帶着各種測量儀器騎馬前行。山路蜿蜒崎嶇，上坡時要趴在馬背上，下坡時要往後仰，走在懸崖邊，重心稍移，隨時有掉入深山峽谷的危險。曾有中國科學院的老搭檔不幸墜崖喪生，李焯芬亦曾墮馬，幸好沒有大礙。

修建水電站時缺乏資金，當局向世界銀行貸款 7.66 億美元，李焯芬以華裔岩石工程專家身份，扮演國際溝通角色。世界銀行擔心，二灘的水平地應力偏高，恐對地下廠房的穩定性構成威脅。為打消世界銀行的疑慮，他多次前往杳無人煙的二灘測試地應力。當時中加兩國還沒有直航飛機，他要先從加拿大飛十多個小時回香港，再從羅湖坐火車、轉飛機去成都，沿成昆鐵路到攀枝花，轉吉普車顛簸數小時到山區工地，有時更要騎馬跋涉於懸崖，一趟路程長達數天，工作兩日後又趕回多倫多。為了趕上進度，有時要在野外支起帳篷，跟當地人同吃同住。二灘水電站建成後，成為內地在 20 世紀投產的最大水電站，總發電量可達 3,000 兆瓦，相當於當時香港電燈公司的發電量。

改革開放後的十多年，李焯芬每年代表安大略省水電局，接待中國水電部委或設計院的總工程師訪問團，訪問團通常由部長或副部長帶隊，他

1995 年夏，與水利部戴定忠司長及湖北省水利廳同人，沿漢江流域進行水利建設勘察、規劃。（李焯芬提供）

曾接待過史大楨和李鵬，考察加國核電項目。除了接待訪問團，他還負責安排數十位內地派來的青年工程師在實驗室和工地學習。

除了前期勘探，李焯芬的另一個工作是參與「大壩安全評估計劃」，治理「大躍進」期間各地農民自建的「病庫險庫」。1980 年代初，中國約有四萬多「病庫」亟待治理，李焯芬運用在加國的大壩加固經驗，為「病庫」下游減災防災。

在雅礱江做二灘水電站和錦屏電站的勘探工作時，李焯芬目睹生命的卑微和堅韌。他在彝族自治州的涼山高寒地區，體會到何謂家徒四壁。在涼山的布拖、昭覺等縣，他看到彝寨裡有不少兒童衣著破爛，流浪村頭；

走入村民家中，原來是用泥巴建成，並無家具。「當地許多少數民族住在高寒的山區上，生活很艱苦，還要面對山洪和泥石流的威脅，或農田乾涸的無奈。」看到山區人民長年面對水患威脅以及艱苦的生活條件，李焯芬加倍努力，參與減災防災工作。

就這樣，整個 1980 年代，李焯芬穿梭加國和內地，有時一個月多次往返，在內地參與的修堤建壩和其他工程日增。從最初的個人義務參與，到後來在公司層面上合作借調到內地；從前期的可行性研究、設計、論證，到後期的施工建設和實際操作。

其後，內地水利工程紛紛上馬，李焯芬應接不暇。1993 年，應港大副校長張佑啟和校長王賡武之邀，他辭去了加拿大的工作，返回母校教學，方便北上。長期的佛教薰陶使李焯芬懂得苦中尋樂，穿梭在祖國大地的錦繡河山，他感到心曠神怡；得到當地人熱情款待，他心存感恩。

港大教學風塵僕僕

1993 年三峽動工，是全世界最大型的水利樞紐工程。受中國水利部邀請，李焯芬到三峽義務工作。他先到長江水利委旗下單位跟內地專家會合，再輾轉到各個工地監察、評估進展、協助解決施工中遇到的問題。回到港大，李焯芬在辦公室內長期放着個行李袋，隨時候命，直奔羅湖橋，趕赴需要他的工地。

李焯芬激勵港大師生投身三峽建設。他曾帶領系內教授，包括譚國煥、羅錦添、鄺國麟、戴福初，以及博士生盧慧組成的六人小組，常駐三峽秭歸縣大壩以西 38 公里的泄灘，研究蓄水對山坡的影響，作出「三峽庫區邊坡穩定性評估」。泄灘是典型的老滑坡區，六人小組的工作包括

1986 年夏，川西工程地質考察途中。左一為地質礦產部總工程師戴廣秀，右一為國際工程地質學會會長 Owen White。（李焯芬提供）

量度邊坡的傾斜度，採集泥土樣本回港研究土壤強度和水壓，提出防禦及加固措施的意見，如削坡、加建土釘及建設排水系統等。他團隊的研究報告上交國土資源部專責單位，作為治理三峽滑坡的參考。

三峽工程的實地經驗成為了李焯芬在港大的教學資源。他向學生解釋內地水利水電工程的不同階段，除了技術可行性調查和論證，還要考慮古蹟文物保育、環境保護，以及移民安置。十多年間，他每年組織 30 名港大學生花上整個夏天到三峽的工地實習。

在香港難見這麼大規模的工程，學生大開眼界，他們在湖北西南部的宜昌地段，走進古代三國戰場。十多年後，三峽工程落成，師生轉移內地

其他工地實習。在李焯芬的協助下，港大土木工程系邀請內地水電專家訪問港大，舉辦專題講座，並作師生交流。先後來訪的包括錢正英、汪恕誠（前水利部部長）、戴定忠（水利部科教司司長、河流泥沙專家）、潘家錚（水利部總工程師）、陸佑楣、李永安、賀恭（三峽工程建設總經理）、成昆煌、傅傳英（三峽總工程師）等。[2]

李焯芬尤感欣慰的是，學生不僅體驗巨大工程，更能接觸中華文化，體驗當地人的生活。1998 年，長江、嫩江、松花江發生特大洪災，在工地實習的港大學生雖未受影響，仍在 8 月底返港後，自動發起街頭籌款賑災。

滑坡防治「土釘法」

除了三峽等水利工程，李焯芬的科研還包括滑坡防治、地震風險評估、核廢物處理、生態改善工程等。1970 年代初，李焯芬開創彈脆性岩土邊坡及地下洞室的應力分析模型和穩定性評估。1980 年代，他研究大陸板塊內部地震及板塊邊緣地震的差異，應用到多個核電站及大壩的抗震設計上。

在港大，滑坡防治是他的重點科研項目。香港地處亞熱帶丘陵地帶，雨季滑坡是一大公害。1972 年 6 月 18 日，九龍觀塘區翠屏道木屋和港島半山區旭龢大廈先後發生山體滑坡和大廈坍塌，共 156 人死，117 人傷。[3] 災難後，港府在邊坡上噴灌混凝土以作加固，既不環保又不美觀。在環保呼聲下，港府研究滑坡治理新方法。1990 年代中，香港賽馬會資助香港大學 2,500 萬元成立賽馬會滑坡防治研究及資訊中心，李焯芬擔任主任。

當年，李焯芬帶領研究團隊發展完善「土釘法」：在斜坡上鑽洞，將「土釘」（鋼筋）依據斜坡的坡度密集地釘進去，再在洞的周邊灌漿泥，令整個坡的泥土捆在一起，達到加固作用。最終，「土釘法」成為香港政府治理斜坡的主要方法，加固的斜坡上還可以植樹種草。李焯芬和港大研究團隊的譚國煥、岳中琦、戴福初、陳虹、朱大勇、鄧建輝、周成虎、鄭宏、李愛國等青年科學家在國際學報上發表大量的論文。

這項治理斜坡的新方法揚名國際，還被深圳、重慶等內地城市採用。李焯芬團隊將香港斜坡治理的成功經驗，介紹給三峽庫區和全國多個地區和工地。[4]

參與核電開發

李焯芬還協助國家第二機械工業部（今國家核工業部）發展核電和處理核廢料，他對核電站經驗豐富，在加拿大曾主持高放核廢物地質處置及中低放核廢物處理的可行性研究和設計，包括大型地下實驗室及現場測試。1980 年代，中國開展核電核工建設，他每年回國參與有關核廢料處理、核電站設計的技術論證和諮詢工作，包括杭州灣的秦山核電廠和廣東大亞灣核電廠。1982 年，他出任大亞灣核電安全諮詢委員會副主席。

李焯芬也積極參與內地的防震工作。1976 年唐山大地震後，他多次赴唐山做震害調研，總結經驗以降低未來災害的破壞。他常說，「天堂地獄一念間」，看到唐山的殘垣斷壁，他痛心之餘卻心懷盼望，希望國家逐步提高建築的抗震能力。他多次進入災區做震害研究，包括場地地質條件對震幅的影響及震幅與深度之間的關係等課題，這些研究亦用於水利工程的設計中，在建大壩時評估地震風險。

種善因、結善緣

1960 年代，很多香港青年有志推廣文化，紛紛以文學結社。1945 年出生的李焯芬也是那時候的「文藝青年」，得過青年文學獎冠軍。他在蕭紅、蕭乾、端木蕻良、巴金的作品中，看到貧困農村飽受災荒的疾苦。當年內地八、九成人口生活在農村，而水利是農業的命脈，李焯芬立志改善國家的水利建設。填報本科志願時，香港沒有水利系，他便選擇了設有水利課的港大土木工程系。

李焯芬自幼習畫，畫家蔣兆和的《流民圖》描繪出的難民悲苦和顛沛流離最令他動容，讓他敬仰畢生為窮苦人無私奉獻的人。在港大時，他將課餘時間投入學生自發組織的香港大專學生社會服務隊，當過鄉村小學教師，跟隊友到香港的荒郊僻壤，修橋築路建碼頭。香港最南端的蒲台島碼頭、客家村落鹽田仔海堤都是服務隊的成果。「再到最貧苦的地方」是服務隊彼此勉勵的話語。

當義工還有意外收穫。在西貢北港村的修橋工作營，李焯芬認識了香港中文大學的李美賢，後來二人結為終生伴侶。

當年修橋築路的義工現在不再下鄉幹重活了，但李焯芬仍熱心於內地扶貧助學。他擔任會長的福慧基金會在內地山區興建了 200 多所中小學，每年資助數十家大學和師範學院的貧困生。李焯芬每年數次前往偏僻地區，將獎學金交到學生手上。

他說，「活了大半生，我依然覺得人不需要很多錢，但少少援助可以改變別人的人生，是種難以形容的、平靜的快樂。」

↑←｜ 1968 年夏，李焯芬與未來的妻子李美賢在西貢北港工作營。（李焯芬提供）

↑→｜ 1968 年夏，香港大專學生社會服務隊在西貢北港村修橋築路。工程完成後，李焯芬（中）和隊友慶祝。（李焯芬提供）

↓｜ 1962 年，李焯芬（前排右二）在《中國學生週報》學術組的晚會活動中。（陳婉瑩提供）

2007 年夏，福慧基金會同人在陝西渭南聾啞學校。（李焯芬提供）

李焯芬的太太李美賢多年來也參與慈善助學，跑遍內地偏遠山區，更參與少數民族文化藝術、敦煌、刺繡、古玉的保育。他們的家是一間小型博物館，收藏了上百套五彩斑爛的中國民族服飾。

境隨心轉

李焯芬經常在多媒體上講學，除了解答人工島工程等專業問題，他還發表人生哲思和文化洞見。在 2022 年香港書展上，他講「活好當下、心安自在——瘟疫、天災與人類社會的成長」；在饒宗頤文化館，他賞析饒公畫筆下荷花的奧妙；香港中學文憑考試放榜時，他鼓勵落榜生「磨難是人生最好的大學」；他在媒體講述兒時美術課上「畫楊桃」的小故事，勉勵大家從不同角度分析事物。

「活在當下，心無掛礙」是他為人熟知的語錄之一。他常說，快樂是

人生的目標，是否活得快樂，主要看心態。在廣東中山的書展上，1945年生於中山小欖永寧的李焯芬和老鄉分享一個個人生小故事。他鼓勵年輕人，「不了解社會、人文，工程也會做不好；年輕人要視野開闊，不能只知道自己的專業」。[5]

李焯芬研習佛學，提倡「境隨心轉」，努力創造條件，改變周圍環境。他將自己的禪悟用小故事寫出，出版《走出困境》、《悲智願行》、《心無罣礙》等心靈小品，其中《活在當下》在商務印書館 2008 年的「中文文學」暢銷書榜中排名第一。他又編著《水的反思》，論人和水資源的關係。

港大 2003 年成立饒宗頤學術館，李焯芬擔任館長。2000 年，李焯芬協助創辦香港大學佛學研究中心。2008 至 2015 年，他擔任香港大學專業進修學院（HKU SPACE）院長。期間，他開拓內地教育，培訓幹部人才；HKU SPACE 成立了中國商業學院，與清華大學、復旦大學、中山大學等內地高校合辦課程。2015 年，李焯芬擔任珠海學院校監。

憑藉在水利工程和減災方面的突出成就，李焯芬 2002 年當選加拿大工程院院士和香港工程科學院院士；2003 年當選中國工程院院士；2005年獲美國富布萊特傑出學人獎（Fulbright Distinguished Scholar）；2009 年，獲得香港工程師學會最高榮譽的金獎章。

回顧橫跨工程、教育、文化、慈善、佛學等領域的一生，李焯芬說只有感恩。「作為一名中國人，能為祖國的建設作貢獻，為公家的事情出力，是我的榮幸。」

楊佰成

內地電氣化的
見證人

甘為開荒牛，引資下鄉建廠，
見證內地電氣化，從貧乏走向富裕，
從國有到市場化。

1992 年夏天，中華電力有限公司旗下顧問公司的總經理楊佰成在沙田香港賽馬會餐廳，接待來訪的福建電力局代表。福建僑領黃保欣碰巧就在鄰枱，他有塑膠大王之稱，曾任立法會議員。沒想到，這次偶遇改變了楊佰成的人生軌跡，在不惑之年開始一場大冒險。[1]

那時，楊佰成已經在中電工作了 15 年。作為工程師，他曾在青衣、鶴園及青山發電廠工作，至 1985 年調升到總部任中國業務項目工程師，不時跟隨中電主席羅蘭士・嘉道理及高層到內地洽談業務。他曾陪同老闆到北京見過時任中國總理李鵬，參與洽談開發內地大小項目，亦接待內地訪問團。那天，福建省代表來找他，希望中電幫忙在福建擴建電廠。項目太小，中電不感興趣。楊佰成不好意思推卻老鄉，也想為家鄉做點

事，為難之際，請了客人去馬會吃飯。

黃保欣聽到他的難題，問道：「要多少資金？」楊佰成說，投資及引進融資共 8,000 萬人民幣吧。「我不會搞電，你肯幫忙管理這筆投資，我可以和你合作。」黃保欣很爽快的說。

就這樣，43 歲的楊佰成放棄了一份高薪安穩的工作，在黃保欣的支持下創業，做開荒牛在福建投資，興建當地首家外資電廠。其後五年間，他在福建及江蘇，建設及收購了九間火力和水力發電廠，引進港式電廠管理及營運模式，見證了內地電氣化，供電從貧乏走向富裕、從國有到市場化的歷程。

建電廠成改革開放第一步

出生於福建南安的楊佰成，13 歲隨家人來港，小學五年級才開始學 ABC，幾經轉校，1970 年如願考上港大機械工程系。1973 年畢業後，先後在美資電腦廠及荷蘭電子廠工作四年，其後入職中電工作 15 年。在改革開放浪潮中，他如願在內地發展，回饋家鄉。

在中電，年輕的楊佰成參與推動內地電氣化。改革開放要發展經濟，吸引外資設廠，電力供不應求的問題急待解決。在廣東珠三角的城市，不要說冷氣，單是照明、開機器都缺電，政府要「停三開四」，每週停電三日，供電四日。商店只好在門前配置小型發電機，工廠用柴油機發電，街頭到處瀰漫柴油氣味。用電也是民生問題，當年內地每人每年平均用電只是 400 度，即使廣東這樣發達的沿海地區，每年人均也只是 1,000 多度電；香港耗電量則是內地的五倍，每年人均 5,000 多度。

楊佰成中年轉換跑道，辭去做了 15 年的穩定工作，投資內地發電廠，開展另一番事業。（楊佰成提供）

地方電力公司要擴建電廠或建新廠，卻苦無資金，而供電屬國家事業，電費很低，每度電只收幾分錢，長期虧蝕。要市場化、找外資，香港成為了取經之地。中電是香港兩大電力公司之一，在 1979 年已開始向深圳供電。[2] 在上世紀八、九十年代接待過不少內地團來港訪問。

當時嘉道理很支持中國發展。早在 1980 年代初，中電在屯門青山建設新的燃煤發電廠，總發電量達 28 億兆瓦，他應廣東省要求，就把部分電力輸往深圳。[3] 楊佰成憶述：「嘉道理什麼條件都沒談，就把輸電線建成。」

陪同嘉道理會見時任總理李鵬

中電約於 1980 年開始與內地洽談興建大亞灣核電廠，兩年後簽署協議，楊佰成於 1985 年調升到總部，負責中國業務開發工作，跟隨高層出席大亞灣核電廠的董事會，為老闆做翻譯及助理。他記得，嘉道理很有眼光，認為合作建電廠，就要建造最先進的，於是提議在大亞灣建核電廠。

1988 年 10 月，楊佰成跟隨老闆到北京與時任中國總理李鵬會面，他憶述：「當時大亞灣核電站建設已全力鋪開，李鵬總理邀請中電董事長嘉道理率中電高層訪問北京，我是團員之一。李鵬在中南海紫光閣會見代表團，並在大會堂設宴招待，我們下榻釣魚台國賓館。這是接待外商的最高規格。」 當時代表團與總理的合照，掛在楊佰成辦公室，年輕的他站在最後一排中間位置。

大亞灣核電廠由中電與廣東核電投資有限公司組成合營公司，在深圳東的大亞灣興建，是當時中國推行改革開放以來最大的中外合資項目之一，也是中國首座使用國外技術和資金建設的核電廠，當時預計的投資額已達 40 億美元。[4] 核電廠距離香港約 50 公里，每年可發 150 億度電，其中約 70% 透過中電電網供應香港用戶，佔總售電量約 25%。[5]

楊佰成參與大亞灣核電廠的興建工作，又負責接待內地訪問團，和代表公司到內地談生意。對於當年升職，楊佰成認為跟他的內地出生背景和普通話能力有關，「上級可能認為我同聲同氣，方便溝通。」

引入電價市場化概念

內地發展電力，要走市場化。1985 年，北京發佈《關於鼓勵集資辦電

1988 年在中電工作的楊佰成（後排左二）隨老闆嘉道理（前排左六）訪京，在中南海紫光閣與時任中國總理李鵬（前排右五）會面並合照。（楊佰成提供）

和實行多種電價的暫行規定》，提出了集資建電廠的政策，容許地方政府、個人及境外公司合作，對電廠投資鬆綁，以解決各省市缺電的燃眉之急。[6]

要急起直追，內地愈來愈多訪問團來中電取經、尋求投資合作。楊佰成記得，訪客不少是高級幹部和管理人員，包括電力部副部長、電力司司長、計劃司司長等。他們來港參加中電的研討會，對新知識十分渴求，「我們介紹經驗，他們那時什麼資料都要，像海綿般盡量吸收。」當年中電有很多外籍工程師，但接待內地官員和技術員的，主要是華人工程師。

另一方面，中電經常派員北上考察，並分享香港電力發展的情況，楊佰成曾跟時任中電總經理潘國濂獲邀往廈門市考察電廠，遇上現任國家主

席習近平，「1987 年他任廈門市副市長時，我與中電同事受邀到廈門嵩嶼考察建電站，他就在廈門悅華酒店宴請我們。」後來楊佰成離開公司創業，在福州的電廠項目，就是由時任福州市委書記的習近平批出。

1985 年，楊佰成代表中電，跟同為港大校友兼在中電擔任電機工程師的呂榮耀，到四川樂山跟當地工程人員分享香港電力管理經驗，吸引各地負責電力管理的高級官員來聽課。

這些交流活動為內地引進新概念及運作模式，譬如怎樣預測電量、計算成本、規劃投資、電力用戶條款等等。楊佰成說，「當時內地對電力的管理概念跟香港很不一樣，他們稱『用電管理』、『客戶管理』；我們叫『客戶服務』。兩者差別很大。我們是要服務客戶，讓客戶滿意。概念上的轉變對他們來說是很大的衝擊。」

另一個衝擊，是將電價收費市場化。楊佰成指內地過去走計劃經濟，興建電廠只問需要，不計算成本和回報，「香港要做預測，每年需要多少度電，多少台機組，燃料開支，再計算每度電的定價，多久收回成本，以及如何應付未來發展。這一套內地過去是完全不考慮的。我們樂於講解這套經營方法。」

中年創業投資電廠

在中電負責內地交流業務五、六年的楊佰成，職位升至中電旗下顧問公司的總經理，管理 200 多人。他熟悉內地電力市場，知道電力不足的瓶頸，廣東省如是，他的家鄉福建省尤甚。1992 年夏天，福建電力局的代表來港，帶來漳平電廠的可行性研究報告，尋求中電合作，「他們說

↑｜福建漳平發電廠為當時漳平市的20萬人口供電。（楊佰成提供）

↓｜30年前的漳平電力廠可行性報告，楊佰成保存至今，這份報告改寫了他的人生。（楊佰成提供）

楊佰成（右一）與福建同
鄉黃保欣（右三），合作
投資家鄉的發電廠。（楊
佰成提供）

共需 5,000 萬美元，外商只需提供 25% 資金，約 1,200 萬美元，國家就
會批准立案建設。」

細讀報告，楊佰成覺得項目可行。漳平屬縣級市，當年人口 20 多萬，
漳平電廠接通福建省電網，電廠亦靠近煤礦及九龍江，江水可為電廠做
冷卻。電廠原本設計是建四台 100 兆瓦機組，有兩台已建成運作，基本
設施如地台、引水及爐灰庫等亦已建成，一切俱備，只需要興建餘下兩
台機組，但當地政府資金不足，所以找中電合作。「我看過他們的可行
性報告，覺得多建兩台機組，用他們的話是『短、平、快』；時間短，
兩年就建好，投資額度低，回報快。我當時很心急，對於福建來說，供
電量需求只有千幾兆瓦，多加 200 兆瓦就很好。」

可惜，中電認為項目規模太小，楊佰成形容為「大雞唔食細米」。他明
白公司立場，身為福建人的他想幫忙也無奈。但以他的專業判斷及風險
評估，漳平電廠擴建項目是不錯的投資，又可貢獻家鄉。誰知道在為難
關頭，碰上了黃保欣願意合作。站在人生交叉點，他回家問太太。在滙
豐銀行工作的太太說：「好呀，如果你搞不成，就靠老婆接濟吧。」太

太有穩定收入，兩個女兒生活不成問題。無後顧之憂，他決定下海創業一博。

就這樣，楊佰成在 1993 年初離開中電，自己出資 700 多萬（人民幣，下同），加上黃保欣出資的 1,300 多萬，另再安排境外貸款 1,000 萬美元，合作成立福聯電力投資有限公司，跟福建電力局合作，投資漳平電廠擴建，成為首位到福建投資電廠的境外投資者。雙方以合作企業形式跟內地有關部門合作，按合同優先給外資回報，收回成本，到合作期滿後，機組設備和土地就歸內地股東所有，「當時有不同的合作模式，這是較多被採用的，稱為『Build-Operate-Transfer（BOT）』。」

福建首個電廠境外投資者

火車窗外一片漆黑。鐵皮火車在山區緩緩前行，頻密靠站。楊佰成坐這列慢車到漳平電廠考察，電廠位處偏僻山區及革命老區龍巖，「我晚上 7 點上火車，第二日早上才到，舊火車站站停，距離廈門不過近 200 公里，但要走通宵；另外有條沿江公路，彎彎曲曲，又不是柏油路，部分路段很崎嶇，有些路段屬單程，遇對頭車就要避車，要走幾小時。」當年交通極不便，由廈門去泉州，開車要走三至四小時，由廈門去廣州要十多小時；自從投資內地電廠，坐長途車已成為他的日常行程。

當年，福建省人口 2,000 多萬，是香港人口的五倍多；但供電量卻只有千多個兆瓦，不足香港的三分之一。楊佰成說，「我們進去建電廠，提供多二百兆瓦的電量，差不多等於他們總供電量的一至兩成。當然還是遠不足夠，但有些投資者覺得，福建省的總供電量才千多個兆瓦，要一下子建大發電廠及提升配套設施不大可能。我引進的資金和設備，以『短、平、快』為主，才可以滿足他們的需要。」

完成漳平項目後，福建經濟高速發展，缺電依然嚴重。楊佰成於是向福
建電力局提議，學習廣東，引進大型柴油機發電機組。柴油發電廠興建
期短，從買入設備到運作，需時僅一年，回報極快，廣東有不少公司都
投資買入外國柴油發電設備。福建電力局接受建議，楊佰成再投資興建
三間柴油發電廠，並且引進外國資金。他說，當時內地電力市場已引起
外國投資者注意，有歐洲公司上門找楊佰成合作，「這公司有在中東等
地投資，知道基建是很好的投資機會，他們知道我搞漳平電廠，主動提
出合作。」

←↑｜投資內地發電廠，由籌資、監督興建到管理，楊佰成事事親力親為。（楊佰成提供）

←↓｜楊佰成（右二）參與投資興建，位於福州市榕昌的柴油發電廠動土儀式。（楊佰成提供）

→｜投資發電廠外，楊佰成引進現代的管理模式及員工培訓。（楊佰成提供）

楊佰成夥同外資公司，在福建三個經濟發展最迅速及最嚴重缺電的地方，即省會福州市、特區廈門市及泉州市晉江地區興建柴油發電廠，外資佔股 50%、市政府佔 40% 及電省局佔 10%，「習近平當時是福州市市委書記，對項目大力支持，多次親自過問工程進度。」

引入港式管理

楊佰成同時引入港式管理，「技術和設備就用法國廠家的，但管理引用

香港的制度。我和香港派去的人負責公司管理，培訓人才和引進管理制度，像會計制度、資金如何回籠、如何還貸款、制訂預算、招標、撰寫財務報告等等，即以前從中電學回來的那套營運方法。」

當時沿海一帶城市為照顧生產需要，在用電高峰期需停電進行調節，一週停電竟達四次之多。而楊佰成建議引進的發電設備，調峰能力高，可在停機後的兩三分鐘內重新啟動，迅速恢復生產，滿足高峰用電需要，不必停電。上述四家電廠，有三家就是採用這種機組。

不少外資例如印尼財團、美國財團甚至中國國內財團，見福建經濟開始發展，紛紛隨楊佰成之後，到福建投資電廠。他指：「只不過我熟悉福建，亦跟當地局長熟，可以佔到一些先機。」

他投資的電廠，大部分建於福建，也嘗試走出福建。他的公司在江蘇吳江市汾湖合資興建柴油機發電廠，於 1997 年 6 月投產，他公司佔股60%。 加上位於福州市、廈門市及泉州晉江三間柴油電廠，四家柴油發電廠共引進外資 8,000 萬美元，投資總額達 1.4 億美元。

投資水電廠

1990 年代中，中國通脹嚴重，時任國家總理朱鎔基下令非必要工程下馬，當時不少地方工程被迫煞停，甚至「爛尾」。楊佰成見到福建有很多小型水電廠因政策改變，貸款未能到位，半途停工，「這情況下急需要找人投資，但那時並非那麼多人認識水電。」

楊佰成看到了機會。他考察後認為有可為，決定投資水電廠，「香港投資者不敢搞水電廠，因為不熟不做。」他指要興建水力發電廠，需要處

楊佰成投資的、位於福建上杭縣的金山水電廠，從興建到落成歷時五年。（楊佰成提供）

理堤壩、山坡等土木基建，但相對火力發電廠，水電廠需要的設備較少，運作亦較簡單，不似火力發電廠要處理燃煤、煤灰等；水電廠污染亦較低，屬環保能源，其限制是遇上旱天時，水源不足發電。

楊佰成先後收購了四間福建省內的水電廠，與內地的合作模式改為合營，即按出資比例佔股份，共同經營、分擔利潤和風險。「我們外資佔60% 股份，地方電力局佔 40%。我兼任董事長，總經理亦由我們推薦，以確保公司運作暢順。」

投資水力發電廠，楊佰成坦言初期遇上不少困難。不少地方縣政府利用就地水資源，透過建發電站供電，吸引資金來設廠。然而，有些小地方發展有限，或者高估了用電量，變成電力供過於求，又因為上不到省電網，多餘的電力賣不出縣外。

當時內地還未認識水電是最乾淨、最環保的能源之一；官員覺得太多水電廠，電力局難控制；有水時水電廠爭相發電，沒水時又無法發電，是種負擔，所以電力局不讓水電上網，令產電只供本地。他投資的一個位於上杭的水電廠，也曾想過把電賣給鄰近的廣東，但要拉線過去，省電力局不批，因此水電廠就向小型鍊鋼廠及水泥廠供電。後來國家政策改變，批准小型水電廠上網，亦鼓勵風能、太陽能等，情況大為改善。

另外碰到的問題是電價受限制，令回本期拉長多五年。楊佰成指，當時計算每度電要收 3 毫至 3.2 毫才能回本有利潤，雖然合同也寫明有利潤保證，但有時當地消費水平所限，未能負擔電價，地方政府或會把電價壓低；另一方面，電力是公共事業，調升電價要獲批准，諸多問題，並不簡單，楊佰成因此經常要北上開會，花不少時間和精力跟不同單位如縣領導、電力局等商談協調，「這是做水電廠最辛苦的地方，經常要去找人洽商，怎樣去履行合約。因為除了我自己的資金，之前合作投資柴油機電廠的歐洲財團，也一起投資這些項目。」他笑言幸運地，他投資的電廠，只是利潤比原本預測低一些。

楊佰成自 1993 年投資漳平發電廠，隨後五年先後再投資了四間柴油發電廠及四間水力發電站，共九間發電廠，總發電量約為 20.7 億度，約佔當時福建全省總售電量的 10%。

中國改革開放提速，資本市場開始成熟，大型電力公司如華能、華電等出現，能自籌資金，跟其他內地電力公司合作，電力市場對外資的依靠逐步減少。2008 年，楊佰成應歐洲股東要求，把內地電力生意的股份全部轉讓，他沒有再經營電廠，轉為投資香港物業並出租。

回望過去，楊佰成很高興選擇了創業之路，作為專業人士，掌握外國的

先進技術和管理經驗，能把技術、資金和現代管理等優勢引進國內。現時中國電業已到海外建設電廠，或進行業務開發合作，仍有參考及採用這些運作規程、管理方法、人員培訓的模式，他說，「更重要是在中國經濟起飛階段能參與建設，從而擴展自己的事業，得到回報；實現兒時夢想，運用自己的知識、技術和對外得到國際金融機構的支持，同時在國家、家鄉最需要的時間幫上忙，我覺得這個 reward（回報）很值得。」

科研培訓　開山闢地

工程學院是香港大學創校兩個初始學院之一，為香港乃至國家培養了無數工程人才。在改革開放初期，工程學院是港大最早跟內地同行交流和合作的院系。改革開放急需建設，要跟世界接軌，發展比較成熟的港大工程學院擔當「建橋搭路」的角色，提供與國際溝通的交流平台。學院早在 1980 年代初率先錄取內地生，同時與內地學者展開合作研究，互補所長，帶來具體效益。合作項目包括香港維多利亞港減少波浪及興建青馬大橋前期研究。1990 年代，工程學院與內地院校簽訂合作協議，造就港大學生北上實習，有機會參與如三峽大壩的國家級工程，擴闊視野。

高層建築國際會議

香港興建高樓的技術領先亞洲，1973 年落成、位於港島中環的怡和大廈（1988 年前稱康樂大廈）樓高 52 層，是香港首幢摩天大樓，也是當年亞洲最高的建築物。港大在 1970 年代初成立高樓研究中心（The Centre for High Building Research）[1]，自 1970 年代中每四年舉辦一次國際學術會議。1984 年 12 月舉行的第三屆「高層建築國際會

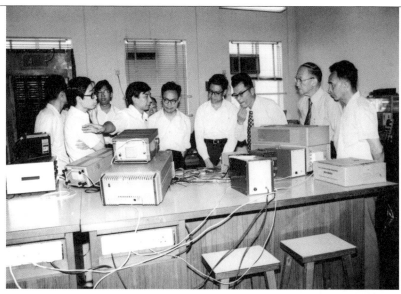

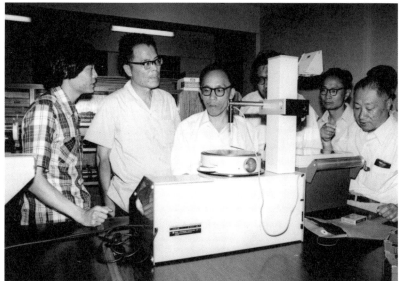

↑↓｜改革開放啟航，內地院校即派員來港考察。1979 年 6 月西安交通大學考察團訪問港大兩天，並到工程學院參觀。（香港大學檔案館提供）

議」（Third International Conference on Tall Buildings）首次在廣州舉行，將高樓技術引進內地。當時廣州高樓有限，被稱為「廣州第一高樓」的白雲賓館只有 33 層。

大會由港大與廣州華南工學院合辦，協辦機構有香港工程師學會結構分部、廣東省建築學會和廣東省土木工程學會（兩會於 1987 年合併為廣東省土木建築學會），同時獲國際機構「世界高樓和都市居所協會」（Council on Tall Buildings and Urban Habitat）及香港多間建築公司贊助，包括金門建築、協興建築、熊谷組（香港）、鶴記營造及佳時建築工程。[2]

大會的 21 人國際籌委會，集合歐、美、加、日、澳、東南亞及內地學者、專家及工程師，會議收到 300 多篇論文。會期五天，在香港舉行三天、廣州兩天，內地學者只參加廣州會議。對於剛推行改革開放的內地，這個交流高樓建築科技及經驗的會議正合時宜，讓廣州在全國先行一步。

港大負責聯繫外地學者，校定內地學者的論文英文翻譯稿。內地合作院校則負責聯絡內地學者，時任土木工程系高級講師、現為澳門科技大學校長的李行偉說，「當時辦這種大型會議很不容易，除了要有內地和國際聯繫、大學具聲譽外，還要處理很多行政程序的瑣事，譬如要找到合適的合作單位，以獲得批文；也要為出席的學者尋求資助，搞簽證等等。」[3]

四年後，高樓建築在內地已成氣候。1988 年，第四屆高層建築國際會議分別在香港及上海舉行，六天會期，由港大、同濟大學、香港工程師學會及上海建築學會合辦，合作機構及公司比第三屆更多元化，支持

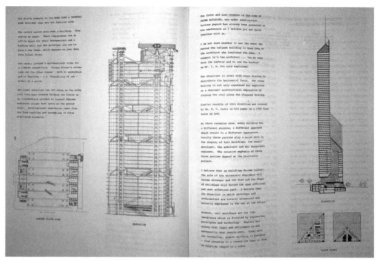

↑ | 1988 年第四屆高樓會議，探討興建高樓的技術及建築美學，其中引用當時落成的新滙豐銀行大廈及快將完成的中銀銀行大廈為例子。（摘自《第四屆高層建築國際會議論文集》）

↓← | 港大自 1970 年代研究高樓，並於石澳以南的鶴咀建模擬大廈作研究之用，不少內地學者曾到此參觀。（港大圖片）

↓→ | 第四屆高層建築國際會議收到幾百份論文，集結成書。

機構有英國屋宇裝備工程師學會（CIBSE）、英國皇家結構工程師學會（ISE）、世界高層建築與都市人居學會（CTBUH）及香港建築師學會等。會議經費由新鴻基地產、怡和機器、奧的斯電梯（香港）、森那美汽車（香港）及裘槎基金會等提供支持。[4]

李行偉回憶說，當年內地學者出席國際性會議的機會有限，會議提供了一個讓他們和國際交流的平台，對內地工程界影響深遠。現為港大土木工程系榮譽教授、當年負責籌辦多個國際會議的李啟光說，會議後的活動，例如聚餐、參觀等最為珍貴，學者可以得到更多的個人接觸交流，建立關係，發展合作機會。外國學者也透過會議增加對內地的了解。[5]

打下基礎合作研究

工程學院是港大最早跟內地學者合作做研究的學院之一。1980 年代初，院長張佑啟與中國科學院數學研究院教授、著名數學家華羅庚達成合作協議，和他的兩名學生、中山大學教授吳茲潛及陳明俊合作。早期一個重要的合作有關「有限條法」，研究方向由吳茲潛發起，以樣條函數（spline function）取替分析函數，實際發展及應用則由港大進行，研究成果見於雙方合撰的《結構分析的樣條有限條法》一書。[6]

隨着各個基金會的支持，加上香港研究資助局（Research Grants Council）於 1991 年成立[7]，內地學人來港大訪問及合作研究的機制穩步發展。在 1986 至 1987 年度，一年就有近 30 名內地學者到訪港大工程學院，比上年增加一倍，訪問院校由南至北，包括中山大學、浙江大學、清華大學、西安交通大學和大連工學院等。[8]

港大學者亦積極北上，李行偉曾受南京的華東水利學院邀請，到校講授

水利專家李行偉（左）於 1980 年加入港大後，經常北上講學，與內地學者合作的研究包括維港環流問題。他於 2000 年出任港大工程學院院長，現為澳門科技大學校長。（港大圖片）

環境水利，為期 20 天，每天六小時課。[9] 為了這次講課，只學過數月普通話的他，自製百張環境水利技術名詞的普通話拼音辭彙卡；他當時未夠 30 歲，把在美國學到最新的環境水利知識和訓練，向內地一班比他年長、有數十年經驗的專家講解。講學期間，他參觀了大運河及華東多個大型水電工程，認識內地水利建設。[10]

李行偉記得清華大學泥沙學科及江河治理專家王光謙，在 1996 年以裘槎基金會訪問學者身份訪問港大，期間參與李行偉的研究。王光謙建立的水沙兩相流動力學模型，得出泥顆粒濃度分佈與速度分佈公式；他在 2009 年被選為中國科學院院士，曾出任青海大學校長，2021 年出任清華大學副校長。還有北京師範大學環境科學研究所的楊志峰，研究水資源，於 1993 至 1995 年到港大做研究；他返內地後曾出任北師大環境學院院長、2015 年成為中國工程院院士，現為廣東工業大學環境生態工程研究院名譽院長。

李行偉說:「我們邀請內地訪問學人,也培訓了一些內地優秀人才。這些學人有些來做副研究員(Research Associate),有些來修讀港大學位,還有短期訪問。合作研究取得不少成果,訪問港大土木工程系的學者來自內地不同院校,例如中國科學院、中山大學、同濟大學、武漢華中工學院及華南工學院等等。港大培養了一批返回內地後很成功的學者。」這些副研究員最初主要由張佑啟或負責相關研究項目的教授邀請,並籌募資金支持,包括設立獎學金和資助訪問學者的住宿費等。

鑑於訪問港大工程學院的學人愈來愈多,張佑啟開始尋求更深入的合作和爭取更多外界支持,比如裘槎基金會資助。

內地學者透過和港大合作研究,在國際平台發表論文。對很多內地學者而言,到港大做研究是難忘的經歷。江蘇工學院(1994年改名為江蘇理工大學,現為江蘇大學)教授、研究彈性力學及斷裂力學的陳宜周曾於1986至1988年兩次獲邀到港大合作研究。他這樣回憶在港大的日子,「在物質上,香港大學有較好的圖書和計算機條件。此外,張教授對內地的同行,無論在業務方面或在生活方面,都非常熱情。這些客觀條件,為合作研究創造了較好的環境。而系內其他學者,如梁以德及譚國煥,除了提供研究上的幫助,還在節日假期,邀請飯聚或郊遊,使我這樣遠離故土的學人,毫無在他鄉做客之感。」[11] 他和張佑啟就平面彈性曲線裂紋問題進行研究取得成果,在國際力學雜誌上發表。

參與維港、青馬橋工程

進入1990年代中期,兩地學者合作範圍擴大到具體的工程項目中;合作院校增加,從華南理工大學及中山大學,延伸到上海的同濟大學、南京的河海大學、北京的中國科學院力學研究所、清華大學、北京大學及

港大工程學院院長張佑啟
與廣州的華南理工大學
代表簽訂學術交流協議。
（港大圖片）

黑龍江的哈爾濱工業大學，乃至國家水利部屬下的中國水利水電科學研究院（IWHR）等。

院校層面的合作研究包括長線項目。港大工程學院與中山大學力學系早建立深厚的合作關係，在 1987 年合作開發力學計算的 U-transformation 方法及其應用，延續了起碼 15 年。這個研究的概念來自中山大學蔡承武教授，先後加入研究團隊的研究人員包括他的學生和港大博士生李鷹、中山大學教授劉濟科；港大學者則有張佑啟及陳漢銓。這個研究項目取得突破性進展，先後出版成書 *Exact Analysis of Structures with Periodicity Using U-Transformation*（1998）[12]，及 *Exact Analysis of Bi-Periodic Structures*（2002）[13]，並獲得多個研究獎項，包括中國國家教育委員會科技進步獎（1991）、廣東省振動工程學會第一獎項（1995）及中國教育部自然科學二等獎（2000）。[14]

有些內地與香港合作的研究項目與港人息息相關。港大流體力學專家章梓雄在 1994 年 6 月代表機械工程系，跟大連理工大學海岸和近海工程國家重點實驗室（The State Key Laboratory of Coastal and Offshore

Engineering, SKLCOE）簽署學術合作協議，共同進行研究、學生交流、學術出版及舉辦學術交流會議。協議簽署後展開系列研究項目，該實驗室三位學者包括李玉成到港大訪問，在研討會上發表淺水區破浪現象的研究。[15] 另外兩位海岸工程專家邱大洪和沈永明在港大訪問期間，與港大機械工程系教授章梓雄合作研究維港水質的精細數值模型，並發表論文。[16]

另一項合作是 1996 年，港大工程學院的研究團隊夥拍 SKLCOE 及廣州的中國科學院南海海洋研究所，參與由香港政府委託、為期三年的削減維港波浪研究項目。[17] 研究工作包括數據庫開發、現場波浪評估（輔以船舶波浪評估和港口波浪的攝影測量／航空攝影調查）、船舶產生的波浪調查、吸波海堤結構的開發，以及工程應用的海堤結構設計綱要。因為這個研究項目，維港建造了一道 114 米長、用以減少港內波浪的多孔海堤。

1998 年，大連理工大學邱大洪和李玉成再訪港大，加強雙方的了解和落實合作細節。結果，章梓雄和身兼中國科學院院士的邱大洪聯手，成功以「波浪和海洋環境的相互作用」為題，獲國家自然科學基金委員會及香港研究資助局撥款支持。

內地與香港合作團隊也參與興建青馬大橋。1997 年落成的大橋連接市區及大嶼山，是全球跨度最長的行車鐵路雙用懸索吊橋。時任路政署副署長、有「香港橋王」之稱的劉正光邀請港大土木工程系李啟光為青馬大橋做前期研究，研究大橋設計的搖擺幅度及橋身結構安全的監測。由於橋體龐大，要準確計算，需運用全球定位系統（GPS）及光纖感應技術，李啟光找來過去在交流中認識的內地橋樑專家、清華大學教授劉西拉合作。

研究建築樁基的李啟光，也和內地大學交流建築技術。他說，「早年內地高層建築的高度受限，很大原因是未能掌握打造樁基的技術，在設計多層建築時，要把整座建築的重量平均分放在地基上，好讓房子平均沉降。」他指尤其是上海，地層較鬆軟，建造高樓的樁基需要掌握特別的技術。後來他有機會到同濟大學，參與研究在上海初期發展的高樓。

另方面，李啟光說，內地的研究也讓他驚訝，例如他參觀的同濟大學地震實驗室，配有內地當時最大型的模擬裝置；用來測試的結構模型，是一座三、四層高的建築物，研究不同地震幅度帶來的破壞模式，這在其他地方不易做到。

造就港生北上實習

1994 年暑假，港大工程學院 26 名學生到北京清華大學，參加兩地合作首辦的實習活動。[18] 臨近 1997 年香港回歸，時任港大工程學院院長張英相認為：「對於我們的學生能有機會到內地工作，了解內地文化及學習說普通話，這是非常重要的。」

26 名學生在清華兩個月期間，被派到熱能系、汽車系及屋宇設備學系等，與內地學生一起上課。假日參觀如首都鋼鐵廠、北京第一機床廠等，這些大型工廠在香港難得一見。有學生回港後在報告中感嘆，內地學生學習認真及刻苦；而在內地生眼中，香港學生主意多。港大學生最大得着，是在「不同角度、制度的環境下，學習一些新的知識已是一個很好的體驗。」

港大學生得以到三峽大壩進行工程實習，要提李焯芬。他在 1994 年返

港大工程學院與內地大學／機構簽訂的部分合作協議 [19]

土木工程系	1996-1999	廣西大學、河海大學、上海交通大學、華南理工大學、同濟大學
	1998-2001	湖南大學
	1999-2002	清華大學
	2000-2003	河海大學、華南理工大學、清華大學
	2001-2002	中國科學院山地災害與環境研究所
電機電子工程系	1994-2000	重慶第三軍醫大學
	1996-2001	上海交通大學
	1997-1999	浙江大學
	1997-2000	西安電子科技大學、東南大學、清華大學、中國科學技術大學、北京大學
	2000-2003	汕頭大學
機械工程系	1996-1999	大連理工大學海岸和近海工程國家重點實驗室（SKLCOE）
	1998	武漢華中科技大學

港，出任當時懸空多年的港大土木工程系講座教授，是地質工程及水利專家。他多年來高度參與三峽工程，與內地工程界關係良好，造就 1998 年 8 月首批港大工程系學生到三峽實習，至 2009 年，三峽集團與港大簽署《戰略合作意向書》，三峽實習是雙方合作領域之一。至 2014 年 8 月，港大共有 281 人到三峽完成暑期實習，參與國家級的大型工程，開眼界，學習技術和國情。[20]

↑｜港大工程學院北上清華大學實習，課餘到北京第一機床廠參觀後留影。（港大圖片）

↓｜1984 年夏，李焯芬到青海黃河上游李家峽壩址進行工程地質勘探，攝於水平探洞內。（李焯芬提供。）

工程學院是港大最古老的學院之一，當年的成立身負使命，為內地培訓人才，建設國家。隨着改革開放，學院為封閉多年的內地工程院校及學者接通世界，緊追時代的步伐。

港大工程學院舉辦與內地交流的部分國際會議

1982 年	港大土木工程系與中國建築學會、中國土木工程學會及中國力學學會在上海合辦「國際有限元會議」。
1984 年	港大土木工程系與廣州華南工學院召開第三屆「高層建築國際會議」（The Third International Conference on Tall Buildings），集合歐、美、加、日、澳、東南亞及內地學者、專家及工程師，會議收到多達 300 篇論文。會期五天，分別在香港舉行三天、廣州兩天。
1988 年	第四屆「高層建築國際會議」先後在香港及上海舉行，六天會期，由港大、同濟大學、香港工程師學會及上海建築學會合辦。
1989 年	由港大機械工程系與亞洲流體力學委員會合辦、在港大舉行「第四屆亞洲流體力學會議」。[21] 與會學者及專家多達 330 人，其中 90 人來自內地，共收到超過 500 篇論文。
1994 年	港大土木工程系在香港舉行「結構與岩土工程計算方法國際會議」（International Conference on Computational Methods in Structural and Geotechnical Engineering）[22]，合作的內地機構包括清華大學、大連理工大學等。
1996 年	港大機械工程系與香港理工大學土木及結構工程系合辦第二屆「國際水動力學學術會議」（2nd International Conference on Hydrodynamics, ICHD），獲裘槎基金會、王寬誠教育基金會、國家自然教育基金會及台灣成功大學水工試驗所等支持。

註

張佑啟

1　*Engineering at HKU: A Century of Excellence* (Hong Kong: The Faculty of Engineering, HKU, 2012), pp.33&88.

2　Mimi Chan Mei Mei：〈第 159 屆學位頒授典禮 2000——張佑啟名譽科學博士讚詞〉，Honorary Degree Congregation，The University of Hong Kong，取自 www4.hku.hk/hongrads/tc/citations，2022 年 7 月 26 日擷取。

3　'Photo E2/E36/E1: Chinese Delegation The First Asian Congress of Fluid Mechanics, January 1981', From 'CPAO Photographic Collection' – HKU Archives.

4　孫金文：〈國際有限元法學術會議在上海舉行〉，《振動與衝擊》，第 3 期（1982 年），頁 19。

5　Guangqian He, Y.K.Cheung edited, *Proceedings of the International Conference on Finite Element Methods*（國際有限元會議論文集），2-6 August, 1982, Shanghai, China (Beijing: Science Press, 1982)，〈前言〉。

6　李啟光訪談記錄，2022 年 8 月 1 日。

7　李行偉視像訪談記錄，2021 年 7 月 29 日。

8　同註 1，頁 33。

9　同註 6。

10　郭大江訪談記錄，2022 年 4 月 26 日。

11　華中工學院 1988 年更名為華中理工大學，2000 年與其他院校合併為華中科技大學。

12　程靜：〈在香港的日子裡〉，載劉蜀永主編：《一枝一葉總關情》（香港：香港大學出版社，1999 年增訂版），頁 234 – 235。

13　譚國煥訪談記錄，2021 年 7 月 17 日。

14　周子京於港大畢業，資深土木工程師，曾出任土木工程處處長及拓展署署長，公務生涯 40 年間曾參與本地多項大型工程，包括大欖涌水塘、沙田及將軍澳新市鎮、青馬大橋及赤鱲角機場等。

15　〈「有限條」之父張佑啟教授〉，《香港大學土木工程系 2002 年度畢業生：畢業紀念特刊》，（香港：香港大學土木工程系，2002 年），頁 26。

16　周子京訪談記錄，2022 年 4 月 21 日。

17　同註 15，頁 26。

18　同註 16。

19　同註 15，頁 25。

20　O.C. Zienkiewicz, Y.K.Cheung, *The Finite Element Method in Structural and Continuum Mechnics: Numerical Solution of Problems in Structural and Continuum Mechanics(London: McGraw-Hill, 1967).*

21　〈新任土木工程講座教授　張佑啟教授訪問記〉，港大校訊《交流》，第 11 期（1977 年 9 月），頁 1。

22　'Message from 阿孚（吳恭孚）December 1994', *Proceedings and messages Y.K. Cheung Symposium*, 15 December, 1994, Hong Kong , edited by P.K.K. Lee, Tham, L.G., (Hong Kong: Department of Civil and Structural Engineering, HKU, 1994).

23　鄭敏華：《潤物無聲：工程界翹楚》（香港：思網絡有限公司，2010 年），頁 74。

24　祝和平：〈【紀念香港回歸 20 周年】張佑啟院士：棄醫從工　譽滿世界〉，《華南理工大學新聞網》，2017 年 5 月 25 日，取自 news.scut.edu.cn/2017/0525/c41a33931/page.htm，2022 年 7 月 26 日擷取。

25　同註 21。

李焯芬

1　李焯芬訪談記錄，2021 年 6 月 25 日。

2　李焯芬文字訪談記錄，2022 年 6 月 6 日。

3　《一九七二年雨災調查委員會中期報告書》（香港：香港政府印務局，1972 年）。

4　李忠海：《治水・治學・治心：李焯芬傳》（香港：中和出版有限公司，2012 年），頁 128。

5　譚華健：〈院士回鄉講述「自在人生」，李焯芬在首屆中山書展上與市民分享「小故事」〉，《中山日報》，2009 年 7 月 30 日第 A03 版要聞。

楊佰成

1　本文部分根據楊佰成訪談記錄，2021 年 11 月 25 日、2021 年 12 月 1 日；楊佰成電話訪談記錄，2022 年 4 月 25 日。

2　鄭邦泰：〈廣東核電合營有限公司合作成功探源〉，《特區實踐與理論》，第 3 期（1989 年），頁 54。

3　周慧雯：〈首間採用油煤發電廠　屯門電廠八二年建成　發電量廿八億瓩可供電予廣州〉，《新報人》，1979 年 1 月 22 日，9 卷 7 期，頁 1。取自 sys01.lib.hkbu.edu.hk/bujspa/purl.php?&did=bujspa0008018，12-8-2022 擷取。

4　同註 2，頁 29、53-55。

5　〈廣東大亞灣核電廠〉，中電網站，取自 www.clp.com.hk/zh/about-clp/power-generation/guangdong-daya-bay-nuclear-power-station，2022 年 10 月 7 日擷取。

6　中國國務院：〈國務院批轉國家經委等部門《關於鼓勵集資辦電和實行多種電價的暫行規定》的通知〉，《中國國務院公報》，1985 年 6 月 30 日第 17 號。取自 www.gov.cn/gongbao/shuju/1985/gwyb198517.pdf，13-8-2022 擷取。

紀事

1　*Engineering at HKU: A Century of Excellence* (Hong Kong: Faculty of Engineering, HKU, 2012), pp.75-77.

2　Y.K. Cheung, P.K.K. Lee edited, *Proceedings of the Third International Conference on Tall Buildings*, 10-15 December, 1984, Hong Kong and Guangzhou(Hong Kong: Organizing Committee of the Third International Conference on Tall Buildings, 1984). Acknowledgements.

3　李行偉視像訪談記錄，2021 年 7 月 29 日。

4　Y.K. Cheung, P.K.K. Lee edited, *Proceedings of the Fourth International Conference on Tall Buildings*, 27 April - 2 May, 1988, Hong Kong and Shanghai (Hong Kong: Organizing Committee of the Fourth International Conference on Tall Buildings, 1988).

5　李啟光訪談記錄，2022 年 8 月 1 日。

6　吳茲潛、張佑啟、范壽昌：《結構分析的樣條有限條法》（廣州：廣東科技出版社，1986）。

7　研究資助局（RGC）於 1991 年成立，在大學資助委員會（UGC）支持下運作，向政府就高等教育機構的科研經費撥款提供建議和執行分配。

8　'Appendix 11: Committee for International Cooperation in Higher Education Visiting Advisers and other Academic Visitors from other countries', *HKU Vice-Chancellor's Report (1986-1987)*, HKU Library Special Collections, pp.39-52.

9　1985 年恢復傳統校名河海大學。

10　〈李行偉副校長透過研究解決問題〉，《同創－科大通訊》，第 9 期（2011 年），頁 41。

11　陳宜周：〈合作研究結碩果〉，劉蜀永主編：《一枝一葉總關情》（香港：香港大學出版社，1999 年增訂版），頁 267-269。

12　H.C.Chan, C.W.Cai ,Y.K.Cheung, *Exact analysis of structures with periodicity using U-transformation* (Singapore: World Scientific, 1998).

13　Cai, C.W.; Liu, J.K.; Chan, H.C., *Exact Analysis of Bi-Periodic Structures* (Singapore: World Scientific, 2002).

14　*Engineering at HKU: 90 Years of Dedication* (Hong Kong: The Faculty of Engineering, HKU, 2002), pp.132-133.

15　同上，頁 139-140。

16　Yongming, Shen, Dahong Qiu, A.T. Chwang, 'Three-dimensional Refined Modeling of Water Quality in Victoria Harbour', *Acta Oceanologica Sinica*, Vol.17 Issue 1(1998), pp.85-95.

17　〈立法會十六題：維多利亞港的波浪〉，《香港特區政府新聞公報》，2001 年 2 月 7 日，取自 www.info.gov.hk/gia/general/200102/07/0207234.htm，12-10-2022 擷取。

18　香港大學工程學院：《港京工業學術交流》（香港：香港大學工程學院，1995），頁 1。

19　*Engineering at HKU: 90 Years of Dedication* (Hong Kong: The Faculty of Engineering, HKU, 2002), pp.141-142.

20　沈雋朗：〈港大學子三峽行〉，《中國三峽工程報》，2014 年 8 月 26 日，取自 www.kanpoubo.com/sxjt/uiFramework/commonResource/zip/dzgcb/page/1/2014-08/26/03/2014082603_pdf.pdf，8-8-2022 擷取。

21　Wah-Man, Ko, See-Chun, Kot edited, *Proceedings of the Fourth Asian Congress of Fluid Mechanics*, 12-25 August, 1989, Hong Kong.

22　P.K.K.Lee, L.G.Tham,Y.K.Cheung edited, *Proceedings of the International Conference on Computational Methods in Structural and Geotechnical Engineering*（結構與岩土工程計算方法國際會議），12-14 December, 1994, Hong Kong (Hong Kong: Department of Civil and Structural Engineering, HKU, 1994).

第三章

文史篇

談笑有鴻儒，在黃麗松、王賡武兩位校長，文學院歷屆院長和亞洲研究中心歷屆主任的推動下，大小系列學術研討會，成為人文與社科思潮碰撞的樞紐平台。時代鑄就人才，人才創造時代，改革開放初期，兩地的文史學者為學術功業扮演了開風氣和先導者的角色。

歐陽業俊攝

LITERATURE AND HISTORY

趙子強提供

趙令揚 (1932-2019)

笑談歷史　杯酒當歌

他沒有架子、豪邁而不失大體、面惡而心慈，講課讓學子如沐春風，為大學的人文傳統留下瑰麗的色彩。

改革開放初期，港大搭建海峽兩岸和香港的人文與社科學術交流平台，明清史專家趙令揚是當年的領軍人。他在 1980 年代的香港，開創性地舉辦了諸多大型國際學術會議，邀請內地、台灣和海外學者來港交流，為各方關係破冰。

趙令揚 1930 年代生於上海，1958 年進港大讀本科，1963 年獲得文學碩士學位，後赴澳洲悉尼大學取得博士學位。1969 年，他回到港大中文系，接任史學家羅香林的教職，其後在港大 30 多年，歷任文學院院長、中文系系主任、日文系創系主任。他笑談歷史風雲，學生上他的課像聽故事，幾個小時如沐春風。[1]

↑｜趙令揚幼年全家合影。（趙子強提供）
↓｜趙令揚與妻子曾燕萍婚照。（趙子強提供）

他的影響力超越香港，除在港大任教外，曾出任新加坡國立大學中文系客座教授、澳洲國立大學客座研究員、墨爾本大學客座講師、中山大學及暨南大學客座教授、中國社會科學院近代史研究所客座高級研究員、汕頭大學創校校董、香港浸會大學校董、香港中文大學新亞書院校董。

2019 年 6 月 19 日，趙令揚病逝，享年 86 歲。他在病榻上仍運籌帷幄：「我會自己致電找 A 君；至於 B 君，你打電話告訴他我 OK；然後你要打電話告訴 C 君，他孫女入學的事，已經辦妥了，叫他放心。」[2]在長子趙子美看來，父親在延壽方面不甚了了，隨心而吃，運動隨心而不做，但求快樂開懷。[3]

趙令揚交遊廣闊，噩耗傳來，不久前還見過他的朋友無不錯愕。兩個月後，港大中文學院出版《趙令揚教授追思集》，收錄海內外近百名學者、友人、學生撰寫的悼念文章。他經常光顧的翠亨邨食肆的伙計懷念他的親切和風趣；家人追憶他樂於為初生孫兒唱歌哄睡；學生說他「有如古代義薄雲天的豪俠」；[4]「豪邁而不失大體，面惡而實在心慈，浮華但卻簡樸，看淡千秋世情」；[5]友人想念他「誠懇的處事態度、開朗的性格、寬宏的氣量、風趣的談吐、洪亮的話音和笑聲」；[6]學界則難忘他對明清史研究和對港大的貢獻。

書信中的大師

趙令揚的學生黃啟華在 1980 年代初考入港大，碩士畢業後留在中文系任教，直至 2022 年底退休，30 多年來兩人亦師亦友。趙令揚交由黃啟華看管的個人物品，當中有 400 多封手寫翰札，來函者多為海內外文史大家、重量級學者。函件有回味在港大開會，有欣然應邀來港主持會議，也有安排在港開會後看牙醫。

清史學家、中央民族大學歷史系及民族史研究所教授王鍾翰來港參會返
京後，致函趙令揚，盛讚兩岸學者交流，「雖四五日之聚首，而海內外
史界之舊雨新朋，能懽聚一堂，各抒己見，交流切磋，尤以兩岸學者互
通音訊，相見恨晚。深佩領袖史壇，同推首功，它日載入史冊，自當傳
為佳話也。」[7]

上海社會科學院院長唐振常寫信表示「欣然接受」文學院「查良鏞基金
訪問人員」的邀請。中國社科院近代史研究所的法律史、社會史權威瞿
同祖在信中與趙令揚討論有關赴港演講「法律在中國社會中的作用；歷
史的觀察」的安排，特別提到會後想在香港治牙，無奈「在香港住的問
題最為困難，住旅館太貴了，如能住在貴校招待所或宿舍，自最理想。」[8]

北京大學哲學系教授、國學大師湯一介在信中和趙令揚交流數件事情，
包括邀請參加在北京舉辦的「儒家倫理與亞洲四小龍」討論會，另外，
「此期間杜維明、林毓生和傅偉勳先生均在北京，可與他們一晤」。[9]
湯一介還在信中催促，之前趙令揚提到的請北大哲學系教授、中國文
化書院院長王守常赴港交流的邀請信要快些寄來，以預留時間辦理手
續。1980 年代內地思想解放和啟蒙讀物《走向未來》叢書主編包遵信，
在信中請趙令揚赴京，為他主辦的研討會「壯陣」。[10]

1993 年，港大中文系邀請中國藝術研究院的紅學大師馮其庸赴港參加
查良鏞學術講座。馮其庸在《紅樓夢學刊》的信箋上寫道，10 月 29 日
將到香港參加「紅樓文化藝術展」開幕式，會後與趙令揚面談講課問
題；內地正式成立「中國武俠小說研究學會」，想通過趙令揚邀金庸出
任名譽會長。[11]

來信中人，年紀最大的要數歷史學家容肇祖。1934 年，經胡適介紹，

令揚教授史席：此次港大盛會，承邀參加，

榮幸不勝。雖四五日之聚首，而海內外史界之舊

雨新朋，能懽聚一堂，各抒己見，交流切磋，尤以兩

岸學者互通音訊，相見恨晚，深佩

領袖史壇，同推首功，宪日載入史冊，自當任為佳話

也。弟返京以來，課忙，念事六桩，迄今尚未修一函

致謝，務祈

鑒恕。代乞　冰心先生作吉，已蒙　面許，惟吳晚

鈴國志現在美國講學一年，尚未返來，俟返京

之日，再代一求，何如？拙文入試析康熙之農本

思想，本未寫好，頃又略加增刪，仍不見佳，是

刪弟固未學謝隨，自難強求其工，兹依所望

格式，手抄一份，掛号航呈，如蒙

谷政，尤所念助。临穎神馳，諸希

馨亮。敬叩

著祺

　　　　王鍾翰再拜　一九八六，一二，一。

附致黃彰健教授一函，務乞代轉，至謝！
何冠虎博士亦祈代致意

清史學家王鍾翰致趙令揚函。（黃啟華提供）

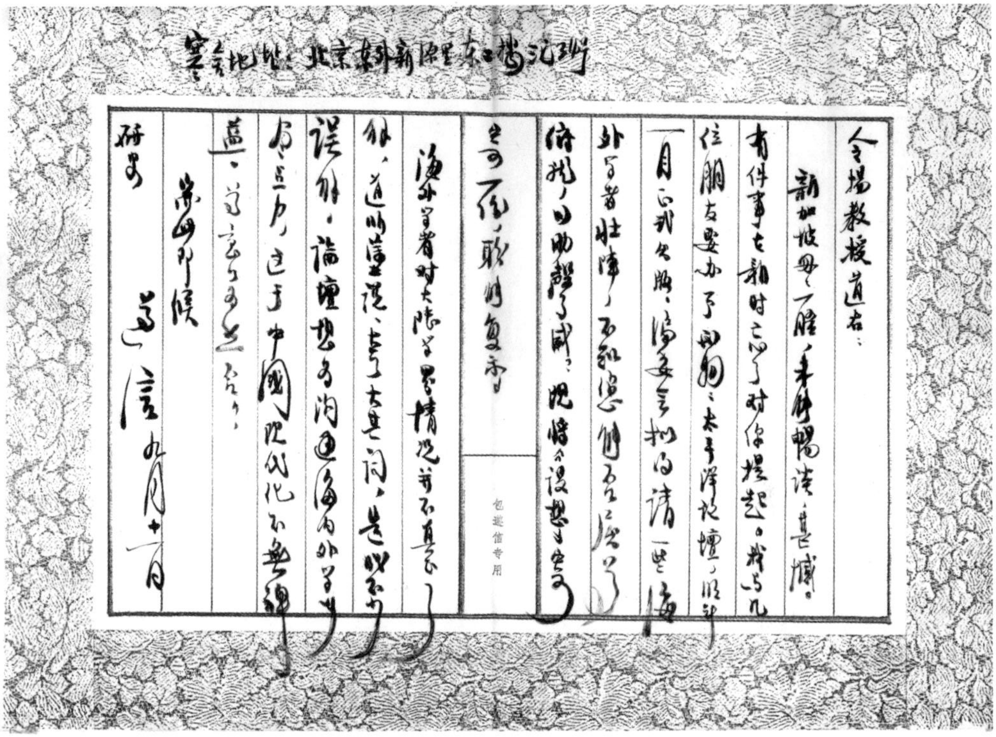
包遵信专用

↑←｜《走向未來》叢書主編包遵信致趙令揚函。（黃啟華提供）

↑←→｜紅學大師馮其庸致趙令揚函。（黃啟華提供）

↓←｜史學家容肇祖致趙令揚函。（黃啟華提供 ）

↓→｜中國國家圖書館館長任繼愈致趙令揚函。（黃啟華提供 ）

紅樓夢學刊

紅樓夢學刊

令揚院長道席：

　　常承枉顧，暢談為快。

　　茲值貴系六十周年國際學術研討會召開之際，署書華詞，以申祝賀。另為閣下篆書小幅，聊表友誼，指正為荷。專此　即頌

教安！

容肇祖

1987, 11, 8日

中国社会科学院世界宗教研究所
Institute for Research on World Religions
The Chinese Academy of Social Sciences
Beijing, China

令揚教授台鑒：

　　港大別後，想撰述順適。

　　前託購台灣藝文影印《道藏》，刻香港已無在書。現北京文物出版社也影印《道藏》，如尊處尚未購到，請函示，我可至北京購買。為此小事，一再煩瀆清神，至為不安。容日後圖報。

謝！

敬頌

時綏！

任繼愈

一九八六年九月十一日

港大邀請 37 歲的容肇祖教授來港，研究港大中文教學的發展。[12] 半世紀後的 1985 年，趙令揚為籌備第一屆「國際明清史研討會」，專程前往北京拜會。容肇祖後來在信中寫道，「前承枉顧，暢談為快。茲值貴系六十周年國際學術研討會召開之際，署書蕪詞，以申祝賀。另為閣下篆書小幅，署表友誼。」[13]

尋找書籍和資料是大師來函的一個主題。內地學者渴望了解西方的學術動態，以及有關台灣的書籍，香港成為購書基地。有時學者找到了香港沒有的書，也會告訴趙令揚。中國國家圖書館館長任繼愈離港後致函趙令揚，「前託購台灣藝文影印《道藏》，知香港已無存書。現北京文物出版社也影印《道藏》，如果需要，可以從北京購買」。[14]

照顧年輕人

憶起趙令揚，黃啟華印象深刻的是「不論來自哪裡的年輕人，師父覺得可以扶一把的，都願意提供機會」。[15] 他對外地生非常照顧，熱心解決他們在港讀書的兩件頭等大事：住宿和費用。他安排學生入住港大的賓館柏立基學院，或學生宿舍聖約翰學院，並提供助教等工作機會。在趙令揚的推動下，上世紀八、九十年代中文系的研究生有 100 多人，不少來自內地、台灣和新加坡。

趙令揚的博士生譚棣華來自廣東社會科學院，讀博士前已是知名學者，有機會在港大開設「中國社會經濟史」課程，用唯物史觀授課，學生們也樂於了解不同的觀點。這門課開了四、五年，黃啟華當年擔任助教。

趙令揚赴內地參會時認識了很多年輕學人，招收了不少博士生，包括後來的廣州大學廣州十三行研究中心教授冷東，和暨南大學文學院院長陳

1985 年「國際明清史研討會」，左起：陳捷先、趙令揚、杜維運、繆全吉。（趙子強提供）

偉明；南開大學歷史學院教授孫衛國當初也在他的啟發下赴港深造。

在港大讀博士期間，陳偉明參與明清史料編輯和各大學術會議，在內
地、香港、台灣地區發表有關唐宋嶺南經濟文化史等學術論文 20 多篇，
為學術生涯打下基礎。談到師從趙令揚，他的印象特深。「第一次見面
以為他很嚴肅。後來接觸多了，才發現他為人親和熱心，設身處地為
學生考慮，方方面面關懷我。」[16] 陳偉明那時申請到查良鏞獎學金和宿
舍，還兼職研究助理掙生活費，他記得自己節儉的生活方式，招來老師
笑罵，「傻仔，錢不是省出來的。」[17] 繁忙之餘，趙令揚會囑咐陳偉明
在西環街市買些瘦肉與芽菜，到他薄扶林的家中，親自做皮蛋瘦肉粥和
芽菜炒河粉。陳偉明也有機會協助在港大舉辦的各類國際學術會議，以
開闊視野，認識大師。他學成回到廣州後，仍與趙令揚保持聯繫。陳偉
明記得，在廣州，趙令揚最喜歡下榻白天鵝賓館。當車進入連接的引橋

左起：胡守為、趙令揚、陳偉明。（趙子強提供）

時，會唱起《歌唱祖國》，豪情洋溢。

師從許地山、陳寅恪、馬鑑的歷史學家金應熙、人民大學檔案學院教授
韋慶遠、中山大學歷史系教授胡守為、甲骨文專家胡厚宣、歷史學家朱
傑勤，都曾在趙令揚的安排下在港大授課或主持講座。上海社會科學院
的歷史學家湯志鈞在 1987 至 1988 年間在中文系教授方志學。

趙令揚沒有架子，從不拒人門外。無論請教問題還是傾訴生活苦惱，學
生可以和他說個痛快。他頭腦靈活，朋友多，總能給出辦法。秘書謝紹
明記得，趙令揚寫過的推薦信多不勝數。他關心失去家人的職員，詢問
經濟是否有困難，是否有住處，並囑咐「有困難可以找他幫忙，不用跟
其他同事說」。[18]

細節中做大學問

趙令揚的研究專長是明清思想史、中國現代文學和海外華人史。1963年，他在澳洲悉尼大學教授漢學，第一年的明史課只有一名學生杜博妮（Bonnie McDougall），日後成為享譽世界的漢學家、現當代中國文學評論家、翻譯家。1969年，趙令揚在港大中文系講授明清史、政治思想史、中西交通史和近代文學。1985年，他創辦《明清史集刊》，得到海內學者踴躍投稿，與內地的《明史研究論叢》、台灣的《明史研究專刊》、日本的《明代史研究》和美國的學者共同推動國際明史研究。

他的著作包括《明史論集》、《關於歷代正統問題之爭論》、《海外華人史資料選編》等專著；發表學術論文過百篇，如〈傳統中國知識分子的「家」、「國」觀念〉、〈辛亥革命期間海外中國知識分子對中國革命的看法〉、〈儒學與香港專上教育關係之今昔〉等。他還參加了哥倫比亞大學出版的《明代傳記辭典》的撰寫工作。[19]

他的課程令人難忘。有學生記得，「1974年的秋天，在偌大的本部大樓一樓教室內，我正在上香港大學文學院中文系一年級的課；一位身形微胖的男士，架着黑色厚框眼鏡，正十分陶醉地，引導我們一群中文系一年級學生，去欣賞中國新文學作家郁達夫的短篇小說〈春風沉醉的晚上〉。我們看他，好像也有一點醉；那一份投入，那一份專注，讓我們留下了深刻的印象。」[20]亦有學生記得某個黃昏，在本部大樓等待上「海外華人史研究方法」的課。「一名靈敏的老翁，打開沉甸甸的大木門，自信地慢步踏入教室，跨登講台，雄赳赳且軒昂自若地站到講桌前，然後便開始授課。他一口氣講了十件八件研究海外華人史的個案，如數家珍；繼而又活潑地引導一眾學生」，討論生動深入，令聽者如沐春風。[21]

↑｜黃霑、林燕妮與趙令揚、黃兆漢合照。（香港大學中文學院圖片）

↓｜1993 年，港大主辦第 34 屆亞洲及北非國際學術會議，右起趙令揚、王賡武、陸人龍合照。（趙子強提供）

↓｜香港學者與訪港作家蕭乾和畢朔望合照，約攝於 1979 年 12 月至 1980年 1 月間。（趙子強提供）

他常在課堂上隨意問些小問題，「香港模特兒哪位持奧地利護照？」「張愛玲的丈夫寫過哪本對比中西文化的書？」「商界的黃姓前立法會議員的父親曾在何處任職？」到今天，學生耳邊還能聽到他的爽朗笑聲，和「Ask me!」、「我話俾你知吖！」的口頭禪。

除了記憶力驚人，重視細節和勤奮是趙令揚博聞強識的秘訣。黃啟華記得，趙令揚的筆記本不離身，隨時寫下新知識點。北大古典文學家袁行霈應邀在港大演講，提到戴望舒詩作《雨巷》中「丁香」的意象。藝術史專家時學顏說，使用丁香，是因為丁香接觸到水便會收合起來。趙令揚聽後，馬上記在小本子上。

他也愛發問，不放過細節，「《水滸傳》裡常提到的水酒，究竟是什麼？」清代史學家章學誠常跟別人吵架，趙令揚問，「為什麼他脾氣這麼差？」黃啟華答不上。趙令揚解釋說，「他有哮喘。上了年紀又有哮喘就容易發脾氣。」

學林「及時雨」

在黃啟華看來，趙令揚很像清代學術界的幕主畢沅和阮元。二人官職相當於今日省長，有學問，能接觸願意捐錢的殷商，樂於資助後學做學問。

趙令揚的心願是推動內地學術發展，促進和世界的雙向交流。他的得力搭檔陸人龍記得，當時學校經費有限，多虧「老趙」找錢有方，「三五十萬，老趙一杯咖啡搞掂」。[22] 但凡文學院開會，內地參與者費用全免，還有生活費補助。經費到位，內地學人得以首次到境外參會，也令香港和世界重新認識內地學術界。

改革開放後，尤其是 1980 年代末到 1990 年代初，香港是內地學人參加海外研討會的首選。黃啟華聽到與會者反饋，在香港開會跟去美國、日本開會的感覺不一樣，大家和而不同，雖有意識形態的爭執，但不會遭受歧視和排擠。

研討會常在港大教職員聯誼會設迎賓酒會，經費安排遵循大學標準；告別宴則設在別處，除大學批准的費用外，通常會得到殷商贊助。白天會議上思想交鋒，晚宴上大家把酒言歡，期盼下次再見。

在趙令揚搭建的交流平台上，兩岸學者相見恨晚。1970 年代，海峽兩岸資訊不通，台灣大學歷史系教授陳捷先曾出版《滿洲叢考》和《清史雜筆》，內地的滿學家同行卻對兩書未有所聞。天津南開大學的清史學家馮爾康在《捷公祝壽集序言》中指出，「兩岸史學工作者切磋交流，只有在改革開放之後才有可能，第一次提供大規模交流平台的是前述港大教授趙令揚。」[23] 1985 年，馮爾康在港大參加「國際明清史研討會」，兩岸各有近 20 名學者出席，馮爾康在此結識了陳捷先和其他台灣學友。他後來寫道，「兩岸三地的史學家交往，是趙令揚教授在香港、捷公在台北先後創造了平台，功在史學界。」

在港大，台灣歷史學者徐泓和大陸的明清史專家韋慶遠結下忘年交。徐泓在 1969 年第一次讀到韋慶遠的書，對其治學心生景仰。當時兩岸仍處於對立狀態，見面交流尚不可能。在一個研討會上，兩岸明清史學者在香港首次見面。徐泓和韋慶遠「雖是初次見面，卻似多年未見的老友，談自己的研究，談明清史學界的近況，談近年來的生活，有說不完的話。」[24] 當時台灣尚未解除戒嚴，兩岸通信困難，香港成為兩地學者交流的基地。

1991 年《孫逸仙思想與廿一世紀國際學術研討會》開幕酒會。左起繆全吉（台灣）、
穆閩珠（台灣）、劉渭平（澳洲）、唐振常（上海）；右一湯志鈞（上海）。（趙子
強提供）

許多港大師生在趙令揚舉辦的會議中，接觸到書本中的大師、親睹風
采。1988 年 5 月，趙令揚邀請內地八名藝術家赴港研討。黃啟華記得
其中最年長的 83 歲，最年輕的 67 歲，包括郁達夫的姪女、藝術家郁風
和先生黃苗子，書法家啟功，以及在周口店遺址挖掘了三個「北京人」
頭蓋骨的考古學家賈蘭坡。

研討會完畢後，趙令揚安排學人在香港觀光，81 歲的賈蘭坡要去買書，
帶來一個 32 吋的笨重皮箱，滿載而歸。

黃啟華記得，中國藝術研究院中國文化研究所所長劉夢溪，作為「查良
鏞學者」獲邀來港。劉夢溪第一次見到雙層巴士驚奇不已，表示「我從
未想過巴士可以是雙層的，更特別的是拐彎時還不會翻車。這就像香
港，各色人士聚集在一起，遇到很多情況，不會翻的。」

1988 年，八名內地藝術家訪港。右起：馬蒙、何沛雄、啟功。（趙子強提供）

1989 年 12 月，「中國學術研究之承傳與創新研討會」在港大召開，香港、美國、英國、新加坡、澳洲、台灣和大陸學者齊聚一堂。內地學者來自北京、廣州、上海、河北、吉林等地，知名學者有人民大學哲學系葛榮晉、人民大學歷史系毛佩琦、人民大學檔案學系韋慶遠、中國社會科學院金沖及、北大中文系袁行霈、中山大學歷史系胡守為、廣東省社會科學院金應熙和張磊、上海社會科學院唐振常和熊月之、上海古籍出版社錢伯城等。

受「六四」事件影響，很多內地學者無法前來參會。黃啟華和同事林光泰對會上的一幕記憶猶新。當時有台灣學者就學術上的不同理解爭辯不休，輪到韋慶遠教授發言時，他起立說：「在今年這個時刻，在現在的氣氛下，港大中文系仍能聚集到來自大陸、台灣、日本、東南亞、歐美

的學者，實在難能可貴。大家就不要再爭論了，讓我們珍惜交流的機會吧！」[25]

這次會議的晚宴設在香港地標珍寶海鮮舫，得到文化大師金庸即興宣佈「今晚所有的酒水我請客」，十幾席學者得以開懷暢飲。[26]

黃啟華記得，會議或晚宴上的諸多「奢華環節」，例如酒水、鮮花、水果等，通常得到個別商人贊助，「給趙生面子，也說明他的『江湖地位』」。雖然籌錢了得，趙令揚的生活卻很簡樸。他的弟子、港大中文系老師楊永安記得，「師傅穿衣不脫灰、藍、啡、白、杏五色」，不注重配飾，只用廉價原子筆。為父親清理遺物時，趙子強發現成堆從未拆開的禮物，有名牌錢包，也有各種名筆。[27]

趙令揚面對鏡頭時難見笑容，但友人形容他親切、合群。在 1984 至 1990 年任文學院院務主任的祁樂彬（Dr. John Cribbin）尤其記得，趙令揚為人慷慨、幽默、重情義。「我從他身上學到了外交技巧，他可以把不同背景的人聚在一起做事。」[28] 祁樂彬曾跟隨趙令揚赴中山大學參會，介紹港大的行政與管理經驗，對中山大學的熱情招待和求知精神記憶猶新。[29]

紀念

在垂危的病榻，趙令揚朗讀近一分鐘的英文致謝辭，作為自己喪禮的準備。他催促兒子謄寫海內外知己、學生的名單及聯絡方法，以作告別。

內地諸多大學文史學院的領導層，都曾在 1980 年代參加過趙令揚舉辦的交流會。湖北大學前副校長周積明教授在唁文中提到，「上世紀 70 年

趙令揚與愛犬番薯、豆豆。（趙子強提供）

代末，兩岸三地，交通阻滯，令揚教授以其卓識與魄力，數次舉辦學術
交流會議，使中外學者齊聚港大，切磋學術，增進交流，其功不可沒。
余有幸多次忝列席末，得以親炙令揚教授之風采，並渥蒙親切款待與關
懷，是所至感，雖歲月變遷，從未忘懷。」

中山大學黨委書記陳春聲教授在唁電中提到，「先生對國家的感情深
厚，為推動香港和內地的文化交流合作做了大量卓有成效的工作。他的
逝世是我國歷史學界的重大損失。」

廣州大學十三行研究中心主任王元林教授、冷東教授，廣州大學人文
學院歷史系主任楊恆平教授，都在唁文中感謝趙令揚多次蒞臨廣州大
學參加學術會議、舉辦學術講座，對其學科建設及國際學術交流作出
重要貢獻。

從港大榮休後，趙令揚出任成立不久的香港金融管理學院院長，協助內地公務員和企業家赴港接受短期專業培訓。

香港金融管理學院主席王中英回憶，每次舉行畢業典禮，趙令揚必正裝出席，身上華麗莊嚴的教授袍成為儀式的亮點。[30] 人們知道，他的人格魅力和對學術的貢獻也在改革開放後兩岸和香港的文化交流的歷史上，留下了瑰麗的色彩。

群賢畢集　啟迪新思維
——中文學院

● 紀事

改革開放之初，內地各種思潮湧現，和外界交流的渴望強烈，但缺乏交流渠道和機會。香港因緣際會，成為內地向外溝通的窗口，香港大學更是當年唯一能聯結東南亞、海峽兩岸和世界各地學者的國際化學府。

在黃麗松、王賡武兩位校長，文學院歷屆院長李鍔、趙令揚，亞洲研究中心（Centre of Asian Studies, CAS）歷屆主任景復朗（Frank King）、陳坤耀、黃紹倫等人的推動下，港大舉辦一系列大小學術研討會，成為人文與社科思潮碰撞和學術交流的樞紐平台，匯聚兩岸和國際華語地區的世界各地學者和著作等身的大師。

在當年的學術環境，舉行研討會是直接和高效的交流方式。[1] 合作項目需時策劃和執行，研討會卻能迅速提供對話平台，為其後的合作創造條件。透過參會，內地學者首次接觸到香港、澳門、台灣地區以至世界各地的同行。香港的學者也有機會從面對面的交流中，得悉內地學術界的發展。

當年這些學術交流活動得到商業機構、基金會、公益機

構、政府部門等界別捐資，港商的贊助尤其踴躍。

中文學院之成立

香港大學的中文教學始自 1913 年，中文學院在 1927 年正式成立，成長道路坎坷。首先，大學立校宗旨是引進西方新知，以英文為教學語言，中文和國學不在建校議程之中，創校諸公和中西學者對大學的中文教學方向辯論不斷，中文學院生存幾度受到威脅。第二，港大創校前和其後的數十年，資金長期不足，每到危機加劇，中文學院都成為了撤資的對象。

幸而，中文教學得到政商名人支持，周壽臣、羅旭龢（Robert H. Kotewall）等捐款 20 萬，鄧志昂捐款興建教學樓、馮平山捐款興建圖書館，立法局批准資助 1929 至 1931 年的營運經費。在眾人努力下，中文學院方得存活，但是教學方向和內容還是前路不明。[2]

1935 年，胡適赴港接受港大的名譽法學博士學位，推薦燕京大學許地山教授出掌中文系，策劃課程改革，中文系終於得以穩定下來。但是許地山在 1941 年早逝，加上二戰爆發，校方聘到路過香港暫居的歷史學家陳寅恪。[3] 陳寅恪在港大教學一年多，香港淪陷後返回內地，港大亦告停課。

戰後，史學家馬鑑出任中文系主任，重整學科。1952 至 1964 年，曾在濟南齊魯大學任教的林仰山（Frederick Serguier Drake）出任中文系主任，招賢納士，為學系日後發展奠定基礎。他先後聘請的講師包括史學家羅香林、國學大家劉百閔、國學大師饒宗頤、新儒家重要代表人物牟宗三、台灣第一位文學博士羅錦堂等。1964 年林仰山榮休，羅香林和馬蒙先後出任中文系主任。

↑｜陳大齊教授與香港大學中文系老師合影。前排左起：饒宗頤、羅香林、陳大齊、林仰山、劉百閔；後排左起：牟宗三、余秉權、金薩靜（G.E.Sargent）、羅錦堂、劉唯邁、楊維楨。（香港大學圖片）

↓｜胡適（左）與香港殷商何東 1935 年在港大接受榮譽博士後合攝。（摘自 *Growing with Hong Kong: The University and Its Graduates — The First 90 Years*, Hong Kong University Press, 2002）

港大的中文學院在坎坷中成長。到了上世紀七、八十年代，已聚集不少教授名師。改革開放帶來了新機會，時任系主任何丙郁、趙令揚和師生並肩，與內地同行展開交流，廣邀內地和世界各地的學者來港大，參加各種形式的學術會議。

赴內地講學第一團

港大和內地文史學者最早的交流始於廣東，中山大學扮演了重要的角色。1979 年 2 月 20 至 22 日，中山大學 12 位老師來訪。代表團由中山大學副校長黃煥秋率領，港大《校訊》形容這次來訪「意義相當深遠……它在本校的年鑑中縱使不是獨一無二，但同樣的事至少已有數十年沒有發生過了。」[4] 到達當晚，港大黃麗松校長設宴為他們洗塵，「我們的客人處處顯示出尋根問底、留心細節的精神，明白地表示要向本校學習」。

1980 年，中山大學代表團訪問香港。不久後應黃煥秋邀請，港大派出「人文社科第一團」，團員八人包括歷史系的李鍔、中文系的趙令揚、地理及地質系的梁志強、英文系的陳張美美、歷史系的陸人龍、社會學系的韓榮德、統計系的趙永堅、城市研究及城市規劃中心主任郭彥弘。

時逢 1980 年 2 月，中央委員會在京召開會議，為劉少奇全面平反，推翻「文革」的意識形態。因應時機，陸人龍打算演講他在港大研究劉少奇的碩士論文，他問中山大學要不要事先審稿，對方說「不用啦」。[5] 其他港大學者亦按個人專長作專題講座，題目自定。

上百人的禮堂座無虛席，陸人龍講了兩小時，提供了有關黨史的新視野。他說，很多共產黨早期的一手資料未必在內地，譬如日本保留着劉

少奇 1920 年 20 歲出頭、在安源路礦大罷工時的演講資料。其後陸人龍和中山大學歷史系的老師成為好友，特別是後來成為副校長的歷史系主任胡守為，為之後的合作辦會打下基礎。

一年後，港大中文系和香港中國語文學會邀請年逾 80 的北京大學語言學家王力偕同夫人來港作學術訪問。[6] 王力是中文系馬蒙教授的老師，在港訪問期間舉行了多次學術講座。

學術會議

趙令揚在 1980 年代先後出任文學院院長以及中文系系主任時，帶領港大人文學科進入舉行大型國際會議的鼎盛時期，場數不下 40 餘次。會議以普通話為主，研討主題多為中國歷史。王賡武校長 1986 年上任後繼續支持和內地的學術交流，撥資金給大學的語言中心，鼓勵老師學習普通話。[7] 亞洲研究中心副主任、趙令揚的博士生冼玉儀和陸人龍同班學習了五年普通話；亞洲研究中心研究員、專研音樂史的劉靖之原籍湖北，在東北、河北等地度過童年，為糾正口音，也報讀普通話課。

1982 年 12 月，中文系及歷史系合辦的「晚明至民國思想史研討會」先開風氣，此後逐漸發展，舉辦多場大型國際性研討會。會議包括不同主題的明清史國際學術研討會、「人的革命：中國現代化中的思想與文化問題研討會」、「第 12 屆亞洲歷史學家會議」、「香港大學中文系 70 周年紀念國際學術研討會」、「中國學術研究之承傳與創新研討會」、「孫逸仙思想與 21 世紀國際學術研討會」、「第 34 屆（1993）亞洲及北非洲研究國際學術會議」、「21 世紀國際儒學教育之發展學術研討會」等。

↑｜1979 年，中山大學代表團訪問港大。後排正向左一：陳坤耀；左二：中山大學校長黃煥秋。（香港大學檔案館提供）

↓｜1979 年，中山大學代表團訪問港大。（香港大學檔案館提供）

1995 年 12 月 13 至 16 日「明史國際研討會」，攝於港大本部大樓 218 室。會議由中文系主辦，北京中國明史學會、江西省社會科學院及江西省歷史名人研究會協辦，與會者百餘人。（趙子強提供）

中文系開拓的內地合作夥伴，主要有北京大學、中國人民大學、中山大學、湖北大學、中國社會科學院、上海社會科學院等大學和研究機構。上世紀八、九十年代，受邀前來港大參加會議或講學的知名學者教授包括：中國社會學和人類學奠基人費孝通、北京大學任繼愈、中國社會科學院近代史研究所瞿同祖、南開大學鄭克晟、人民大學韋慶遠、上海社會科學院湯志鈞、中山大學金應熙、中國國家文物局研究員王世襄、台灣大學陳捷先、哥倫比亞大學狄百瑞（William Theodore de Bary）、哈佛大學杜維明、華盛頓大學陳學霖、明尼蘇達大學范德（Edward Farmer）、威斯康辛大學周策縱、羅馬大學史華羅（Paolo Santangelo）、澳洲國立大學柳存仁、墨爾本大學 Harry Simon、倫敦大學亞非學院裴達禮（Hugh Baker）、師從錢穆的何佑森、馬來西亞華人填詞人丁善雄（筆名「林綠」）、國學大師饒宗頤等。

每逢中文系研討會的開幕典禮，黃麗松和王賡武校長都親臨會場，開幕致辭時不用講稿，情真意切。研討會上，跟隨老師赴港參加會議的學生或年輕學者，其後治學各有所成。

科技史學家重返國際舞台

科技史專家何丙郁在回憶錄中提到，在港大任職期間「與海峽兩岸交流幾乎是日常的事情。」[8] 而在眾多會議中，讓他最感欣慰的是能為內地科技史學者建台搭橋，幫助他們重返國際舞台。

科學技術史研究在中國源遠流長。氣象學和地理學家竺可楨等人曾出席 1956 年在意大利舉行的第八屆國際科學史大會，但其後中國學者在國際上缺位。1978 年，何丙郁對內地學術界領導人建議，盡早召開國際中國科學史系列會議。[9] 何丙郁赴港大就任後，籌劃打造中國科技史的交流平台，終於 1983 年 12 月在港大舉行「第二屆國際中國科學史研討會」。出席者內地 14 人，由考古研究所所長夏鼐和自然科學史研究所所長席澤宗帶隊。夏鼐師從陳寅恪和錢穆，是中國現代考古學奠基人。

會議有來自中、日、美、英、法、德等九個國家和地區的 33 名學者出席，夏鼐做了名為《中國科技史和中國考古學》的專題演講。《中國科學技術史》的作者，漢學家、唯一獲得中國國家自然科學一等獎的外籍學者李約瑟（Joseph Needham）雖未到場，其巨著的五位合作者均有出席。李約瑟花費半個世紀寫就《中國科學技術史》，通過豐富的史料、深入的分析、大量東西方比較研究，全面且系統地介紹中國古代科學技術。夏鼐在會上提及，李約瑟每次訪問北京時必會前往考古研究所，探究考古學的最新發現。

黃麗松校長設宴為大家接風，香港東亞科學史基金會主席毛文奇醫生也設宴招待。送別宴由何丙郁做東，毛文奇和考古學家鄭德坤夫婦作陪。晚宴上大家依依惜別，期待再聚。

次年，北京學者接棒，更上層樓，中國科學院在北京主辦「第三屆國際中國科學史研討會」，匯聚了來自日本、美國、英國等 12 個國家和地區的 100 多位專家學者，包括 84 歲的李約瑟、日本科學史學者中山茂、美國圖書館學家錢存訓等；錢臨照、席澤宗、胡道靜等內地科學史家出席此次盛會。有內地通訊文章記錄參會中外學者一致希望「今後多開這種類型的學術討論會」，更欣慰看到內地「一批中青年科學史研究工作者在會上嶄露頭角」。[10] 何丙郁也參加了大會，樂見學術承傳。

「人的革命」

文化大革命結束後，有關「實踐是檢驗真理的唯一標準」的討論，衝破了華國鋒堅持的「兩個凡是」（「凡是毛主席作出的決策，我們都堅決維護；凡是毛主席的指示，我們都始終不渝地遵循」）。

1980 年代，內地思想界澎湃，在一些熱門讀物上，社會學家田森提出了「深圳人」的概念，恍若「新物種」，強調時間、效益、管理、開拓。內地民間雜誌甚至《人民日報》都有關於「人」的討論。「為了深入了解中國近年來在意識形態和文化領域的發展和動向」，文學院決定舉行題為「人的革命」的研討會，在邀請信中說，「中國的現代化，除了經濟和科技之外，更根本的是文化和人的現代化」。[11]

作為會議的籌辦人，年輕的文學院副院長陸人龍隻身前往北京，每天花 80 元人民幣包出租車，憑手寫地址登門找人。「普通話不行，沒有電

話和網絡，就知道敲門。」陸人龍回憶，他在北京找了三天，邀請到內地「基本法四大護法」之一的肖蔚雲，並在他的幫助下邀請到北京大學教授厲以寧和張岱年；此外還找到《走向未來》叢書的諸多作者、北京社科院學者等。[12]《走向未來》叢書是 1980 年代龐大的出版工程，網羅了資深和新銳作者，出書 74 本，發行量 800 多萬冊。[13] 叢書內容涵蓋政治學、經濟學、美學、國際關係學、科學、邊緣學科、新興學科等等。

1986 年 12 月 18 至 21 日，「人的革命：中國現代化中的思想與文化問題研討會」在港大本部大樓舉行，研討主題包括政治、經濟理論和觀念；道德倫理與生活方式；文學與傳播媒介；文化、學術和教育。王賡武在開幕致詞中表示，海外華人對中國的進步變化，有很多不了解的地方，內地學者出席研討會，提供了了解中國近年在思想和文化變化上的難得機會。研討會主席陸人龍致詞時，指出研討會的兩個意義：一是在關注經濟和政治改革之餘，關注內地思想和文化層面的變革；二是香港回歸在即，港人要了解和參與內地的變革。[14]

內地與會者包括：哲學家張岱年、文學理論家王元化、政治學者王滬寧、經濟學者厲以寧及溫元凱、歷史學者何新、中央電視台前副台長陳漢元、《光明日報》理論部主任蘇雙碧、社科院近代史研究所丁守和、社科院新聞研究所孫旭培等。港台參會者包括港大社會工作學系的周永新和陳麗雲、社會學系韓榮德、亞洲研究中心黃紹倫、詩人梁秉鈞（也斯）和台灣學者翁松燃等。《文匯報》、《大公報》等香港媒體連日大幅版面報道大會。

港大圖書館特藏部收錄了與會者提交的論文手稿複印件。溫元凱和《開發》與《創造與人才》雜誌特約記者余明陽共同提交論文〈現代化與中

↑｜1986 年《人的革命》研討會。張岱年（左）、趙令揚。（趙子強提供）
↓｜左起：王滬寧、溫元凱、趙令揚；右一：陸人龍。（趙子強提供）

第 1 頁共 9 頁

文化的現代化與觀念的更新

張岱年

(一) 觀念更新的基本方向

現在中國正在進行現代化建設，正在進行經濟體制、政治體制以及文化形態的全面改革，開始了文化現代化的新的階段。文化現代化的主要關鍵在是人的思想意識的現代化，也就是觀念的更新，即用適合新時代的新觀念代替了時的舊觀念。

觀念的更新包含傳統觀念的揚棄，因而，對于傳統觀念要進行全面的反思；同時對于新觀念的方向應有比較明確的認識。

所謂新舊是歷史發展的階段問題，其中包含着方向的問題。觀念的更新應該是以價值更高的觀念代替價值較低的觀念。什麼是判斷價值高低的標準呢？我認為主要有兩條：一是看它是否符合客觀的實際；二是看它是否符合社會發展的需要，即符合最大多數人民的長久

←│《大公報》1986 年 12 月 19 日報道《人的革命》研討會開幕。

→│《人的革命》研討會上張岱年提交的手稿。（趙子強提供）

國傳統文化「潛結構」的改造〉。溫元凱提交〈現代化與中國國民性改造〉，論述中國國民性的優劣及其根源，以及達到理想國民性應有的觀念群突破。溫元凱寫道，雖然中國國民性不乏優秀品質，但「劣根性」亦源遠流長，在國民性改造中，創造性、個性與人際和諧、進取性是三大標準。要實現觀念群的突破，「建立交往觀念、冒險觀念、競爭觀念、民主觀念、自由觀念、多元觀念等等是綜合治理改造中國國民性的突破點，更是現代化建設的勢所必然」。[15]

張岱年在〈文化的現代化與觀念的更新〉中論述，觀念的更新包含傳統觀念的揚棄，「應該是追求更高的真，更高的美，更高的善……。」[16]

厲以寧的論文〈經濟發展中的文化建設問題〉指出在經濟發展和國民經濟管理中，進取精神比物質資產更加重要，社會上有進取精神的人愈多，經濟就愈興旺。「創新有時同對自己的尊重分不開……沒有自由，參加經濟活動就不會對前景有信心。」[17]

現代人叢書主編田森提交〈人的現代化〉，寫道：「在當今的生活中，人們可以看到所有制結構的變化，社會主義商品經濟的發展，橫向聯繫的加強，權力的下放，人們價值觀念、思維方式、生活方式和人際關係的變化……我們進行的這場被稱之為『第二次革命』的史無前例的改革……如果沒有人的現代化，特別是人的觀念的現代化，改革將難以取得成功。」[18]

王滬寧的〈中國政治體制改革的前景與背景〉，反映了當時社會的關注。他提到「中國政治體制改革的提出，恰逢中國處在二個情勢交匯的契機之上。一端是，中國社會主義的發展形成了改革政治體制之勢，另一端是，中國社會的下一步騰飛形成了改革政治體制之需。有此『勢』此

『需』，尚不能形成氛圍，更為重要的前提是，中國人民，憑其對歷史的深思，對悲劇的反省，對未來的憧憬，把改革視為繫着中華民族命運的改革。」[19]

學術界的奧林匹克

1991 年 6 月 24 至 28 日，歷史系承辦第 12 屆「亞洲歷史學家國際會議」（Conference of the International Association of Historians of Asia, IAHA），400 多名來自世界各地的與會者雲集港大，包括來自甘肅、寧夏、四川、重慶、貴州、雲南、湖北、安徽等非沿海省市甚至偏遠地區的 40 餘名內地學者。

兩年後的第 34 屆「亞洲及北非洲研究國際學術會議」（International Congress of Asian and North African Studies, ICANAS）更為盛大。ICANAS 素有「學術界奧林匹克」之稱，原名「國際東方學會議」（The International Congress of Orientalists），始於 1873 年巴黎，是國際上研究北非和亞洲地區人文與社科方面規模最大、歷史最悠久的會議。主辦地點以倫敦、柏林等歐洲城市為主。

1993 年 8 月的盛會，港大匯聚了 70 餘個國家及地區的 1,700 多名學者參加，內地學者近 300 人，兩岸學者共提交論文 1,300 餘篇。[20] 這是當時海峽兩岸與香港最大規模的學術交流，也是國際學術界的空前盛事。

8 月 23 日上午 10 時，開幕式在香港演藝學院舉行，千餘學者列席。校長王賡武在開幕式上說，香港大學自成立以來，即堅持對中國和中國文化的研究，渴望擔當橋樑的角色；在西方的激發和挑戰下，亞洲已逐步從過去歐洲主宰的力量中冒出頭來，重新制訂自己的社會模式，會議的

1993 年 8 月 23 日，第 34
屆「亞洲及北非洲研究國際
學術會議」，攝於香港文化
中心。左起：王賡武校長、
署理港督霍德爵士、趙令揚
教授（大會主席團主席）。
（港大中文學院提供）

宗旨由歐洲中心論轉變為以研究亞非人文及社會科學為主題。[21]

「亞洲及北非洲研究國際學術會議」早期只聚焦古代文學、歷史和古文
獻研究，這次會議囊括了古代和當代東西方文化、政治、社會、經濟、
伊斯蘭及西方宗教研究。會議設有十個大型研討會和 200 多個專題會
議，包含以往 33 屆未涉及的新內容：中國踏進 21 世紀的門檻、珠江三
角洲：潛力與機會、敦煌研究、絲綢之路研究、自由主義與民族主義：
東亞公民社會與停滯不前的因素、亞洲與非洲文化中性別認識的建構、
亞洲音樂等。

各大小研討會的會場設在相鄰的香港藝術中心、香港演藝學院和香港中
華基督教青年會灣景國際賓館。敦煌研究院的學者李永寧形容專題會議
的討論「坦誠、熱烈，具有相互切磋，共探奧秘的良好學術氣氛」，「某
一些一時難以得出定論的問題，與會者都表示了在今後繼續共同推動探
討的誠摯願望。」[22]

港大文學院與內地部分交流活動

1985 年 12 月	由中山大學、香港大學、美國加州大學洛杉磯分校聯合發起，中山大學主辦，建國以來第一次華僑華人歷史研討會在廣州召開。趙令揚、金應熙等多位歷史學者和國家部委官員出席會議。研討會的主題是二戰後華僑、華人社會的發展變化，以及海外華僑、華人社會與大陸僑鄉關係的歷史和現狀。[23]
1987 年 10 月	北京大學哲學系在香山飯店召開「梁漱溟先生從教 70 周年學術討論會」，趙令揚和陸人龍赴京參會。參加研討會的還有社會學家費孝通、北大哲學系教授湯一介、山東大學文史學家龐樸、美國威斯康辛大學東亞語言文學系及歷史系教授周策縱等。[24]
1987 年 12 月底至 1988 年 1 月初	北京大學和深圳大學聯合舉辦「國際中國學研討班」，北京大學、復旦大學、中山大學、華東師範大學、暨南大學等內地高等院校的古籍研究所所長參加了開班典禮。國際中國學研究中國文化向世界傳播的軌跡和方式，研討班上，趙令揚講授「海外對中國宋至明史料研究」，陸人龍講授「海外中國近代史史料研究」。[25]
1989 年「五四」運動 70 周年	港大中文系在北京和其他院校合辦「五四與中國知識分子國際學術研討會」，是內地紀念「五四」運動規模最大的國際性會議，也是首次由內地純民間學術組織籌備的國際性會議。[26] 會議合辦單位還有北京中國文化書院、21 世紀研究院（北京）和香港中文大學中國文化研究所。與會學者 130 人，來自美國、蘇聯、日本、澳大利亞、新加坡、韓國、香港和台灣地區，探討「五四」與西方思潮、中國知識分子在近現代的歷史地位與作用、文化開放與現代化等問題。趙令揚和龐樸、湯一介、陳方正、周策縱、李澤厚、金觀濤等內地著名學者在會上作了報告。

滴水穿石

展現人文學科軟力量

——亞洲研究中心

亞洲研究中心（Centre of Asian Studies, CAS）成立於 1967
年，是香港大學當代和傳統中國研究、香港研究、東南亞
研究的聚光點。改革開放前，兩地交流不多，研究中國社
會和風俗的海外漢學家、人類學、社會學以及其他學科的
學者將 CAS 作為他們的基地。[1]

改革開放前的 1977 年 12 月，CAS 作為主辦單位籌辦第五
屆「Leverhulme Conference」，探究「中國方式」，討論自
19 世紀中葉以來的國家發展的歷史經驗、1949 年前後的
馬克思主義和毛澤東主義的意識形態，以及當代國家政治
經濟的理論和實踐等問題。這是當年香港罕見的大型國際
學術會議，顯露出一輩學人在了解內地和推動學術的雄心
壯志。與會者來自香港本地和歐美等國。

「當時研討會最大的遺憾是中國的缺席，」1979 年接任
CAS 主任的陳坤耀回憶說，「內地政府開放，CAS 的第一
心願就是和內地合作，籌辦國際研討會，要將內地學者
和專家帶進國際的舞台」。[2] 在此方針下，從改革開放到
1997 年，僅有五、六名全職員工的 CAS，舉辦了近百次
國際會議並集結論文出版，幾乎每次大小會議都有內地學

者參加。

在陳坤耀看來，CAS 在改革開放中扮演的最重要的角色，是影響內地學者的思維方式，從封閉單一到了解不同看法，與世界接軌。相較自然科學，人文科學和藝術更需要見識（exposure）和交流對話，而觀摩香港如何籌辦國際會議也是開眼界的機會。

當時台灣流行談論「社會學中國化」和「中國現代化」，CAS 是內地與台灣學術交流的重要紐帶，不少台灣研究生經香港進入內地調研。台灣東海大學教授高承恕和研究中小企業的黃紹倫來往密切，每次赴內地調研途中，必拜訪 CAS。香港中文大學的新亞書院有很多台灣學者研究中國，也積極參加 CAS 舉辦的社科或經濟方面的研討會。

CAS 能在當時成為國際上研究中國的中心，與港大的發展背景有關。陳坤耀歸納出三個原因：一是縱觀當年整個亞太地區，港大最具國際視野；二者，CAS 在當年已成立十多年，可以提供平台讓內地和海外學者駐紮、舉辦研討會，而社會科學最需要與國際接軌；第三，港大在國際上和內地有廣泛的人脈，可以提供國際和內地的資源互補。

交流蓬勃會議不斷

CAS 和內地的交流始於 1980 年代初，港大教師熱切關心內地發展。1980 年，CAS 重新擬定「當代中國」三年研究計劃，各院系共 59 人參加，寄望將香港發展為世界研究當代中國的中心。1980 年 2 月，CAS 召開「中國的現代化」研討會，中山大學特派經濟學系代主任張志錚教授參加，提交《中國式的現代化道路》論文，是最早赴港交流的內地學者之一。[3]

一個月後，來自北京大學和中國社會科學院等研究機構的內地經濟專家代表團一行七人訪問港大，由中國社會科學院副院長兼經濟研究所所長、北京大學教授許滌新擔任團長。代表團來到 CAS，與陳坤耀、校長黃麗松、文學院院長李鍔等港大教授交流。[4]

1981 年，中山大學和暨南大學的經濟學家，陝西、北京、安徽和深圳的代表團先後來訪港大。1983 年，CAS 和中國科學院共同舉辦第一屆國際古環境研討會，除海外學者外，有十多名內地學者訪港，其後 CAS 與內地彼此派出學者參加兩地的學術活動。[5]內地學者與 CAS 的交流，主要以作學術報告、參加研討會和學術研究的形式展開。

對於研究香港問題的內地學者而言，CAS 是個重要的聯絡資訊站。根據 CAS 研究員黃約瑟的統計，1978 至 1990 年間，有 100 多名內地學者參加了 CAS 舉辦的 20 多個國際跨學科學術會議，提交學術報告的有 50 多人，內容涉及當代經濟改革、敦煌學、古生物學、近代中國的西方音樂等，重要會議有古環境（1983、1987）、體制改革（1985）、中國對外開放對香港和亞洲的影響（1987）、中國海關（1988）、中美關係（1990）等。

在辦會高峰期的 1987 至 1990 年，許多內地學者來到 CAS 探討體制改革。上海社會科學院代表團作「近年來中國經濟理論研究的突破」和「中國的開放和香港的繁榮」系列講座；北京大學國際政治系副主任、北京市海淀區副黨委沈仁道談「中國政治體制改革中的黨政分開問題」；中共中央馬克思恩格斯、列寧斯大林著作編譯局榮敬本作「從經濟社會體制比較談中國體制改革」講座。[6]

有關音樂的系列研討會是 CAS 辦會的另一亮點。劉靖之在港大取得博

1980 年「中國的現代化」研討會，陳坤耀（左）與首位訪問 CAS 的內地學者——廣州中山大學經濟系主任張志錚。（陳坤耀提供）

士學位，從 1980 年開始編寫「中國新音樂」系列叢書，出版的《中國新音樂史論》引發海內外廣泛討論。在他的提議下，CAS 在 1985、1986、1988 和 1990 年開了四次新音樂史研討會，請來內地學者參加。還有一些研討會的主題相當新穎，例如亞洲性學。

1988 年 8 月，CAS 舉辦「陳映真的文學創作與文化評論研討會」。會議高潮是由港大學生會組織的內地報告文學家劉賓雁和陳映真對談，市民、學生和百多名記者蜂擁而至，擠滿了陸佑堂。對談從兩岸的文學現狀談到政治形勢，由國家改革開放說到知識分子的待遇。大會抽出十人上台與兩位講者對話，抒發對於國家民族和香港發展的心聲。港大校訊《交流》報導說，對談「政治氣息凝重得很，事前沒有一個團體敢貿然籌辦」，此會議「非比尋常」，「是空前的盛事」，「叫筆者上了一節談中國前景的課……值得大家深思。」[7]

1994 年 12 月，香港大學在圖書館大樓召開「五十年海外華人比較研究國際學術研討會」，是國際學術界專門研討戰後海外華人問題的首屆國際會議，CAS 積極協辦。大會探索尚未開發的學術領域，提交了 142 篇論文，數十位與會者來自內地，題目包括中國西北部和西南部少數民族移民之比較等。學術研討會主席王賡武校長在大會上作題為《移民本位之提昇：既非「華僑」亦非「華人」》的主題演講。王賡武說：「像『華僑』之類的字眼已不再適用了……甚至連『華人』這一稱呼也未必見得妥帖，至少無法長期使用這一稱呼。」[8] 王賡武解釋說，這是因為「海外華人」的身份已發生變化，各華人居住國正在通過強調華人為其所在國的國民來「提昇」華人移民的地位，相關研究將朝向新方向。

還有一些研討會由 CAS 倡辦，在內地舉行。繼港大首次會議後，廈門大學在 1990 年舉辦了第二屆中國海關國際研討會，在 1995 年舉辦了第二屆世界海外華人國際研討會。1991 年，昆明舉辦了第三次古環境研討會。

除了接待內地學者，CAS 的研究員亦頻繁訪問內地。主任陳坤耀在 1980 年代多次赴北京、廣州和深圳參加學術交流。研究員黃約瑟作為首位香港學人參加在四川和西安舉辦的唐史研究會，並參加唐史學會舉辦的敦煌吐魯番考察團。黃約瑟來往北京師範學院、中國社會科學院、新疆社會科學院、南開大學、武漢大學等知名學府和研究機構參加座談會。

中山大學是距離香港最近的內地重點大學，成為 CAS 和內地交流的主要合作方，在改革開放後的第一個月就邀請陳坤耀前往講學。其後他多次受邀在中山大學和廈門大學舉行講座。陳坤耀在廈門大學為期一週講學、題為「西方經濟學入門」，講義集結成小雜誌在內地出版，是當年了解西方經濟學的重要讀物。香港學者和專家前往內地講課的，還有梁

1988 年 8 月「陳映真的文學創作與文化評論研討會」。左起：劉賓雁、李歐梵、陳坤耀、陳映真。（陳坤耀提供）

振英，講地產和土地拍賣制度；陳坤耀主講西方經濟學（供需關係等新的市場經濟概念）、市場經濟學、管理學、小型開放經濟、亞洲四小龍經濟體、世界經濟發展學等。

CAS 的講學和交流會議，讓剛剛走向國際的內地學者接觸市場經濟的概念。很多學者認為一切應由中央計劃，不理解金融、資本市場、股票交易、銀行體制等。「為什麼市場沒人管理也可以井井有條？」「為什麼不能只有幾間國有銀行？」「什麼是無形之手？」陳坤耀說，這些是在介紹市場經濟時，內地學者普遍的疑問。

除了學者往來，CAS 也是一個相當開放的論壇，活動經常有「局外人」參加，例如商人、公務員、記者、一般市民和其他大學的學者。在冼玉儀看 ，是一個不折不扣的「鎮民與紳民」（town and gown）的聚會場所，

活力十足。

打造中國研究智庫

CAS 在 1979 年出版了《中國與發展和挑戰》，是同類議題最早的一本專書。[9] 還有 1984 年 CAS 研究事務主任盧麗珠（Billie Lo）編寫的《毛澤東以後的中國教育研究指南》，為此領域的研究者提供參考。

在專書方面，CAS 在 1986 年出版了由段樵、黃錫楠、葉春生合著的《國人創業者研究──香港與廣州地區的個案分析》。其他收有內地學者論文的論文集包括林天蔚、黃約瑟合編的《古代中韓日關係》研究（1987）、劉靖之編《中國新音樂史論集，1920-1945》（1988）、韋寶蓮（Pauline Whyte）等編《第三紀以後東亞的古環境》（1988）等。此外，CAS 出版的學術期刊《東方文化》刊有內地學者的論文和書評。

根據黃約瑟的記載，內地出版物也刊有 CAS 人員的論著。陳坤耀的論文曾發表於《港澳經濟研究》、《世界經濟》等刊物。黃約瑟的論文曾刊於《唐史學會論文集》、《中國唐史論文集》、《歷史研究》、《中國唐史學會會刊》等出版物。

1995 至 1997 年，王賡武和黃紹倫合作出版過數本探討香港前途和地位的專著。[10] CAS 希望香港成為聯結中國與世界的智庫，發揮橋樑作用。自 1996 年起，CAS 通過王賡武邀請到東南亞智庫人才，在香港匯聚北京和上海等地的社科學者，共組織多次研討會。[11]

除了中國與東南亞研究，CAS 還牽頭中國與印度的研究。彼時中印兩國交往不多，黃紹倫親赴印度邀請學者來港，組織多次開誠布公的閉門

會議。

改革開放前，世界對內地的研究和了解很有限。陳坤耀說，當時在香港做內地研究，只有兩種渠道可以取得照片和資料：一是採訪難民，二是在羅湖邊境用錄影機拍攝像素很低的照片。哪怕一兩張在羅湖拍到的模糊圖像，影響力也很大。

CAS 舉辦有關中國研究的研討會，得到各方積極響應。陳坤耀說：「那時候的國際研討會可以說是維繫了很多領事外交關係，有很深的政治意義。」

史學家金應熙連線

港大與中山大學互動繁多，除了語言相通和地理相近，還和金應熙教授在兩地的聯絡分不開。金應熙 1919 年生於廣州，中學時就讀於香港英皇書院，1938 年以優異成績考獲獎學金入讀港大中文系，師從許地山、陳寅恪，潛心史學研究。金應熙在回憶文章中寫道，他讀書時，港大中文系老師「都努力增強同學們對內地學術動向的了解」。[12] 抗日戰爭爆發後，內地學者匯聚香港，「港大同內地的學術接觸增多了」。1945 年抗戰勝利後，金應熙赴廣州嶺南大學歷史系任教，後調入中山大學歷史系。

改革開放初期，鄧小平提出「社會學、政治學、法學以及世界政治的研究需要趕快補課」。在這號召下，內地開啟自 1952 年取消社會學以來的歷史補白。廣東省社會科學院成立，金應熙任副院長。

上任後，金應熙發揮了解廣東和香港兩地的優勢，在廣東省社會科學院

成立港澳史研究室，頻繁來香港調研，開創了香港史研究的新領域，陸續發表了《關於香港史研究工作的回顧與展望》（《廣東社會科學》1984 年第 2 期）、《試論香港經濟發展的歷史過程》（《廣東社會科學》1985 年第 1 期）、《一塊石頭上的奇跡》（香港《明報月刊》1991 年第 9 期）等論文，以及《香港史話》（廣東：廣東人民出版社，1988 年 12 月）、《香港概論》（香港：三聯書店（香港）有限公司，1990 年 10 月）等著作。[13]

金應熙聯絡許多廣東省的教授赴港大交流，包括中山大學經濟系主任張志錚、歷史學教授鄭德華、廣東社會科學院研究員鄧開頌等。赴港交流的學者在廣州和北京出版關於香港的金融學期刊。後來，港大與中國社會科學院合作，赴港參會學者主要來自北京、上海、廣州。

各方共建學術功業

改革開放伊始，北京三聯書店董事會致函港大校長黃麗松，希望加強文化交流和相互了解。1979 年 2 月，北京三聯書店董事會、商務印書館董事會及中華書局董事會向港大聯合捐贈中文圖書 1,349 種，共 1,851 冊。[14]

籌辦研討會需要經費，包括嘉賓旅費、晚宴費用、場地費等；港大承擔內地學者赴港的一切費用，但政府支持有限。文化界的查良鏞、商界的李嘉誠、徐展堂、何鴻燊、徐谷華兄弟等紛紛捐助。

1979 年 11 月，為促進港大中文系、歷史系及藝術學系的中國學術研究及著述，搪瓷業殷商徐谷華從以父親為名的徐朗星基金會向港大捐贈港幣 250 萬元。[15]

1988 年，查良鏞為港大文學院捐出 800 萬港元做學術研究基金，以當時標準來看，數額可觀。「查良鏞學術基金」、「徐朗星學術研究基金」和何鴻燊的捐款是港大文學院在 1980 年代廣邀內地學者赴港的重要財力支持。[16]

1980 年代開始，內地開辦了許多港澳研究中心。陳坤耀記得，交流活動受到內地官員歡迎，很多省長和市長報名。但礙於行政審批，官員無法來港。經熱心校友協調，有官員參加的學術研討會在深圳舉行，「有心人一個個聯絡，做樞紐，把一群人聚集起來。」

港大校長黃麗松雖然是科學家，但很支持人文學科。他常常從鈕魯詩樓十樓的辦公室，走兩層樓梯去當時在八樓的 CAS 與陳坤耀和同事開會，吃飯聊天。他甚至接受臨時邀請，和內地來訪學者打招呼。黃麗松很少缺席研討會的開幕演講，也盡力介紹捐資人。

傳承學風人才輩出

1980 年代的港大談笑有鴻儒，當年的中文系研究生楊永安躬逢其盛，至今仍可一口氣說出數十個重磅名字，學術界泰斗的風采與滔滔雄辯令他難忘。

香港學生從交流中得到啟發。楊永安記得，中文系研究生非常渴望跟內地交流。他那輩人在讀中學時流行閱讀內地出版、售價便宜的簡體字書，上了大學更希望了解內地的思辨模式。中文系舉辦研討會費時耗力，研究生負責訂酒店、做插畫、搞裝飾、影印論文集、在火車站接送人，均樂此不疲。研究生參會也是對個人專業能力的提升。楊永安記得自己「剛踏入學術門檻，很心虛，生怕被在場的資深教授問得啞口無

明報集團有限公司
MING PAO HOLDINGS LIMITED

LOUIS CHA
Chairman & President

令揚先：

1. 奉上 致 ３ 乙 ..... 迅 的副本。

2. 奉上 支票乙 紙， 計 港幣 ... 式 自下 元。此 為分
期 捐贈 的 最後 一期 付款， 謹 費 神 交給
王 校長。

3. 一切 謹 費 神 ... ， 十分 感怕 十 萬年 二
次 的 演講 ， 主 周 的 準備， 主 要 的 籌備
國 ... ， 中 國 歷史， 中 國 文 化， 中 國 民 族 特性，
以 後 中 國 與 世界 的 大 ... 會 ， 推 薦 的
演 講 挑 選 範圍 ， 以 不 負 ... 見 厚 愛。

此 頌
大安

　　　　　查良鏞 上
　　　　　八十、 十三

香港英皇道651號明報大廈　電話:5-653111　電訊:80798 MANGO HK　圖文傳真:5-657545
651 KING'S ROAD, MING PAO BUILDING, HONG KONG　TEL:5-653111　TELEX:80798 MANGO HK　FAX NO:5-657545

↑｜查良鏞、王賡武、趙令揚攝於
「查良鏞學術基金」捐贈儀式。
（趙子強提供）
↓｜查良鏞致趙令揚親筆信，交代
「查良鏞學術基金」付款詳情。（趙
子強提供）

言，所以每次參會都花足工夫預備。現在回看，研討會驅策了多讀多寫的學風，也培養了年輕學子的信心和應變能力」。楊永安在中文學院執教 30 多年後退休，現是中國國務院清史編修《清史・香港志》計劃成員。

2009 年，CAS 併入港大的香港人文社會研究所，完成歷史的使命，功在學術和後代學人。[17] 上世紀八、九十年代參與籌辦內地學術研討會的研究生、助教或青年學者，不少在今天已成為學界翹楚。2022 年，香港書展專區展出五位歷史文化作家的手稿、物品及書籍。主題研討會上座無虛席。其中兩位是當年中文系的學生丁新豹和冼玉儀，今天的香港史權威。趙令揚口中的「丁仔」丁新豹，是 1970 年代的本科生，曾任香港歷史博物館總館長。他記得趙令揚的課堂「放言高論，滔滔不絕，什麼歷史分期，什麼歷史人物評價，娓娓道來，完全不用看講義……大大激發了我對歷史的興趣。」[18] 冼玉儀當年積極參與 CAS 研討會，曾任 CAS 副主任，曾主持大型口述歷史「香港記憶計劃」，現任香港歷史博物館專家榮譽顧問。他倆均為大型歷史計劃「香港地方志」編審委員會召集人。

時代鑄就人才，人才創造時代。改革開放初期，兩地的文史學者為學術功業扮演了開風氣和先導者的角色，當年熱情的付出，潤物無聲，必有迴響。

CAS 與文學院學系跟內地交流的部分會議和活動

| 1977 年 | 「Leverhulme Conference」，CAS 舉辦。 |

| 1979 年 | 中山大學 12 名老師來港大訪問。 |

| 1980 年 | 「中國的現代化」研討會，CAS 舉辦。 |

| 1982 年 | 「晚明至民國思想史研討會」，中文系和歷史系合辦。 |

1983 年　「古環境研討會」，CAS 舉辦。
　　　　「第二屆國際中國科學史研討會」，中文系舉辦。

1984 年　「Symposium on The History of Chinese Emigration」，中文系和歷史系合辦。

1985 年　「香港大學創校 75 周年紀念——國際明清史研討會」，中文系舉辦。
　　　　「體制改革」研討會，CAS 舉辦。
　　　　第一次「新音樂史研討會」，CAS 舉辦。

1986 年　「人的革命：中國現代化中的思想與文化問題研討會」，文學院舉辦。
　　　　第二次「新音樂史研討會」，CAS 舉辦。

1987 年　「中國對外開放對香港和亞洲的影響」研討會，CAS 舉辦。
　　　　「古環境研討會」，CAS 舉辦。
　　　　「中文系 60 周年紀念——儒學與中國文化國際研討會」，中文系舉辦。
　　　　「『中國對外開放對香港和亞洲的影響』研討會」，CAS 舉辦。

1988 年　「第一屆中國海關研究國際研討會」，CAS 舉辦。
　　　　第三次「新音樂史研討會」，CAS 舉辦。
　　　　「陳映真的文學創作與文化評論研討會」，CAS 舉辦。

1989 年　「查良鏞學術講座」，中文系舉辦。
　　　　「中國學術研究之承傳與創新研討會」，中文系舉辦。
　　　　「章太炎、黃季剛國際學術研討會」，中文系舉辦。

1990 年　「中美關係」研討會，CAS 舉辦。
　　　　第四次「新音樂史研討會」，CAS 舉辦。
　　　　「Sexuality in Asia」，CAS 舉辦。

1991 年	「第十二屆亞洲歷史學家會議」，歷史系舉辦，陸人龍任秘書長。 「孫逸仙思想與廿一世紀國際學術研討會」，中文系舉辦，台灣師範大學合辦。
1993 年	「亞洲及北非洲研究國際學術會議 ICANAS」，大學舉辦，趙令揚任主席團主席，陸人龍任秘書長。
1994 年	「五十年海外華人比較研究國際學術研討會」，CAS 舉辦，冼玉儀任秘書長。
1995 年	「明史國際研討會」，中文系舉辦。
1997 年	「香港大學中文系 70 周年紀念國際學術研討會」，中文系舉辦。 「廿一世紀國際儒學教育之發展學術研討會」，中文系舉辦。

註

趙令揚

1　特別感謝陸人龍、楊永安、黃啟華多次接受本書團隊訪談，並提供當年活動的原始材料，包括會議邀請信、議程、小冊子、出席名單、報刊報導等。楊永安幫忙聯繫中文學院老師和趙令揚家人，取得一手照片和大師書函。黃啟華受委託保管趙個人物品，提供了很多當年細節以及珍貴文獻。陸人龍提供了大量會議原始資料。
2　趙子美：〈父親趙令揚〉，載趙子美、趙子強編：《趙令揚教授追思集》（香港：香港大學中文學院、商務印書館，2019 年），頁 41。
3　同上，頁 43。
4　何冠環：〈懷念趙令揚教授〉，《趙令揚教授追思集》，頁 116。
5　楊永安：〈撿拾與緬懷——悼念趙師令揚教授〉，《明報月刊》（2019 年）。取自 mingpaomonthly.com/article/details/ 歷史．人物 %2F2019-08%2F1590997517125%2F，07-8-2022 擷取。
6　何文匯：〈憶趙公〉，《趙令揚教授追思集》，頁 55。
7　王鍾翰致趙令揚函，1986 年 2 月 20 日。
8　瞿同祖致趙令揚函，7 月 14 日，年份不詳。
9　湯一介致趙令揚函，1988 年 4 月 14 日。
10　包遵信致趙令揚函，9 月 11 日，年份不詳。
11　馮其庸致趙令揚函，1993 年 10 月 18 日。

12　單周堯：〈序〉，載《香港大學中文學院歷史圖錄》（香港：香港大學中文學院，2007 年）。

13　容肇祖致趙令揚函，1987 年 11 月 8 日。

14　任繼愈致趙令揚函，1986 年 9 月 11 日。

15　黃啟華訪談記錄，2022 年 7 月 20 日。

16　陳偉明電話訪談記錄，2022 年 8 月 7 日。

17　陳偉明：〈恩師如父——點滴憶思令揚教授〉，載《趙令揚教授追思集》，頁 160。

18　吳淑雯：〈小伙記心中的大教授〉，載《趙令揚教授追思集》，頁 91。

19　Goodrich L. Carrington, (ed), *Dictionary of Ming Biography 1368-1644*, (Columbia University Press, New York, 1976)

20　羅潔湘：〈路見不平，拔刀相助〉，載《趙令揚教授追思集》，頁 119。

21　鍾國昌：〈悼令揚師〉，載《趙令揚教授追思集》，頁 71。

22　陸人龍訪談記錄，2021 年 7 月 16 日。

23　馮爾康：〈捷公祝壽集序言〉，載馮明珠編：《盛清社會與揚州研究　恭賀陳捷先教授八秩華誕論文集》（台北：遠流出版事業股份有限公司，2011 年），頁 vi。

24　韋慶遠：《張居正和明代中後期政局》（廣州：廣東高等教育出版社，1999 年），頁 10。

25　黃啟華、林光泰訪談記錄，2022 年 8 月 17 日。

26　黃啟華訪談記錄，2022 年 7 月 20 日。

27　趙子強訪談記錄，2022 年 7 月 13 日。

28　祁樂彬訪談記錄，2022 年 8 月 10 日。祁樂彬現任香港大學專業進修學院常務副院長（學務）。

29　'University Administration and Management, the HKU Context' Symposium on Higher Education in Hong Kong, Zhongshan University, January l987；'Administration at HKU', Staff seminar to Zhongshan University administrators, November l987.

30　王中英：〈永不忘，令揚義兄恩重；情不斷，教誨照顧音容在〉，載《趙令揚教授追思集》，頁 92-93。

紀事一

1　黃紹倫訪談記錄，2022 年 6 月 14 日。

2　香港大學中文學院：〈學院簡介〉。取自 web.chinese.hku.hk/zh-hant/general_information/history/，04-12-2022 擷取。

3　金應熙：〈回憶錄〉，載劉蜀永編：《一枝一葉總關情》（香港：香港大學出版社，1999 年增訂版），頁 218-219。

4　〈校園內外〉，港大校訊《交流》，第 19 期（1979 年 3 月），頁 17。

5　陸人龍訪談記錄，2021 年 7 月 16 日。

6　〈語文學家王力教授訪港〉，港大校訊《交流》，第 31 期（1981 年 5 月），頁 10。

7　冼玉儀訪談記錄，2021 年 7 月 15 日。

8　何丙郁：《學思歷程的回憶：科學、人文、李約瑟》（北京：科學出版社，2007 年），頁 108。

9　羅見今：〈1980 年代中算史研究新氣象——前五屆國際中國科學史會議回眸〉，《科學新聞》，2017 年第 11 期（2017 年 11 月），頁 40-42。

10　刁培德：〈第三屆中國科學史國際討論會在北京隆重舉行〉，《自然辯證法通訊》，1984 年第 6 期（1984 年 12 月），頁 76-77。

11　香港大學文學院「人的革命：中國現代化中的思想與文化問題研討會」邀請信，1986 年 9 月 1 日。

12　陸人龍訪談記錄，2022 年 4 月 29 日。

13　陳麗芳：〈《走向未來》叢書出版研究〉（西南交通大學碩士論文，2013 年）。

14　〈港大文學院主辦研討會　中外學者五十多人參加〉，《文匯報》，1986 年 12 月 19 日，第 6 版香港動態。

15　溫元凱：〈現代化與中國國民性改造〉，《人的革命：中國現代化中的思想與文化問題研討會》論文集（香港，1986 年 12 月 18-21 日），共 6 頁。

16　張岱年：〈文化的現代化與觀念的更新〉，《人的革命研討會》論文集，共 9 頁。

17　厲以寧：〈經濟發展中的文化建設問題〉，《人的革命研討會》論文集，共 26 頁。

18　田森：〈人的現代化〉，《人的革命研討會》論文集，共 31 頁。

19　王滬寧：〈中國政治體制改革的前景與背景〉，《人的革命研討會》論文集，共 10 頁。

20　港大新聞稿：〈百年盛事耀香江：第三十四屆亞洲及北非研究國際學術大會〉，1993 年 8 月。

21　李永寧：〈五洲學者聚香港　亞非研究遍寰宇〉，《敦煌研究》，1993 年第 4 期（1993 年 12 月），頁 8。

22　同上，頁 10。

23　吳行賜：〈我國首次華僑華人歷史國際學術研討會在廣州舉行〉，《學術研究》，1986 年第 2 期（1986 年 3 月），頁 100。

24　陸人龍訪談記錄，2021 年 7 月 16 日。

25　侯占虎：〈北大深大聯合舉辦國際中國學研討班〉，《古籍整理研究學刊》，1988 年第 1 期（1988 年 3 月），頁 66。

26　程京生：〈「五四」與中國知識分子國際學術研討會在北京召開〉，《東南文化》，1989 年第 2 期（1989 年 5 月），頁 129。

紀事二

1　冼玉儀訪談記錄，2021 年 7 月 15 日。

2　陳坤耀訪談記錄，2021 年 7 月 23 日，2022 年 9 月 15 日。

3　金思愷：〈《中國的現代化》研討會〉，港大校訊《交流》，第 25 期（1980 年 3 月），頁 4。

4　〈中國經濟專家訪問本校〉，港大校訊《交流》，第 25 期（1980 年 3 月），頁 10。

5　黃約瑟：〈亞洲研究中心與大陸地區的交流〉，載劉蜀永編：《一枝一葉總關情》（香港：香港大學出版社，1999 年增訂版），頁 273-276。

6　*Report: 1987-1990* (Hong Kong: Centre of Asian Studies, 1990).

7　文灼非：〈百年難得的盛會——陳映真、劉賓雁訪港大側記〉，港大校訊《交流》，第 54 期（1988 年 10 月），頁 3。

8　冼玉儀：〈「五十年（一九四五——一九九四）海外華人比較研究國際學術研討」紀要〉，港大校訊《交流》，第 75 期（1995 年 5、6 月），頁 40。

9　Ngok Lee and Chi-Keung Leung, *China: Development and Challenge* (Hong Kong: Centre of Asian Studies, The University of Hong Kong, 1979).

10　Gungwu Wang, et al., *Hong Kong's Transition: a Decade after the Deal* (Hong Kong: Oxford University Press, 1995).

　　Gungwu Wang and Siu-lun Wong, *Hong Kong in the Asia-Pacific Region : Rising to the New Challenges* (Hong Kong: Centre of Asian Studies, University of Hong Kong, 1997).

　　Gungwu Wang and Siu-lun Wong, *Dynamic Hong Kong : Business & Culture* (Hong Kong: Centre of Asian Studies, University of Hong Kong, 1997).

11　黃紹倫訪談記錄，2022 年 6 月 14 日。

12　金應熙：〈回憶錄〉，載《一枝一葉總關情》，頁 217。

13　劉澤生：〈金應熙教授傳略〉，載《一枝一葉總關情》，頁 129。

14　〈港大獲北京贈書〉，港大校訊《交流》，第 19 期（1979 年 3 月），頁 20。

15　〈徐朗星基金會捐贈巨款〉，港大校訊《交流》，第 23 期（1979 年 11 月），頁 16。

16　陸人龍訪談記錄，2022 年 6 月 16 日。

17　亞洲研究中心歷史網站，https://www.hkihss.hku.hk/en/about/history/former-centre-of-asian-studies/，2023 年 3 月 1 日擷取。

18　丁新豹：〈憶趙師〉，載趙子美、趙子強編：《趙令揚教授追思集》（香港：香港大學中文學院、商務印書館，2019 年），頁 174。

第四章

教育篇

中西兼容的港大教育學院，是當年內地教育界取經之
地；港大學者同時參與國際組織的教育研究，走遍全國
並發表報告，讓西方社會對內地教育改革有更深了解。

江西省好學的小孩（文灼非攝）

EDUCATION

奔波大江南北　為教育獻策四十載

程介明

——教育篇

白傑瑞
GERARD A. POSTIGLIONE

范家朗攝

深入城市鄉鎮，近距離實地考察研究，
為國家教育政策籌謀、向國際講解中國經驗，
半世紀不離不棄。

港大教育學院榮休教授程介明和白傑瑞（Gerard A. Postiglione）在 1980
年代加入教育學院，自此跑遍大江南北，研究內地教育，40 多年來不
離不棄。到今天，這兩位教育家還是風塵僕僕，到處演講、評估項目、
為監管和諮詢組織做顧問，為提升國家與國際教育合作出謀獻策。

內地高等教育因「十年文革」凋零，至 1977 年底恢復高考，大學開始
重建課程和教育體系。1985 年夏天，教育改革被納入改革開放的總體
設計，改革項目包括頒佈《義務教育法》，首推九年免費教育。另外大
學體制由中央下移，推行中央、省（自治區、直轄市）、中心城市三級
辦學體制，地方政府可籌辦大學。[1] 根據新頒發的《高等教育管理職責
暫行規定》，大學在招生、經費運用、任免副校長及行政人員、制定教

學計劃、大綱編寫和選用教材等有自主權；大學甚至有權在國家外事政策的範圍內，開展對外交流活動。[2]

兩位教授就是在這關鍵時刻成為連接內地和國際的橋樑，他倆分別在英國和美國拿到博士學位，在 1980 年代和國際組織建立聯繫，獲邀到內地考察。他們的研究成果協助改善教育，也讓西方教育學者了解內地。

程介明

程介明研究教育規劃及政策，曾獲世界銀行、聯合國教科文組織下的國際教育規劃研究所（International Institute for Educational Planning, IIEP-UNESCO）、聯合國兒童基金會（UNICEF）等邀請參與內地的研究。這些計劃與當地政府合作，希望透過研究提升及改善當地教育，程介明因此走遍內地，也結識更多內地教育學者及教育官員。[3]

程介明說，港大學者較了解內地，同時也懂西方文化，加上通曉中英文，成為接通中西的橋樑。研究報告以英文發表，讓西方對內地的教育改革有深入了解，報告並提出建議，為決策者提供參考。

程介明畢業於港大理學院，曾任教培僑中學、聖保羅書院，還在筲箕灣辦過私立學校；其後在港大攻讀教育證書與碩士，1987 年取得倫敦大學博士學位。他 1982 年入職港大，至 1992 年接任港大教育學院院長。

他對內地教育的關注，源自初中時開始閱讀內地出版的刊物。他回憶說：「文革前的 60 年代初，內地出版不少數學、科普書，很精彩的。」中小學生的科普讀物《十萬個為什麼》，由內地頂尖科學家撰寫，天文地理無所不談；[4] 復旦大學出版的《數學分析》更是當年香港不少大學生

↑｜程介明於 1992 年出任教育學院院長，為港大教育學院首位華人院長。（港大圖片）

↓｜教育家沈亦珍（中）1918 年獲獎學金到港大升學，1990 年探訪母校，和程介明（左）合照。（港大校訊《交流》圖片）

的讀物，[5] 還有面向教師的《數學通報》、《物理通報》等，讓他學了許多當時前沿的科學知識。

回想跟內地建立聯繫，程介明是因為一本內地刊物結緣。他在 1980 年代初寫信給剛復刊的《物理通報》主編宓子宏。[6] 這本供教師閱讀的雜誌，介紹最新物理知識、教學法等，程介明自言曾是這本雜誌的長期讀

者，「想看看有什麼可以幫手。」他主動寫信過去聯絡，自此二人成為好友。

透過書信來往成為好友的，還有當年內地教育界元老、北京師範大學外國教育研究所所長顧明遠。[7] 程介明記得，在改革開放初期，他和港大教育學院同事黃錦樟去信顧明遠，相約在北京見面，「我們當時很熱心，就直接找他。」自此建立了幾十年的友誼。

1990 年代程介明經常北上，一年有七、八次，跟內地的學者朋友見面。「他們會邀請我們寫文章，或者參加他們舉辦的研討會，或就一些教材、教學方向徵詢意見。他們覺得香港國際化，跟西方貼近，但西方又覺得我們跟內地貼近。」內地封閉多年，改革開放之初，懂英文的人不多，對世界趨勢未能掌握。他舉例說，當時外國興起發現法教學，不先講理論，而是透過實驗，讓學生發現，才解釋理論，他曾在廣州一間學校，和老師利用搖繩製造波浪效果，示範如何從實驗講授波浪的形成，啟發學生的好奇。

對一些看來很小的事情，程介明也慷慨幫忙。上海智力開發研究所，是上海教育科學研究院下的機構，成立於 1985 年，是內地最早從事人力資源和教育發展政策的諮詢研究機構。程介明受託為這研究所起了英文名字 Institute of Human Resources Development，響亮多了，也方便和國際溝通。後來他還為研究院連繫外國的教育研究機構，協助這些機構在內地進行研究。

程介明很早就投入國際機構的內地項目研究，緣自他在英國修讀博士的時候，認識了教育規劃的權威 Philip Hall Coombs。他憶述：「他當時正在寫第二版的《世界教育危機：系統分析》（*The World Educational Crisis:*

A Systems Analysis），到倫敦邀請各國學生收集意見。我敲門找他，談內地教育的情況，聊了三個小時。」這位新朋友是國際教育規劃研究所的創院院長，關注發展中國家的教育。他的學生 Manzoor Ahmed，剛好被派往中國出任聯合國兒童基金會的代表，他找來研究教育政策、又懂中文的程介明合作。1987 年，程介明獲邀請參與一個和國家教育委員會合作的研究，在遼寧兩個縣使用案例方法研究宏觀政策。

首次參與內地研究計劃的程介明，在遼寧逗留六週，到訪學校和地方教育部門。他找了一個較富裕的區份金州，和一個較窮的區凌源。他回憶說，「凌源缺水，條件較差，農作物愈長愈矮，老師都是民辦教師，當年『文革』、上山下鄉留下來的，很多都只有初中學歷。」民辦教師俗稱赤腳教師，是不被列入國家教育編制的特殊教師。

他意外地發現，窮鄉的政府都願意將有限的資源投放到教育，辦好學校，學生升學率不遜於富區。「兩地一窮一富，但是升學率差不多。為什麼？」再深入探究，他發現教育質素不完全基於政治和經濟因素，還受支持教育的文化和風氣影響，熱心的民辦教師，支撐了整個教育系統。他的報告向政府提出規劃教育政策的建議，包括設立學前及特殊教育。[8]

兩年後，1989 年，程介明被邀請參與由世界銀行贊助的項目，獲北京國教委、北大高等教育學院、貴州及陝西教育當局支持，比較貴州及陝西兩地，評估自教育改革將決策權及財政責任下放到省級及地方後帶來的影響，並寫成報告。[9]

陝西地處黃河河套之南，沒有取暖經費；零下 5 度，幼兒園的學生都穿上厚厚的棉衣，掛著鼻涕，抖嗦不已。程介明隨考察團前往，他記得來

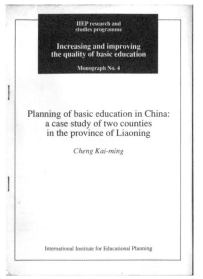
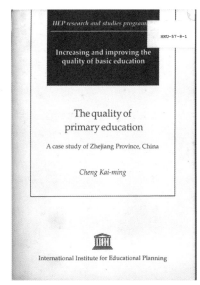

← | 程介明 1980 年代中首次參與國際機構在內地的教育研究計劃，在遼寧逗留六週考察，並寫成報告。

→ | 程介明於 1990 年代中為聯合國兒童基金會到浙江進行研究所寫的報告。

自南美哥倫比亞的團長說：「這不行，保暖是基本人類所需。」她主張所有教室都要燒煤取暖；為防煤氣中毒，需要有簡便煙囪。但是，算來全省成本要數億美元，超出總體預算，結果沒有落實。現為港大榮休教授的程介明今日仍然清楚記得當年的情景。翌年回訪當地，鄉民說，「我們從小就是這樣過來的，何必如此花錢？」程介明說，研究文化因素的起點要深入民間，用在地的眼界去了解當地。

這次考察讓他印象深刻的，是陝西一群無薪的窰洞教師。窰洞分為課室和教師宿舍兩邊，「老師都是穿正規的解放軍裝，很受歡迎。他們沒有工資，真的很窮，但是很受尊敬，他們吃『百家飯』，吃穿都是靠當地

村民的供應，還非常自豪。」

到 1990 年代中，程介明參與另一項由聯合國兒童基金會及國際教育規劃研究所合辦、比較內地、印度、墨西哥及西非法屬幾內亞的教育研究。程介明負責內地部分，到浙江考察，「浙江雖然有錢，但貧富差異大，找了杭州、紹興雙梅、餘姚、麗水和景寧（畬族）五個地方做研究。」最窮的地方，學校的木板牆壁有空隙，打進雨水；學生都拿櫈子做書桌，「但是當地的升學率很高，老師真的很偉大。」[10]

考察團訪問浙江麗水的村民，為什麼送孩子上大學？最多人無法回答，意外地不是說希望孩子透過教育跳出農村。程介明說：「他們傻笑之外，不知如何回答；我們惟有找老師代答，發現這是一個文化特點，因為在中國傳統文化裡，這不是一個需要回答的問題。上學讀書是傳統，像使用筷子一樣，是理所當然的。」有關的研究結果於 1991 年 6 月在上海的國際教育會議上發表，並與印度專家合寫成書。[11]

這些研究令程介明對內地的教育發展有更深層的了解，但他坦言研究後提出許多建議，經組織、地區政府等層層上遞，最後有多少落實，難以知曉。他認為內地教育改革的一個挑戰，是國家幅員廣闊，投入龐大資源只是杯水車薪。他的研究報告文章，發表在外國各類學報期刊，在世界各地作學術報告，讓西方對內地的教育改革有更深入的認識。

程介明說，當年內地的教育比較劃一，研究了一個地方，已大致了解全國。但是幾十年下來，內地的教育發展得很快，而且遍地開花，各有特色，今天的研究方法完全不一樣，要理解和分析多樣化的特色。

白傑瑞

白傑瑞第一次踏足內地，是在 1981 年參加一個香港教師考察團。一行人坐通宵船到廣州，再坐車往桂林，沿路探訪村落及學校。這次考察對白傑瑞這位來自美國的社會學學者，印象深刻的不僅是人物和風景。他說，「這次考察，在我往後從廣西到新疆，由貴州到拉薩參與的各個研究計劃，對於消除農村貧窮樹立了基準。」[12]

同年，白傑瑞入職港大教育學院。來自美國，能說流利普通話的他，上班不久就被委以重任，「院長着我去跟國家教育部的代表團見面，我從此走遍內地的學校。」他投入內地教育研究及交流至今 40 多年，記得 1981 年，內地有大部分的人口住在農村，生活貧困，與今日不可同日而語。

白傑瑞投入最多的，是研究內地的少數民族教育。他的研究項目由內地官方機構如國家教育研究院、教育部、國家教育委員會或各省教育廳等主持，獲國際機構贊助，如國際發展研究中心（International Development Research Centre, Canada）、亞洲開發銀行、聯合國開發計劃署和香港研究資助局等。同時，多年來他參與北京的福特基金會的工作，制定了首個資助內地教育項目的框架。

研究少數民族教育有背後原因，白傑瑞說：「一是我作為聯合國開發計劃署、亞洲開發銀行和一些非政府組織的扶貧和教育政策研究顧問，特別關注貧窮地區，而這些地區的居民往往是少數民族；第二是在學術方面，我作為社會學學者，對中國的教育政策如何促進經濟發展、社會公平、文化自治和多民族融合尤感興趣。」

1988 年 8 月，白傑瑞到新疆伊寧市參加全國高校學報研討會，跟與會代表合照。（白傑瑞提供）

每當走到邊境、踏進山區，白傑瑞探訪及考察當地的學校，跟師生和當地官員交流，當地人都對這位西方人充滿好奇。而白傑瑞對內地的教育改革在這些偏遠地方帶來的改變和影響，也覺得大開眼界。

在眾多研究中，白傑瑞印象深刻的，是 1993 至 1995 年間在廣西（寧明縣和憑祥市）、雲南（麻栗坡縣）和內蒙古（海拉爾區、新巴爾虎右旗）三個省份的實地考察。研究結果發表在教育部主管的期刊《教育研究》，讓當局注意到這些貧困縣教育資源缺乏的實況。

白傑瑞又曾跟研究團隊走進少數民族聚居的五個貧困地區，研究提升女童接受九年免費教育的成效，包括提高升學率及畢業率、結合社區為女孩提供工作技能訓練等；這個研究促使贊助機構如聯合國開發計劃署、國家教委及當地政府預留 50 萬美元，進一步推動有關措施。

↑｜白傑瑞（左）自 1980 年代中入職港大後，開始北上交流及研究，從此走遍內地。（白傑瑞提供）

↓｜白傑瑞選擇研究少數民族的教育，原因是他們多居住在貧困地方，而他一直關注貧窮地區的發展。（白傑瑞提供）

1997 年，白傑瑞投入一個由教委民族地區教育司與亞洲開發銀行合作的計劃，出任政策研究項目副主任一年，協助加強少數民族教育的管理信息系統及民族社區的基礎教育管理，推動數據驅動的政策研究。這個研究規模大，他聘請了 12 位來自北京大學、民族大學、上海教育科學研究所和國家教育研究院等的學者，組成小組深入各地調查。

他和團隊走訪各省進行不同主題的教育研究，包括四川省涼山彝族自治州的彝族雙語教育；廣西壯族自治區南丹縣白褲瑤族的基礎教育；貴州省各地的教師培訓；雲南省西雙版納和瑞麗的傣族，以及思茅的佤族和拉祜族等的寄宿學校狀況等。

團隊寫成的報告，在內部會議上發表，出席的有教委代表及民族地區教育司司長等，該份報告並在全國相關部門傳閱，亦於期刊上發表。最令白傑瑞高興的是其後續故事，「民族地區教育司的一名成員，跟我到雲南省思茅州考察木嘎鄉的拉祜族。這次考察促成了一個支持木嘎鄉拉祜族女孩寄宿學校的扶貧項目。」

此外，白傑瑞的研究領域——教育社會學，對當時剛重建社會學課程的內地大學而言屬嶄新學科。內地社會學家雷潔瓊等支持成立教育社會學學科，得到白傑瑞協助北京師範大學設立有關課程。1988 年教育社會學研究會於天津成立，他獲邀發言。此外，他跟北京師範大學厲以賢、台灣師範大學李錦旭共同編輯《西方教育社會學文選》，輯錄了西方教育社會學學者的文章，是首本中文教育社會學讀本，於 1992 年出版。[13]

自小對中國有興趣的美國學者

白傑瑞在 1980 年代初入職港大，是當時少數通曉中文、說普通話的外籍

↑｜白傑瑞（中）於 1993 年往雲南省
文山壯族苗族自治州麻栗坡縣下的大
坪鎮考察，與當地人在學校前留影。
（白傑瑞提供）

↓｜1988 年，白傑瑞在新疆訪問時發
言。（白傑瑞提供）

學者。他在紐約市與中國鄰居和同學們一起長大，從小就對中國感興趣。
1970 年代，中美關係漸漸解凍，美國的學術界也開始與內地建立聯繫，
白傑瑞在紐約州立大學 Albany 分校當研究生，他的老師、華籍社會學
教授林南在改革開放前夕的 1977 年訪問中國，回美後積極推動中美交
流，讓美國學術界對中國有更多了解。[14] 白傑瑞深受老師啟發，其後跟

隨同校來自香港、研究明清文人文化的學者盧慶濱教授學習。[15]

1979 年，白傑瑞完成博士論文，這一年的 1 月 1 日中美兩國正式建交，他就讀的紐約州立大學 Albany 分校校長 Vincent O'Leary 訪問中國，成為中美關係正常化後首批訪問中國的美國大學校長。見證歷史的白傑瑞感到非常興奮，「鄧小平領導的改革開放之初，我所讀的大學及教授們對中國的了解，以及在中美關係正常化下大學的領導方向，都啟發了我。」[16]

白傑瑞認為，中國自古重視教育，千多年來通過教育選拔官員，自唐代設立書院，制度早於西方，成為中國高等教育的根源和雛型。從古至今，中國的教育家往往亦是思想家，例如古代的孔子、孟子；近代的蔡元培、嚴復、陶行知；以至當代的顧明遠、李秉德等，他們的擔憂，塑造出今日中國學生的學習方式。在悠長的中國教育歷史中，最令他著迷的，「是一些能夠遊走於中西知識之間的人，例如早期北京大學校長蔡元培，他結合他所了解的德國、法國及英國的學習傳統和中國儒家思想，嘗試建立一所現代大學。」

白瑞傑說，他自改革開放之初跟內地學者交流，40 多年來，見證內地高等學府和學術界變得有活力，帶來深且遠的影響，可能不遜於西方的文藝復興。他認為：「扎根香港的學者，在改革開放初期，讓世界更了解中國，是一件有意義的事。」[17]

港大教育學院與內地建立眾多連繫，學者們參與內地的教育研究，結下豐碩成果，促成 1998 年華正中國教育研究中心的成立，是研究中國教育的國際平台。[18] 該中心得到有「霓虹燈大王」之稱的工業家譚華正支持，白傑瑞擔任首任中心主任。中心舉辦研討會、工作坊等，讓學者及教育界人士聚首，交流主題多樣，包括農村教育、英語教育、少數民

↑｜白傑瑞出席研討會，介紹美國大學學制。（白傑瑞提供）

↓｜白傑瑞（左二）隨港大同事訪問山東青島海洋大學，同行的有工程學院院長張佑啟（右三）。該大學建於 1924 年，於 1988 年由海洋學院更名為青島海洋大學，現為中國海洋大學。（白傑瑞提供）

族教育及高等教育發展等。同時，中心出版學術期刊 *China Education and Society*，又與內地機構及大學如中國國家教育科學研究所、西藏社會科學院、廈門大學及青海師範大學等合作，展開研究及交流。19

百年求索　春風化雨

港大的教育學系歷史悠久，創立於 1917 年，和內地早有淵源。第一次世界大戰後，中國政府提出選送 20 名師範學堂學生到港大學習，培訓教育人才。這批學生畢業後返回內地各展所長，例如美學家朱光潛、編譯多本西方心理學著作的心理學教授高覺敷、拉丁文及希臘文專家郭斌龢，及創辦福建地方研究所的朱維幹等。[1]

60 年後，港大教育學系已發展為教育學院。隨着香港經濟起飛帶來的社會急速變化，1978 年香港推行九年免費教育，大學要增加學額，提升質素。教育學系在 1976 年脫離文學院，成為獨立的「專業學院」（School），至 1984 年再升格為規模更大的學院（Faculty）。[2]

港大教育學院為本港提供更全面的專業教師培訓，也正好為改革開放後需要重回正軌的內地教育提供支持。港大學者透過北上訪問、培訓、學人計劃及研討會等活動，向內地介紹國際的教育經驗與模式，擔當接通世界的窗口。

改革開放以來首名在港大拿到教育博士學位的內地生孟鴻偉，是首位中國人出任聯合國教科文組織統計研究所董事

局成員，對港大培訓人才與國際接軌的模式深有體會。他在回顧港大的經驗時說：「當時合作交流不僅使我本人受益匪淺，更重要的是體現香港作為一個特殊的地區，對於中國內地的教育界在逐步走向國際舞台的過程中的特殊地位和功績。」[3]

考察兩極之間的香港課堂

改革開放拉開序幕，內地學者及教育官員陸續到訪港大，早在 1981 年 9 月，廣東省高等教育局代表到訪。[4] 在 1986 年前，訪問港大教育學院的內地學者及院校較為零散及非正式，至 1980 年代中數量明顯增加，1987 至 1988 年度就有 11 位。[5] 交流活動亦漸漸變得恆常化。

1986 年 1 月，教育學院課程學系教授曲伯恩（Brian Cooke）北上訪問上海華東師範大學及上海教育學院。曲伯恩原是歷史學者，對培訓教師極感興趣，他曾在英國、澳洲的大學從事師訓工作，於 1980 年代初入職港大。[6] 他從上海回來後，認為雖然香港及上海的教育制度迥異，但上海是當時全國教育領先改革的龍頭，在教師培訓及課程發展方面，和香港可以互相借鏡，學院也可由此展開更深層的交流。[7]

曲伯恩建議邀請兩間上海院校的教職員來港考察，讓他們了解港大教育學院的教師培訓和香港中學的教學情況，交流經驗。另外，曲伯恩還希望協助上海教師了解港大的教育證書課程，該課程為有志為人師表的大學畢業生或現職教師，提供一年或兼讀兩年的教師訓練。

剛好，學院成立了專責與內地交流的工作小組，成員有八至九人，包括當時學院的年輕學者程介明及白傑瑞（Gerard A. Postiglione），前者擔任小組主席。工作小組的成立目的，是希望有效運用資源，推動兩地交

↑｜1981 年，內地高等教育代表到訪港大，包括廣東省高等教育局局長林川及代表羅列，與時任校長黃麗松（前左二）會面。（香港大學檔案館提供）

↓｜港大教育學院於 1987 年 11 月邀請上海華東師範大學及上海教育學院師訓導師代表來港考察兩週。圖為雙方的交流情況。（港大校訊《交流》圖片）

↓↓｜1980 年代，教育學院課程學系教授曲伯恩北上訪問後，提出邀請上海的教育院校到訪港大，推動學院與內地建立更深遠的關係。（港大校訊《交流》圖片）

流，協調愈趨頻繁的交流活動。[8] 小組支持曲伯恩的提議，籌辦首個活動，在 1987 年 11 月邀請上海華東師範大學及上海教育學院師訓導師代表來港考察兩週，行程費用獲香港電話有限公司贊助。[9]

上海十人代表團由上海教育學院副院長王運武、華東師範大學教材教法研究所所長孫大文率領，成員有專攻中國語文、英文、地理、生物、數學及化學等的師訓導師。他們在港旁聽港大教育學院的課堂、參觀中學、教育電視和教育署在西貢的郊野學習館。上海代表團成員還為港大學生演講，舉行了整天的研討會，雙方在會上發表共 17 篇有關師資培訓的論文。[10]

上海代表團最感興趣的，是香港中學在維持課堂秩序的原則下，鼓勵學生參與，有別於內地課堂嚴管的方式。香港的模式處於內地嚴管和西方學校容許學生在課堂自由走動的兩個極端之間。香港的獨特經驗，嘗試把西方教育模式落實在華人社會，對當時內地正檢討全國師訓教育，可以提供參考。

此外，上海代表團欣賞學院的學位教師證書課程，結合理論與實踐。他們又認為興於 1960 年代、歐美用於培訓教學技能的系統方法「微格教學」值得借鏡。「微格教學」是透過錄影小型課堂，事後進行分析，讓老師得以觀察自己的教學表現，從而作出改善。

另方面，港大的導師對內地師資培訓印象深刻，例如內地的教育學院有固定學校網絡，讓學生到課堂實習，並且派出有經驗的教師作為師範生的駐校顧問。

接任新院長率團北上考察

到了 1990 年代中，與內地的交流進一步擴展。1996 年接任院長的梁貫成為開拓學院教師的研究空間，組團北上訪問，他回憶說，「那時候學院跟內地聯繫，個人層面較多，比較被動；有些同事跟內地聯繫多，有很多合作研究機會；但有些同事，特別是外國人不懂中文，苦無聯繫而難以開展，但他們的研究可能跟內地教育有關。我希望建立更多學院層面的接觸，讓同事找到『對口』的合作單位或學者。」[11]

一行人拜訪了北京師範大學及上海的華東師範大學等，雙方都有收穫，梁貫成說：「他們覺得我們引入新思維，例如不同的研究傳統，每個學科不同的着重點等，大家交流時發現很多新鮮事。1990 年代跟現在不同，內地還未很國際化，所以我們的角色很明顯，擴闊他們的世界視野。」

現為港大教育學院講座教授的梁貫成認為，內地教學也有值得借鑑的地方，譬如比較着重實踐，和如何提升學生成績；但對例如認知科學、建構主義等教學理論較弱，亦少做搜集數據的實證研究，「他們參加國際會議或者開講座，談教學研究，最常見是歷史回顧，譬如介紹清末到民初的課程；其二是經驗交流，例如特級教師（資深有經驗的老師）怎樣教學生；再其次是思辨性的報告，老師個人認為教學要怎樣怎樣。」

投身數學教育 40 年的梁貫成也看到，數學教學是內地的強項，老師的數學根底紮實，概念清晰，從數學教科書可見。梁貫成 1977 年從港大主修數學畢業，1982 年加入港大，先後獲港大教育學碩士及倫敦大學教育研究院哲學博士（數學教育）學位。他在 2020 年獲選為國際數學教育委員會（International Commission on Mathematical Instruction, ICMI）

主席，是該會百多年來的首位華人主席。

田家炳訪問學人計劃

學院一系列的交流活動，得到了基金會和個人的支持。有「香港人造革大王」之稱的工業家田家炳，在 1991 年設立「田家炳訪問學人計劃」，專項支持內地學者及教育工作者到港大訪問及研究，後來擴展到香港其他大專院校。[12] 其他還有京港學術交流中心贊助的「北京－香港獎學金計劃」（Beijing - Hong Kong Fellowship），中心由科學家楊振寧提議，在 1986 年成立。

透過「田家炳訪問學人計劃」來訪、來自南京大學的學者鄭毓信，最欣賞港大圖書館豐富的藏書，他整天在圖書館埋首研究，看書看材料。他和梁貫成對在內地尚屬冷門的教學理論和教育哲學有共同的興趣，二人合著《認知科學建構主義與數學教育：數學學習心理學的現代研究》，是當時教育理論方面少有的中文書，為這個領域補缺。[13]

對鄭毓信印象深刻的梁貫成說，二人合作著書，源自鄭毓信訪問港大期間，到他數學教育哲學課堂客座講課：「他為這兩堂課做了很多準備，後來我們合作把課堂的教學材料整理成書，在內地出版，介紹這些比較數學教育的基礎理論。」

港大教育學院院長楊銳，曾在 1994 年透過田家炳訪問學人計劃來港大交流三週，逗留時間雖短，卻令他大開眼界。他說當時在內地做研究，資訊較封閉，對外國的研究方法也不了解。兩年後楊銳成為港大博士生，感受到港大以至香港跟國際接軌，不僅是學術上採用英文及西方研究方法，還有做事及思維方式，這讓他一年後轉往澳洲留學很快就能適

梁貫成與鄭毓信合著的《認知科學建構主義與數學教育：數學學習心理學的現代研究》。

應。[14] 楊銳在 2008 年入職港大，2022 年 7 月出任教育學院院長。

當年來訪的內地學人還有廣州師範學院地理系副教授黃德芬，她在 1989 年訪問港大兩個月，期間和學院的 Philip G. Stimpson 合作，研究香港與廣州對師範學生的評核。北京外語大學的文秋芳在 1989 年來港大一個月，研究內地在職教師英語進修，稍後跟隨港大教授 John B. Biggs 及 Keith Johnson 修讀博士學位。[15] 她後來成為內地有名的語言教育學家，現為北京外國語大學許國璋語言高等研究院院長。此外，學院設有專科的獎學金計劃，例如 Matthew Linton Visiting Fellowship in Mathematics Education，為內地數學教育的交流提供贊助。[16]

教院首名內地博士生

1987 年底，教育學院迎來改革開放後首名內地博士生孟鴻偉，他入讀

港大的故事，展現港大貫通中西、擔當橋樑的角色，孟鴻偉說：「我在港大的學習使我日後有能力代表中國走向國際。」[17]

在中央教育科學研究所（現名為中國教育科學研究院）做研究的孟鴻偉，當年負責為國家爭取加入國際教育成就評價協會（International Association for the Evaluation of Educational Achievement, IEA），因而認識了時任港大教育學院院長 Alan Brimer 和港大學者、負責 IEA 工作的 Jack Holbrook。他曾憶述：「中國研究人員對於國際研究的管理、實施、數據採集及分析缺經驗，香港作為中國與國際交往的一個窗口，這是我們最希望與之進行交流、合作的地區。」孟鴻偉得到加拿大的國際發展研究中心（International Development Research Centre）提供三萬美元項目資助來港大進修，成為教育學院自改革開放以來首位內地博士生。

在港大四年，孟鴻偉體會了一個截然不同的學習環境。他在 1984 年來港大訪問時，首次接觸大型電腦，開始把數據分析應用到社會科學研究上。他的博士研究將「因果模型」（Causal Modelling）應用於教育研究，當時在國際上是比較先進的。他獲身在澳洲的比較教育學者 John Keeves 教授支持，提供用於大型教育調查數據的分析軟件，「我要一邊學習，一邊應用，一邊還要通過郵件請教 John Keeves 教授。這也得益於當年港大提供的電子郵件。」另一方面，他的港大導師 Jack Holbrook 放手讓他探索，開拓自己的研究之路。他認同港大培養研究生的方法，不需要上課，容許學生根據自己的目的去鑽研學問。[18]

在港大期間，孟鴻偉英語水平突飛猛進。他從初中到大學學習俄語，初到港大時自學英語，水平有限，「我的導師 Holbrook 也只會一點點中文，我們需要完全用英文溝通，而且論文還需要用英文寫作，這樣逼得我不得不用英文交流和寫作。這對於我以後在國際上的活動起着關鍵的

1990 年代初，孟鴻偉（左三）隨港大教育學院白傑瑞（左四）到內地少數民族地區做研究。
（白傑瑞提供）

作用。良好的英語溝通能力使我與國際上的專家學者交流十分方便。」

港大畢業後回北京，孟鴻偉獲聯合國教科文組織（UNESCO）及聯合
國兒童基金會（UNICEF）邀請，擔任「全民教育監測」（Monitoring
Learning Achievement）試點項目在內地的國際專家。1993 年他再獲聯合
國邀請出任「南南合作」專家，到斯里蘭卡協助設計全民教育監測項目
及培訓人員，是中國最早向發展中國家提供教育技術支援的專家。[19]

1996 年，孟鴻偉獲邀參與聯合國教科文組織統計研究所對國際教育分
類標準（UNESCO ISCED 1997）的修訂，成為參加這個項目的全球四位
專家之一。其後，他出任亞太教育成就評價協會首任執行主席，以及亞
太經合組織教育論壇學校效益指標研究項目國際協調員，1999 年更當
選為聯合國教科文組織統計研究所第一屆董事局成員，是首位中國人擔

↑ | 1993 年，孟鴻偉（右二）獲聯合國邀請，到斯里蘭卡協助設計全民教育監測項目及培訓人員。（孟鴻偉提供）

↓ | 聯合國教科文組織統計研究所第一屆董事會成員合照，後排左二為孟鴻偉。（孟鴻偉提供）

任此職。[20] 他回顧過去，對於能出任聯合國等工作，「這實在是得益於當年在香港大學所受到的教育與培訓。」[21]

港大教育學院跟內地交流的部分活動

1986 年	16 名北京中央教育科學研究所的教育研究員，參加由港大教育學院舉行為期三週的訓練研討會，研究中學生理科教育成就，作為國際教育評核研究合作計劃的一個環節。[22]
1987 年	上海師範大學及上海教育學院的十人代表團到訪，了解港大教育學院開辦的學位教師教育證書課程及本地教育體制，雙方就中學教師基本培訓及進修交流。同年，港大教育學院成員訪京。
1988 年	與主管全國教育政策的國家教育委員會，在香港合辦以「師範教育及課程發展路向」為題的會議，與會者 100 多人，包括來自內地、香港及海外的專家。[23]
1989 年	與香港中學校長會及香港中華文化促進中心，合辦「面向九十年代的校內創新國際研討會」，為期四天，參加者來自英、美、加、新加坡、馬來西亞以及內地的教育界，交流教育新趨勢，及學校如何創新以迎接 1990 年代的挑戰。有四位來自內地教育界的與會者發表論文，包括南京師範大學附屬中學胡百良發表《改革課程結構是教學改革的關鍵》、北京景山學校崔孟明的《面向未來的中小學整體改革試驗》及中央教育科學研究院李建文的《中國的基礎教育評價》等。[24]
1990 年	國家教委會贊助 56 間內地中學校長訪問港大九天，參加由港大教育學院舉行的學校行政及管理研討會。[25] 17 間省市的大專院校共 18 名英語教師到港大一年，參加由港大教育學院下的教育學系及課程研究學系提供的培訓。教師還參加電腦課程、到其他學系旁聽、參加本港英語教師協會的座談會、與本地教師交流等，實地考察本地外語教育。[26] 項目獲世界銀行 80 萬元支持。[27] 港大的特殊教育專家 Nicholas B. Crawford 獲聯合國開發計劃署邀請到瀋陽兩週，舉行多個研討會及工作坊，並與教師、教育官員等分享經驗，協助建立訓練計劃。[28] 教育學院下的言語及聽力科學學系，參與了世界衛生組織在湖北武漢同濟醫院的康復培訓及研究項目，向當地醫生介紹社區康復概念，並為照顧聽障、智障及殘障兒童的工作人員提供工作坊及講座。[29]

1990 年 6 月，國家教委會贊助港大教育學院，組織了 56 間內地中學校長來港九天，開研討會及考察。（香港大學檔案館提供）

1991 年　香港工業家田家炳捐贈港大教育學院，成立田家炳教育基金，設立訪問學人計劃，資助內地學者及教育工作者到港大做研究。

1992 年　與亞洲研究中心合辦「教育、社會變遷與地區發展」國際會議，邀請中外學者參加，內地包括來自北京大學、北京師範大學、華東師範大學、中國中央教育科學研究所、廣州教育科學研究所、中科院社會研究所、國家教委和四川教委代表出席。在三天的會議中，發表共 43 篇論文，其中 19 篇來自內地學者。會議獲京港學術交流中心、田家炳基金會及基督教高等教育聯合董事會（United Board for Christian Higher Education）等支持。[30]

1992 年「教育、社會變遷與地區發展」學術會議，港大教育學院白傑瑞（左二）主持其中一場研討會，地點在港大陸佑堂的畢業生議會廳（Convocation Room），是當時開研討會的熱門地點。（白傑瑞提供）

1996 年　與國家文字工作委員會合作，在港大成立普通話培訓測試中心，提供普通話培訓及普通話水平測試，並舉辦北上交流活動。[31]

1997 年　由北京師範大學教育與心理科學學院主辦、香港大學教育學院協辦「華人地區面向 21 世紀基礎教育課程與教學改革」學術研討會。為期三天，有來自全國 19 個單位的 31 位教育工作者參加，並發表論文。[32] 教育學院院長梁貫成率學院代表團到訪北京及上海院校。

註

程介明、白傑瑞

1　陳至立：〈改革開放二十年的我國教育〉，《中國教育部》，取自 www.moe.gov.cn/jyb_xwfb/xw_zt/moe_357/s3579/moe_90/tnull_3161.html，11-8-2022 擷取。

2　余小波、劉瀟華、黃好：〈改革開放四十年：我國高等教育改革發展的基本脈絡〉，《江蘇高教》，第 3 期（2019 年），頁 1-8。

3　本文部分根據程介明訪談記錄，2022 年 5 月 27 日、2022 年 8 月 9 日。

4　1960 年代由上海少年兒童出版社出版的科普讀物。

5　創刊於 1936 年的期刊，針對在職數學教師，介紹新知識及提升教學水平。

6　創刊於 1951 年，曾一度停刊，至 1980 年代復刊，為在職物理教師提供學科新資訊、教學法等。

7　顧明遠是內地著名教育家，新中國比較教育學科創始人之一，畢業於北京師範大學教育系，留學蘇聯。1979 年 8 月出任北京師範大學外國教育研究所所長。1982 年，在新中國第一本比較教育專著和教材《比較教育》任主編，於 2001 年主編《中國教育大百科全書》。

8　Cheng Kai-ming, 'Planning of Basic Education in China. A Case Study of Two Counties in the Province of Liaoning', Collections: Increasing and Improving the Quality of Basic Education, IIEP, Monograph No.4(1991), From www.iiep.unesco.org/fr/publication/planning-basic-education-china-case-study-two-counties-province-liaoning, retrieved 20-10-2022.

9　Document of the World Bank Report No. 8657-CHA: China: Provincial Education Planning and Finance, Sector Study, The Main Report, Vol.1, 26 June, 1991, pp.vii-xv.

10　程介明訪談記錄，2022 年 5 月 27 日。

11　Manor Ahmed with Cheng Kai Ming, A. K. Jalaluddin, K. Ramachandran, Basic Education And National Development: Lessons from China and India (New York: UNICEF, 1991).

12　白傑瑞訪談記錄：2021 年 7 月 29 日；電郵訪問記錄，2022 年 5 月 23 日、6 月 26 日、8 月 5 日。

13　厲以賢主編，白傑瑞、李錦旭協編：《西方教育社會學文選》（台北：五南圖書，1992 年）。

14　林南是美國著名華籍社會學家、美國社會學會前副會長及亞洲太平洋研究所所長，曾先後任教紐約州立大學 Albany 分校及杜克大學，被視為社會資本理論奠基人之一。他自 1980 年代積極協助內地重建社會學，獲內地多所大學邀任為顧問、客座教授及榮譽教授等職。

15　盧慶濱於九龍華仁書院畢業，後赴美國普林斯頓大學修讀東亞研究，1980 年代獲博士學位。先後任職紐約州立大學 Albany 分校及英國倫敦大學亞非學院，研究中國文學、明清文人文化及中國出口水彩畫等。

16　白傑瑞電郵訪談記錄，2022 年 8 月 5 日。

17　同上。

18　香港大學華正中國教育研究中心，取自 crec.edu.hku.hk，20-08-2022 擷取。

19　Serving The Community for Over 90 Years (Hong Kong: Faculty of Education HKU, 2012), pp.64-65.

紀事

1　劉蜀永主編：《一枝一葉總關情》（香港：香港大學出版社，1999 年增訂版），頁 62-70。

2　李弼德：〈李弼德院長介紹教育學院〉，校訊《交流》，第 45 期（1984 年 12 月），頁 7。

3　孟鴻偉：〈到港大讀博士的經歷〉，載劉蜀永主編：《一枝一葉總關情》（香港：香港大學出版社，1999 年增訂版），頁 339。

4　'Photo: E2/32: Visit of the Delegation of five members from the Higher Education Circle of the Guangdong Province', dated 2 September, 1981, 'CPAO Photographic Collection'- HKU Archives.

5　'Appendix: Committee for international cooperation in higher education visiting advisers and other academic visitors from other countries', HKU Vice-Chancellor's Report (1987-88), HKU Library Special Collections.

6　龍莎莉：〈劃出新領域——教育學院曲伯恩教授訪問記〉，港大校訊《交流》，第 35 期（1982 年 3 月），頁 3。

7　'An Exchange Program on Teacher Preparation and Curriculum Development with Shanghai Teacher Training Institution', with Ref. No. FE26/187 Appendix D, dated 27 January, 1987, *HKU Board of the Faculty of Education – Minutes (1987-1988)*, HKU Archives.

8　'Liaison Committee for Academic Exchange with China', with Ref. No. FE66/386, Annex II, dated March 1986, *HKU Board of the Faculty of Education – Minutes (July 1984-1986)*, HKU Archives.

9　'An Exchange Program on Teacher Preparation and Curriculum Development with Shanghai Teacher Training Institution', with Ref. No. FE26/187 Appendix D, dated 27 January, 1987, *HKU Board of the Faculty of Education – Minutes (1987-1988)*, HKU Archives.

10　梁一鳴：〈與國內交流師範經驗〉，港大校訊《交流》，第 53 期（1988 年 4 月），頁 3。

11　梁貫成訪談記錄，2022 年 4 月 20 日。

12　香港大學：《港大再獲田家炳基金會捐款七百五十萬元　支持教育學院及中國文化體驗學習計劃》，2020 年 01 月 07 日，取自 www.hku.hk/press/c_news_detail_19873.html，20-8-2022 擷取。

13　鄭毓信、梁貫成：《認知科學建構主義與數學教育：數學學習心理學的現代研究》（上海教育出版社，1998）。

14　楊銳視像訪談記錄，2022 年 12 月 19 日。

15　'Beijing-Hong Kong Fellowship', with Ref. No. FE34/189 Appendix D, *HKU Board of the Faculty of Education – Minutes (1989-1990)*, HKU Archives.

16　'Matthew Linton Visiting Fellowship in Mathematics', with Ref. No. FE205/492 Appendix E (amended), *HKU Board of the Faculty of Education – Minutes (1989-1990)*, HKU Archives.

17　孟鴻偉電郵訪談記錄，2022 年 10 月 19 日。

18　王燕祥：〈孟鴻偉博士小傳〉，載劉蜀永主編：《一枝一葉總關情》（香港：香港大學出版社，1999 年增訂版），頁 165-169。

19　世界上的開發中國家，大部分位於南半球及北半球的南部，自 1960 年代，這些發展中國家之間展開專門的經濟合作，被稱為南南合作。聯合國於 2003 年定每年 12 月 19 日為「南南合作日」。

20　同註 18，頁 168。

21　同註 3，頁 337-340。

22　同註 10。

23　同上。

24　《面向九十年代的校內創新國際研討會論文集》（*Proceedings of International Conference on 'School-based Innovations: Looking Forward to the 1990s'*），1989 年 12 月 13 至 16 日（香港：朗文出版（遠東），1989）。

25　'Report from the Faculties – Education', *HKU Vice-Chancellor's Report (1989-1990)*, HKU Library Special Collections, p.31.

26　王之江：〈PELTEC 香港大學首辦國內大專師訓班〉，《中學教師培訓》，第 10 期（1992 年），頁 6。

27　*HKU Vice-Chancellor's Report (1989-1990)*, HKU Library Special Collections, pp.33.

28　*Serving the Community for over 90 Years* (Hong Kong: Faculty of Education, HKU, 2012), pp.102.

29　*HKU Vice-Chancellor's Report (1989-1990)*, HKU Library Special Collections, pp.32.

30　*Proceedings of Conference on Education, Social Change and Regional Development*（教育、社會變遷與地區發展），Hong Kong, June 23-25, 1992 (Hong Kong: Centre of Asian Studies, HKU), HKU Library Special Collections.

31　*Serving the Community for over 90 Years* (Hong Kong: Faculty of Education, HKU, 2012), pp.66-67.

32　武思敏：〈基礎教育課程和教學改革的幾個問題：「華人地區面向 21 世紀基礎教育課程與教學改革」學術研討會側記〉，《教育研究》，第 11 期（1997 年），頁 78-79。

第 五 章

建 築 篇

1980年代，內地建築教育急需重建。八大建築老校通過全國建築學專業教育評估，進而得到國際專業團體的認可；隨後，註冊建築師條例和建築師專業地位漸漸確立，更多大學成立建築學院。港大建築學院在這過程中略盡綿力，還把廣東開平碉樓、福建土樓及水鄉等中國傳統建築帶入世界公眾的視野。

《中國旅遊》圖片

ARCHITECTURE

郭英華提供

黎錦超 (1934-2003)

文藝復興型的
知識分子院長

他相信要向西方學習，但要抵禦過份的
消費主義，也要植根傳統。
他的懷抱是以人為本、創造人民的建築。

不離手的 Cohiba 雪茄、圖案大膽的夏威夷襯衫和鼻樑上的圓形粗黑框眼鏡，組成港大建築學院前院長黎錦超（Eric Lye）的標記。他外表輕鬆休閒，但做事嚴謹，會逐字校對秘書的打字信。他還親自設計學院的文具和信箋，以及工作室的傢俬。[1]

在加拿大 Manitoba 大學任建築系主任九年後的黎錦超，在 1976 年加入港大，出任當年工程學院下建築學系首位華裔系主任。其後建築學系先後升格為 School 及 Facutly，他成為首任學院院長，到 2000 年退休，三年後因病去世。在港大 24 年間，他帶領學院走向專業及國際化，並推動重整內地的建築教育。

建築學院在 2013 年為他舉行十周年忌辰紀念時，稱他為「有遠大視野的建築師、教育家和文藝復興型的知識分子，影響了一代又一代的建築師。」他被譽為建築大師、教育專家，他熱愛藝術、文學和音樂，尤其鍾愛各種設計美學，不論是家具、服裝、餐具還是鍋碗瓢盆，他都深信「美好的事物永存喜悅。」[2]

黎錦超 1976 年 8 月加入港大時，適逢內地改革開放前夕，和香港的互動增加，在那個轉折的時代，他帶領充滿期待的同事們為學系打開新頁。當時港大校訊《交流》報導，他啟動的改革從學院的一幅牆開始，「學府式的綠色圍牆已不復見，製圖室內工程學科的氣氛也消失了。現在，明亮的燈光引人注目，還有牆壁上琳瑯滿目的海報、藝術品和設計習作。這番新景象是自富勒（Buckminster Fuller）、貝聿銘及槙文彥三位當代建築名家訪問該系而觸發的，學生們強烈地感受到自己的新使命。這項新發展的原動力來自新任教授黎錦超。」[3]

他的妻子梁慶儀在和本書的電郵訪問中，憶述黎錦超當年的想法，「內地經過多年封閉，他覺得自己是中外建築學術界的橋樑，有協助內地和外界接軌的能力，增強及提升外界對內地社會及建築的認知。他也很期盼內地好好利用當代發展起步階段的優勢，看清楚盲從西方例子的危機，也認清亞洲本土建築的智慧。」[4]

1985 年 4 月，黎錦超率領建築學院師生 20 人，包括教師及 15 名二年級生前往廣州華南工學院（1988 年更名為華南理工大學），兩校學生分做涼亭設計。同行的龍炳頤最深刻的印象，是學生作品反映了兩地不同的教學風格，內地學生比較傳統地設計園林涼亭，港大的學生卻天馬行空，涼亭甚至沒有頂。[5]

黎錦超又跟教師劉秀成、黃賜巨、龍炳頤及黃韵匀一行五人，到上海同
濟大學、北京清華大學及西安冶金建築學院訪問及講學。龍炳頤至今仍
然記得，他們講授不同的主題，黎錦超講美國建築、劉秀成講香港學校
建築、黃賜巨講香港公園設計，他則介紹香港城市建築發展。他們在每
個地方逗留兩至三天，住宿學院賓館，三餐到飯堂「打飯」，「一切很
基本的，大家都很友善。」他們帶了兩部投影機和數百張幻燈片，用枱
布做投影熒幕。[6]

回港後，黎錦超開始着手籌備大型交流活動，在 1986 和 1990 年兩度在
港大舉行建築教育研討會，為其後內地院校的建築師教育發展鋪路。

中西文化的混合兒

在吉隆坡出生的黎錦超，父親是廣東人，母親是客家人，他曾形容自己
是文化混合兒（cultural hybrid）。他在新加坡接受中小學教育，中學畢
業後當過救生員、記者、英文教師及軍人。[7] 家人期待他讀醫科，他卻
熱愛藝術及攝影，在 1960 年代拿到美國新聞處獎學金，去美國邁亞密
大學讀建築，畢業後，他到普林斯頓大學修讀藝術碩士，師從法國建
築師 Jean Labatut。他說過，Jean Labatut 讓他「開竅」，令一直只懂技巧
的他明白知識自由的重要。[8] 除了這位法國老師，他還跟隨捷克 Victor
Fürth 及美國 Donald Egbert 兩位大師學習。在他們身上，他學會了欣賞
西方文化微妙的混合性，以前模糊的印象變得真實而有吸引力。[9]

他在美國遇上很多教授是從歐洲來的難民，對他這留學生帶來很大的衝
擊。多年後，他在一次對香港學生的演講時說，「他們飽經憂患，教會
我在質疑一些觀念時，堅持實幹和浪漫的精神、直率和溝通。我非常感
激，他們通過所經歷的擴闊我的知識領域，讓我開心地學習，努力工作

而不痛苦。他們特別在建築藝術思維方面，使我得益很多。」[10]

取得學位後，黎錦超先後在紐約市、波士頓及倫敦的建築師事務所工作，作品從住宅到都市重建，類型繁多。

視建築學院如親子

在港大，黎錦超銳意改革建築本科課程，將過去着重技術訓練的英式課程，加入和北美標準一致的課程，同時增加學生在畢業後的進修機會。原屬工程學院的建築學系，後來升格為學院，黎出任院長，擴展學院規模，開設新學系，其中成立測量學系，其後他獲皇家特許測量師學會頒授榮譽會員。[11]

龍炳頤憶述，這位前上司很有主見，胸襟廣闊。他記得黎錦超要求他設計課程，要劃分中國哲學及建築的時期。「我跟他說，中國建築不同西方，難用時期劃分，要用類型去教，例如寺廟、民間建築等，他最後聽從我的建議。」當時龍炳頤初到港大，對這接受年輕新人看法的院長感到訝異。

黎錦超的作品和課程洋溢人文情懷。他為學生籌辦作品展覽，以「建築和環境的和諧」（harmony of architecture and environment）及「人民的建築」（architecture for the people）為主題。他希望培養學生開放、靈活及關懷實際需要，並且關心社會整體的問題。[12] 對學院教師，他有同樣的期待，學院每天訂上大量報紙，放在前台讓教職員取閱，午飯時候黎錦超與同事碰面，總問：「有什麼新聞？」劉少瑜憶述當年情景，笑言那是午飯時間的「考試」。

↑｜被學生稱為「肥貓」的黎錦超（左九）於 1978 年與同事合照，當年建築系升格為學院，黎錦超出任院長。（黃國俊提供）

↓｜西裝革履的黎錦超，出席學生畢業作品展，相片攝於 1984 年、已拆卸的 Duncan Sloss 大樓內。（郭英華提供）

作為院長，黎錦超鼓勵學生參加比賽，尤其國際比賽，港大學生獲獎無數。早在 1978 年，港大兩名建築學系學生歐中樑及黃華生在國際建築師協會（UIA）的 International Student Design Competition 奪獎，這是黎錦超的學生首次贏得國際賽獎項，他率領代表團專程到墨西哥參加頒獎禮。[13]

1982 年，學院學生參加著名建築雜誌 MIMAR 舉辦的設計都市住宅內庭比賽，17 個獎項中奪了八個。[14]1993 至 2003 年間，建築學院學生共奪得 38 個比賽獎項。1990 至 1998 年出任港大建築學院院長的 Barry Will 曾說：「我們的學生贏盡可以贏的比賽，甚至因為贏得太多，而被禁止參加某些比賽。」[15] 這些比賽佳績為學院在國際學界打響了名聲。

黎錦超發起成立 Professor Gordon Brown Memorial Fund，透過這個基金邀請中外建築師、學者到港大講課，令學院成為中外建築界交流基地。受邀的不乏大師，例如 Buckminister Fuller、Charles Jencks、Norman Foster、Richard Rogers、貝聿銘、伊東豐雄及槇文彥等。[16] 黎錦超非常重視這些講座，他曾說：「香港只是一個小地方，在經濟世界裡可能很有名，但我相信在學術世界並非如此，因此我們每年要舉辦這麼多的講座，請全世界的建築師過來，很多更是大有來頭的，但我發現有師生對此並不感興趣，不願來講座，這實在很悲哀。」[17]

狠批香港建築

黎錦超認為香港位置獨特，但從不諱言他對香港建築的失望。他在 1990 年出席印尼耶加達舉行的「未來的東南亞城市」研討會上發表文章 The Society of the Spectacle: Miracles and Mirages，這樣批評香港建築：

↑｜著名建築師貝聿銘於 1977 年到港大出席建築講座，坐在前排的黎錦超聽得入神。（港大建築學院提供）

↓｜全情投入建築教育的黎錦超，邀請學生到家中交流，相片攝於 1980 年代。（郭英華提供）

「香港作為世界上最優秀的城市之一，但她完全沒與偉大傳統或歷史關連的特色，這裡沒有美麗的廣場、公園或林蔭道；也沒有宏偉的宗教建築、象徵國家權力，或紀念藝術、知識和文化的紀念碑。此外，也沒有巴黎、倫敦、紐約和舊金山等地的 19 世紀華麗的建築，完全刪除了以歷史建築物的形式保存記憶的可能。」[18]

他相信要向西方學習，但要抵禦過分的消費主義，也要回歸傳統，他的論文呼籲，「我們需要復興傳統上賦予我們城市文化和符號語法的價值觀，創造出真正的區域性空間和場所建築。我們要深入探索我們的社會價值觀，傳統、藝術、儀式、語言、風俗、禮節、宗教、遊戲和家庭生活，我們的遊戲、符號、聚落、建築、材料的使用等等。」

快樂與苦惱來自學生

黎錦超有不少小故事。他三小時的課堂播放兩組幻燈片，緊湊得令學生喘不過氣，妻子梁慶儀說：「他上課時全情投入。每一課的視覺和聽覺效果都悉心設計，清楚說明課題要點，再融入與課題有關的文化、社會、政治、歷史、人物及日常生活環節，讓學生吸取全面知識，要求學生產生深遠的趣味。這也是他熱愛生活，熱愛建築和教學的表現和見證。」他愛護年輕人，學生在學院通宵趕做畢業功課，他會吩咐同事去銅鑼灣麥當勞買百多個套餐給學生充飢，令人心暖。

黎錦超的快樂與苦惱也來自學生，梁慶儀說，「他最苦惱的是有些學生來自不重視藝術和文化教育的中學，選擇修讀建築時對學科不認識，也不感興趣。多半是不願思考、只求成績的學生。」遇上投入而有思維的學生，「他享受與他們走遍香港，在大街小巷發掘香港獨特的生活情趣。」

黎錦超全情投入建築教育，和妻子梁慶儀的愛情故事也源自學院。1984
年 1 月，學院所在的鈕魯詩樓三樓發生火警，建築學院的工作室、教員
室及參考資料付諸一炬。事後學院找來建築師梁慶儀協助重修，黎錦超
經常與她商討設計事宜，二人譜出戀曲，於 1987 年結婚。[19] 婚後二人
合組梁黎建築師事務所（Lotus Architects Limited），經常一起北上講學。

夫婦倆又和港大建築學系劉秀成、Ian Brown、學生及校外的王歐陽建築
師事務所組成團隊，參加香港科技大學校園的設計比賽。在 1993 年的
講座教授就職演講中，黎錦超用了近一半的時間來解釋他的團隊參賽設
計的理念和細節，反映他對建築一貫的人文關懷。他說，參賽提案的要
點，是體現大學裡非正式交流場所的重要性，不下於正式教學的講堂，
而科技本身不是目的，而是一種智能工具，讓人們提升環境，作最廣義
上的參與。具體來說，團隊建議校園要建立一個中心，作為大學中最大
的非正式聚會場所、視覺的焦點，讓學習與生活相結合，激發獨特的智
力思想交流碰撞。[20]

黎錦超團隊的設計獲得了比賽冠軍，但卻沒有被採用，令他大感失望。
可以告慰的是團隊的設計草圖，獲得香港西九文化區 M+ 視覺博物館收
藏。[21]

完成最後的使命

黎錦超不僅關注香港的建築教育，也為外國及內地大學建築學院擔任顧
問、考核員。他在 1980 年為新加坡國立大學建築學院擔任改革顧問，
在 1981 年出任英國皇家建築師學會（RIBA）考核員，並獲新加坡國立
大學、馬來西亞 Teknologi 大學及斯里蘭卡 Moratuwa 大學的建築學院邀
作校外評審員；1984 年以英聯邦建築師協會訪問團主席（Chairman of

1992 年，黎錦超為平治汽車在海運商場的店舖提供的手繪設計圖。這設計項目是 Jardine Matheson 邀請黎錦超與妻子梁慶儀合組的梁黎建築師事務所參與的。（梁慶儀提供）

the Commonwealth Association of Architects' Invitation Board）身份到印度新德里及 Ahmedabad 大學考核。因改革開放，他又協助內地建築院校與國際接軌。此外，他曾獲香港政府委任為城市規劃委員會及房委會建築小組委員會成員。他於 1986 年獲港大建築學系最佳教師獎、1988 年獲香港藝術家聯會年度建築師獎、1993 年獲國際建築師協會（UIA）頒授 Jean Tschumi 獎，表揚他在建築教育的貢獻，是首名獲此獎項的亞洲人，並於 1996 年獲英國政府頒授 OBE 勳銜。[22]

黎錦超於 2000 年退休後沒有停下來，而是轉到香港大學專業進修學院（HKU SPACE）出任建築與室內設計課程總監，協助建立學院的新課程。他花了幾個月調整他教了幾十年的課程，以切合放工後來上課的兼讀學生的需要，並親自任教。他又邀請同行及港大的舊同事當顧問及出任教職，籌辦各式展覽，由此啟發學生創意，提升他們的專業意識及信心。他在確診癌症之後，仍然兼顧教書及行政工作，親力親為。

在生命倒數的日子，黎錦超連說話也費力，當他知道香港大學專業進修學院有三位由他推薦的學生，獲港大建築學系取錄入讀二年級，他高興得睜大眼睛。由確診到 2003 年離世，上天回應了黎錦超的願望，讓他多活三年，完成使命，享年 69 歲。

與國際接軌
重啟建築教育

1978 年 10 月，港大建築學院迎來了北京社會科學院十人考察團，成員包括社科院建築部門主管、副局長及多名工程師。他們特意來取經，搜集高層建築設計及技術資料。[1] 這是年底舉行的第十一屆三中全會掀起改革開放序幕的前夕，國家即將轉入拐點。

同年，建築學系獨立成為建築學院，與工程學院分家。[2] 新成立的建築學院作為本地唯一培訓建築師的大學學院，展開了和內地的深度交流，並協助封閉多年的內地學院與國際接軌，取得國外專業團體認可。

早在 1970 年代，不少外國大學如美國麻省理工學院、加州大學柏克萊分校、耶魯大學等，已經和內地的大學建立聯繫。1982 年，港大建築系內部開始討論要急起直追，加強與內地建立關係。當時還有現實的考量，本港市場飽和，不少具實力的建築師要發展境外項目，預估內地將是重要的市場。在中英兩國政府討論香港回歸安排之際，建築學院 1982 年 4 月的院務會議記錄提到「香港畢竟是中國的一部分，我們的未來跟中國息息相關。」（Hong Kong is after all part of China, and it is with China that our future lies. ）[3]

北京社科院十人考察團於1978年到港大建築學院參觀，為興建多幢建築搜集資料，當時由時任建築學院署理院長賀敏（H.G. Hollmann）（左一）接待。（港大圖片）

1984 年《中英聯合聲明》簽署，落實香港回歸，同年到訪港大建築學院的內地學者大增，來自各省份的學院及機構，包括重慶建築工程學院、深圳大學、華南工學院、華中科技大學、南京工學院、上海同濟大學、西安市機械工程部及中國建築學會等。⁴

港大建築學院作為交流平台，廣邀學者來訪講學。學院的學者如研究傳統民居的龍炳頤、研究建築聲學的劉少瑜等，積極北上做研究及交流，擴闊研究領域，同時與內地建立關係。龍炳頤自 1980 年代一直研究開平碉樓，協助該項目於 2007 年成功申請成為聯合國世界文化遺產。

助「老八校」與國際接軌

內地隨改革開放急需建築師人才，但過去建築科歸入工程學院，被視為工科，學生同時修讀建築及工程課程。建築課程內容缺乏實踐性，被時任廣州華南理工大學建築學院副教授劉業形容為「培養目標主要是設計師而非建築師」。⁵ 當年也沒有建築師註冊制度，學生畢業後被分配到

↑｜1980 年 5 月，華南工學院考察團到訪港大，參觀建築學院，與工作室的師生交流。（香港大學檔案館提供）

↓｜華南工學院考察團與港大建築學院教職員交換名片。（香港大學檔案館提供）

設計單位。

隨改革開放，大學要重整學科以應對時代需要，紛紛增設建築學科教育，培訓建築師，提升及保證專業教育質素，建立國際專業認可機制。劉業又指出當時業界和學界面對的挑戰：「80年代中開始，中國建築界在較為困難的環境下以超前意識開始了與國際建築教育的接軌工作，起步是在香港大學建築學系的協助下，從爭取英國皇家建築師協會對我國幾家老建築院校的教育認可開始。在這一背景下，擴展而來的是全國建築學專業教育評估的開展。」[6]

1989年11月，內地有關行政部門成立專案小組，籌組全國高等學校建築學專業教育評估委員會，專案小組成員包括國家教育委員會及建設部等人員，他們專程來香港與香港建築師學會（HKIA）和英國皇家建築師學會（RIBA）會晤，了解國際評估機制。半年後，評估委員會成立，成員包括中外專家及學者，並決定在1991年起，先向建築學系歷史最悠久的八間院校進行評估。[7] 這「建築老八校」包括清華大學、同濟大學、南京工學院（現東南大學）、北洋大學（現天津大學）、華南工學院（現華南理工大學）、重慶建築工程學院（現併入重慶大學）、哈爾濱建築工程學院（現併入哈爾濱工業大學）及西安冶金建築學院（現西安建築科技大學）。

對八校而言，評估茲事體大，能過關的話，等於得到國家教育和有關部門認可，可以頒授學位，畢業生能得到專業資格執業。

時任華南工學院建築學系主任劉管平曾憶述評估的挑戰巨大，「我做系主任期間，印象最深的是全國高校建築學專業第一次評估，由於是第一次，無經驗可借鑑，我們當時的工作非常艱難。評估的要求，需要完善

提供很多方面的資料，包括教學日誌、學生作業、專業圖書雜誌、實驗室、檔案等。」他們請來顧問提供意見，包括時任港大建築學院院長黎錦超。[8]

1986 年，第一屆「中國建築教育研討會」在港大舉行，為期兩週。大會邀請七位來自四間內地大學的講者。[9] 當年與會的劉少瑜說希望透過這個破天荒的研討會，增加港大師生對內地建築教育的了解，和介紹建築專業教育的國際規範，為其後內地院校的建築師教育發展鋪路。[10]

1990 年 10 月，第二次「中國建築教育研討會」的規模更大，邀請八間建築老校來港大參加，旨在協助這些正在密鑼緊鼓準備全國首次專業教育評估的院校。當時來港參加研討會的華南工學院金振聲教授憶述：「會議由香港大學建築系發起與支持，意在協助國內老八所高等建築院校等已有數十年歷史的建築學系，取得英國皇家建築師學會對其學位資格的認可。」[11]

應邀出席的九名「老八校」學者，包括哈爾濱建築工程學院梅季魁教授、清華大學李道增教授、天津大學荊其敏教授、東南大學鮑家聲教授、同濟大學鄭時齡教授、華南工學院金振聲教授、西安冶金建築學院劉寶仲教授、曹文江講師及重慶建築工程學院夏義民副教授；同時，英國皇家建築師學會六名代表及香港建築師學會代表也應邀出席。這次研討會是「老八校」與英國和香港學會的代表首次直面交流。[12]

與會者還包括時任中國教育部高等教育司副司長王冀生、中國學位委員會辦公室副外長王亞杰、中國建設部人力資源副司長秦蘭儀、中國建築學會秘書長張欽楠等。[13] 這些官員的出席，顯示官方肯定當時建築學院的發展方向，爭取課程受評估及認證，從而確立建築專業。

1986 年中國教育研討會，右起：黎錦超、內地學者劉寶仲、陳從周、香港建築師鍾華楠拿着大毛筆拍照。（港大建築學會刊物 *Jienchu* 圖片）

研討會為期一週，主要議題是考慮本科建築教育要採用英國的四年學制，還是美國的五年學制。與會者熱烈討論教學培養目標、要求、內容、學位與畢業後工作等方面在兩制下的差異。[14] 鑑於過去大學的建築學系歸屬工程學院，並無本科課程，建築師被歸類為工程師，本科課程的設計要從頭做起。

研討會前，同濟大學、清華大學、西安大學及華南工學院派員來到港大，和黎錦超商討學制問題。港大建築學系前教授劉少瑜憶述，黎錦超對推薦英制還是美制感到猶豫，他來自美國學制，曾於英國及北美教學，港大則採用英國制，「內地四間大學來港大開了兩次會議，終於決定採用四年制，待內地有關部門批准。對於內地重設建築師培訓，設立本科課程，黎教授很開心。」[15] 黎錦超對內地確立建築師專業、爭取課程得到國際認可，更感興奮。

自 1991 年年初，中國高等學校建築學專業教育評估委員會分批向八所老牌建築院校進行評估，港大黎錦超代表英國皇家建築師學會前往同濟大學及東南大學，參與審核這兩間大學建築課程的專業資格。評估範圍

黎錦超全情投入建築教育，鼓勵學生發揮創意，認識身邊不同事物。（港大建築學院圖片）

包括學院師資、設備條件、校舍環境、教學設計、教育質量、學生水平、教學管理、辦學特色等，最後八所院校都通過評核。隨着更多大學成立建築學院，內地的建築學教育評估制度、註冊建築師條例等逐步制度化，建築師的專業地位終告確立。1993 年黎錦超是中國建設部建築學專業資格證明委員會之成員。[16]

1990 年第二次中國建築教育研討會後，各校在 1991 年起，由「老八校」的建築學系每年輪流主持召開研討會，為推進建築教育和專業提升共同努力。[17]

開平碉樓申遺

2007 年，聯合國世界文化遺產（UNESCO World Heritage Site）下 21 個國家委員一致通過，中國廣東開平碉樓列入《世界文化遺產名錄》（下簡稱世遺），成為中國第 35 個被評為世遺的項目。被列入世遺不易，每個國家每年只能申報一個項目，經國際古蹟遺址保護協會（ICOMOS）派人現場評估考察，此階段只有四成項目能過關，接着由 21 個國家代

劉少瑜（右三）於 1986 年
獲內地大學邀請到水鄉考
察一周，師生獲益良多。
（劉少瑜提供）

表三分二通過，才能晉身世遺。而開平碉樓「申遺」成功，港大建築系
教授龍炳頤被稱為幕後推手。[18]

2000 年的一個週六，澳門文化局辦公室的電話響起，是廣東開平市市
長打過來的，他為開平碉樓申請成為聯合國世界文化遺產，要請教當時
正着手為其歷史城區「申遺」的澳門政府。開平市長還說，希望能找到
香港大學教授龍炳頤幫忙。

「他現在就在我這邊啊！」接電話的職員說着。那時，龍炳頤受澳門政
府之邀研究澳門舊城區，每逢週六日及假期，就到澳門文化局開會和協
助「申遺」事宜。

開平市市長找對了人。龍炳頤於 1983 年由美國返港，加入港大建築學
系當講師時，正是改革開放之初，很多學者北上，發掘新的研究題材和
角度。他開始北上研究開平碉樓，繼續在美國的中國傳統民居研究。作
為最早到內地研究開平碉樓的香港學者，他說，開平碉樓吸引他的研
究興趣，因為「上海有西式建築不出奇，但為什麼中國農村有西式建

↑｜研究傳統民居的龍炳頤（中）經常帶學生到內地考察。（龍炳頤提供）

↓｜龍炳頤（左一）在美國時已研究傳統民居。除開平碉樓外，他還曾協助澳門舊城區及馬來西亞的馬六甲和檳城成功申遺。（龍炳頤提供）

洋式風格的開平碉樓於 2007
年成功列入聯合國世界文化
遺產。（《中國旅遊》圖片）

築？」[19]

開平市市長後來邀請龍炳頤加入專家組，成為這專案的總指揮，參與開
平碉樓「申遺」工作。第一次開會，內地專家的焦點落在建築的西式特
色上，龍炳頤提出了歷史和人文的觀點，「我第一句就說，建築物只是
形式，能打動人的是建築物後面的華僑血汗史，這故事才是夠吸引人的
故事。」他補充說，在 19 世紀中到 20 世紀初，開平人被「賣豬仔」到
外國築鐵路，將賺得的血汗錢寄回家鄉，並附上參考外國建築、加入中
國風格而繪成的設計圖紙，在家鄉建成了獨特的碉樓。對於當時盜賊四
起的開平，碉樓挑起保護財物和家人的作用，也是財富的象徵，居民借
此炫耀家人在外國賺了大錢，背後充滿心理矛盾，豪宅背後的辛酸故事

龍炳頤帶領學生到內地考察傳統居民，將廣東及福建考察成果於 1985 年在中環置地廣場舉行展覽，圖為其中的展覽相片。（港大圖片）

成為突破點，碉樓故事成為華人文化歷史的一頁，開平碉樓終在 2007 年獲全票通過成為世界文化遺產。

龍炳頤對碉樓的研究持續了 20 多年。他還研究福建土樓、廣東始興圍樓等，每年暑假帶學生到廣東、福建、雲南、四川、安徽及浙江等地考察，於 1985 年 10 月把廣東及福建的考察成果轉化為圖片展覽，在中環置地廣場舉辦圖片展，向公眾介紹中國傳統民居，這在當時實屬罕見，吸引不少觀眾，包括時任港督尤德。[20]

內地學者絡繹來訪

劉少瑜指向山下灣仔 66 層高的合和中心，向來訪的內地學者介紹說，這座圓筒形建築物是當時香港和亞洲的最高建築。他開車和訪客沿着黃泥涌峽道、馬己仙峽道橫越港島半山，在景點停步遠眺維多利亞海港，指點標誌性的高樓。他也帶隊參觀華富邨、太古城等香港的大型建築發展項目。

1986 年港大建築學系舉行中國建築教育研討會，獲邀參加的西安冶金建築學院劉寶仲教授，為港大建築系學生講授中國書法的筆墨技巧。（港大圖片）

自 1980 年代中，建築學院經常有內地學者到訪，劉少瑜形容為人來人往，從無間斷。香港出生的劉少瑜在 1985 年入職港大建築學系，遇上改革開放初期，港大和內地互動趨於頻密。作為當時系裡最年輕的講師，他往往獲派接待來訪學人，他也樂意為之。現在談起來，40 年前出遊的情景歷歷在目。劉少瑜說，來客在不同時段有不同的興趣，反映了當時內地建築重心的發展，從改革開放初期的公共建築，到後期的酒店、商場，和在內地叫商品房的私人住宅。[21]

不少來訪學者，是受邀出席港大的建築講座，當時港大建築學院經常舉行講座，不少講者大有來頭，例如霍朗明（Norman Foster）、貝聿銘及伊東豐雄等。建築學院也邀請內地學者主講，早在 1983 年，西安冶金建築學院教授劉寶仲獲邀講授「中國建築視覺藝術」及「中國建築特

徵」；自 1980 年代中，更多內地學者來訪，包括古城鎮專家阮儀三、中國園林建築專家陳從周、中國古建築史學專家張馭寰、傅熹年，同濟大學城規學院副院長及建築學系系主任盧濟威、天津大學教授王其亨、清華大學教授栗德祥、郭黛姮，同濟大學教授羅小未、東南大學教授郭湖生、華南工學院教授陸元鼎及鄧其生等。[22]

龍炳頤說，黎錦超跟本地的建築師及事務所關係良好，例如港大校友、建築師李景勳、有份創辦王歐陽建築師事務所的王澤生等。他們出資支持交流活動，「當時有交流基金，亦有公司捐款，Eric（指黎錦超）打一兩個電話，就找到贊助。他人緣好，胸襟闊，喜歡他的人會很支持他，他跟一班建築師關係很好。」

鼓勵教員北上交流

黎錦超同時推動教職員主動與內地建立關係，劉少瑜說，1980 年代中的港大建築學系規模不大，他初入港大時，約十名教職員分屬七個國籍。華籍老師約有三至四人，被指派分頭和內地的院校聯繫，各人負責不同地域。劉少瑜的母親是上海人，對上海特別關心，選擇了聯繫上海院校。

劉少瑜當時去信上海同濟大學建築學系，獲邀講學。1986 年，他第一次到內地大學講課，主題是他的專業建築聲學。自此他經常到同濟講課，每年至少一次，40 年來去了 50 多次。他亦因此透過同濟，安排學生北上考察，1988 年港大師生在同濟大學教授、著名古城鎮專家阮儀三帶領下，遍訪上海周邊的水鄉七天，「這是難得的考察機會，我帶着四、五個學生，住在蘇州大學的學生宿舍，每天去看一個水鄉。」每到一個水鄉，村長請他們吃飯，品嚐當地名產水魚。學生返港後，在灣仔

↑ | 黎錦超重視講學的嘉賓及講座，每次都親自致詞及做介紹。旁為著名建築師貝聿銘。
（香港大學建築學院提供）

↓ | 內地古城鎮專家阮儀三（右一）為來訪的港大師生講解中國水鄉特色。（劉少瑜提供）

中環中心舉辦了相片展，介紹江南水鄉建築特色。

同濟大學亦透過劉少瑜的協助，派學生到港大學習，開銷由本港私人公司贊助。劉少瑜解釋，當年由於不少香港發展商、則師樓及建築師樓在內地有生意，都願意支持與內地相關的項目。他也樂於負責安排及照顧來港的同濟學生，甚至把未找到居所的接到家中同住數月。

1997 年，劉少瑜在港大成立中國香港建築都市研究中心，透過中心舉辦會議，有次邀請上海同濟大學、日本早稻田大學和巴西的大學的學者參加，在灣仔中環中心頂層舉行，探討高層建築及城市建設。中心又曾撥款支持同濟大學建築與城市規劃學院雜誌《時代建築》的出版。

多年來，港大建築學院的教授黎錦超、劉少瑜、龍炳頤及黃賜巨等，獲內地的多間大學如深圳大學、上海同濟大學、廣州華南理工大學、湖北武漢大學及西安冶金建築學院等邀任顧問教授、榮譽教授及客座教授等職，反映學院在內地廣闊的網絡。黎錦超於 1997 年更率領學院師生與同濟大學合組團隊，參加北京中關村科學城規劃設計比賽，獲第二名及第一嘉許獎。[23]

改革開放港大建築學院與內地部分交流活動

1978 年	新成立的北京社會科學院十人考察團為搜集高層建築資料，到訪港大建築學院。
1980 年	廣州華南工學院十人考察團到訪港大，參觀建築學院。
1983 年	西安冶金建築學院劉寶仲到訪建築學院。
1984 年	多所院校學者來訪，包括重慶建築工程學院、深圳大學、華南工學院、華中科技大學、南京工學院、上海同濟大學、西安市機械工程部及中國建築學會等。
1985 年	黎錦超率師生 20 人到廣州華南工學院交流。其後與教師劉秀成、黃賜巨、龍炳頤及黃韵勻到清華大學、同濟大學及西安冶金建築學院講學。
1986 年	於港大舉行為期兩週的「中國建築教育研討會」，邀請七位內地學者來港，為港大學生講授中國鄉土建築、江南水鄉城鎮及建築年代鑑定等。
1990 年	於港大舉辦第二次「中國建築教育研討」，協助內地八所高等建築老院校取得英國皇家建築師學會（RIBA）對其學位資格的認可。
1997 年	港大黎錦超與同濟大學等合作，參加北京中關村科學城規劃設計比賽，獲第二名及第一嘉許獎。建築學院成立中國香港都市及研究中心。

註

黎錦超

1　Christian Caryl, *Building the Dragon City: History of the Faculty of Architecture at the University of Hong Kong* (Hong Kong: Hong Kong University Press, 2012), pp.74.

2　Chris Webster, Eric Lye Memorial Forum and Dinner: Miracles and Mirages: Architectural and Urban Planning Education in China beyond the Master Plan, Faculty of Architecture, HKU, From fac.arch.hku.hk/ericlye/home/, retrieved 11-7-2022.

3　格蘭：〈建築系新面孔　建築系新精神〉，港大校訊《交流》，第 14 期（1978 年 4 月），頁 2-3。

4　梁慶儀電郵訪談記錄，2022 年 8 月 6 日。

5　龍炳頤訪談記錄，2022 年 5 月 28 日。

6　同上。

7　〈獲獎的感受〉，Speeches by Professor Lye (No.2) in a ring binder, with Document No. 96, Architecture Library, The Chinese University of Hong Kong.

8　'How do you see students here as compared with overseas students?', Speeches by Professor Lye (No.2) in a ring binder, with Document No. 86, Architecture Library, The Chinese University of Hong Kong.

9　Eric K.C. Lye & Joan Lye, *Manuel Vicente: Caressing Trivia* (Hong Kong: MCCM Creation, 2006), p.11.

10　同註 7。

11　〈建築學系主任獲頒國際建築教育獎〉，港大校訊《交流》，第 67 期（1993 年 7 月），頁 20-21。

12　同註 3。

13　同註 2。

14　布易安：〈建築學院揚威國際競賽〉，港大校訊《交流》，第 38 期（1982 年 12 月），頁 3。

15　同註 1，頁 142。

16　Andrew King-Fun Lee, 'Guiding Spirit', *HKU Convocation Newsletter*, Issue No.1 (March, 1984), pp.7. The Professor Gordon Brown Memorial Fund was established by graduates in honor of the first head of the Department of Architecture, HKU.

17　'Interviewed and recorded by So Ching', Speeches by Professor Lye (No.2) in a ring binder, with Document No.104, Architecture Library, The Chinese Unversity of Hong Kong.

18　'Hong Kong - The Society of the Spectacle: Miracles and Mirages / Professor K.C. Lye and Dr. A.R.Cuthbert', Speeches by Professor Lye (No.2) in a ring binder, with Document No. 90, Architecture Library, The Chinese University of Hong Kong.

19　同註 1，頁 112-116。

20　An Inaugural Lecture by Eric K.C. Lye, '"The Peking Duck" and "Our Daily Bread"', The Condition of Architecture, HKU Gazette, Vol. XXX No.1, Supplement to the Gazette, 26 April, 1993, HKU Library Special Collections, HKU.

21　M+ Museum Hong Kong, Works by Eric Lye include Photography, Collage and Architectural Drawing, From www.mplus.org.hk/en/collection/makers/eric-lye/, retrieved 28-10-2022.

22　同註 11。

紀事

1　〈中國社會科學院考察團訪問本校〉，港大校訊《交流》，第 17 期（1978 年 11 月），頁 17。

2　建築學系自 1978 年與工程學院分家成為學院（School），黎錦超出任首任院長。至 1984 年建築學院由 School 升格為 Faculty，提供更多元及全面的課程，先後增設其他學系，現時有建築學系、房地產及建設系、城市規劃及設計系和園境建築學部。

3　'Should the School of Architecture remain a School or become a Faculty?' dated 26 April 1982, *HKU Board of Studies of the School of Architecture - Minutes (1982)*, HKU Archives.

4　〈建築教育交流成果豐碩〉，港大校訊《交流》，第 52 期（1987 年 12 月），頁 6。

5　劉業：〈走向 21 世紀的建築學教育〉，《1996 西安全國高等學校建築學學科專業指導委員會擴大會會議論文集》，頁 1-4。

6　同上。

7　鮑家聲：〈中國高等學校建築教育〉，《南方建築》，第 1 期（1997 年），頁 1-3。

8　李笑梅：〈劉管平教授訪談〉，《南方建築》，第 5 期（2012 年），頁 10。

9　同註 4。

10　劉少瑜訪談記錄，2022 年 4 月 14 日。

11　李笑梅、莊少龐：〈金振聲教授訪談〉，《南方建築》，第 5 期（2012 年），頁 7-8。

12　'Opening address: Symposium on Architectural Education in China, 2 October, 1990 (Tuesday , 2nd October 1990 at 9:15-9:30am)', Speeches by Professor Lye (No.2) in a ring binder, with Document No. 79, Architecture Library, The Chinese University of Hong Kong.

13　金南：〈建築學教育研討會在香港召開〉，《建築學報》，第 12 期（1990 年），頁 41。

14　同註 8。

15　同註 10。

16　〈建築學系主任獲頒國際建築教育獎〉，港大校訊《交流》，第 67 期（1993 年 7 月），頁 20-21。

17　同註 8。

18　李梓新：〈開平碉樓申遺成功的幕後推手〉，《亞洲週刊》，2007 年第 28 期，頁 54。

19　龍炳頤訪談記錄，2022 年 5 月 28 日。

20　'Chinese Vernacular Architecture', *HKU Convocation Newsletter*, Issue No.1 (April, 1986), pp.8-12.

21　同註 10。

22　Archival records, Department of Architecture, HKU.

23　香港大學建築學系：《中國科學院更新改造中關村科學城中心區可行性說明書》（香港：香港大學建築學系，1997）。

第 六 章

社工篇

港大社會工作學系的年輕學者，參與了內地社工教育
和專業重建的全過程。他們走到社會基層，探討民生
問題和社會的變化，結合實務、教學、培訓和研究，
出版了全球首批有關內地社會福利制度的專著。社工
學系的先行者以他們的眼界、熱情和謙卑的學習精神，
推動內地從零再起步的社工教育和專業。

周永新提供

SOCIAL WORK

源自社會深層的感悟

● 人物

周永新

—— 社工篇

陳麗雲　　梁祖彬

他們來自基層，心繫基層，從服務改善民眾生活，到透過研究提出政策倡議，投入和擁抱社會。

香港大學社會工作學系（後更名為社會工作及社會行政學系，下簡稱社工學系）的榮休教授周永新、陳麗雲，以及教授梁祖彬，參與了內地社工專業重建的全過程，走到內地社會基層，從社工角度探索社會的發展，成為全球首批深入研究內地社會福利制度的學者，開拓了研究內地的新視野。[1]

社會工作在內地不是新生事物，北京大學的前身燕京大學早在 1922 年就開設社會學系，三年後更名為社會學與社會服務系。第二次世界大戰期間，中國的社工服務和培訓沒有中斷，直到 1952 年調整高等教育，社會學被視為西方產物，社會學系、社會工作及相關課程同被取消。改革開放是個轉折點，西方研究社會的方法，被認為有助現代化及解決社會問

題，令社會學再受重視，大學陸續復設或新設社會學系，重建社會工作教育、培訓專業社工被提上議程。

三位學者見證了內地的社工教育和專業從零再起步，到成為社會制度的支柱，回首恍如昨日，特感欣慰。

周永新——引進新社會福利概念

1983 年，周永新加入港大社工學系任教。兩年後，時任社工學系系主任顏可親推動與內地交流，與中山大學聯繫，達成三年合作計劃，由港大派教職員北上講授專業社工本科課程，周永新負責講授社會政策與社會規劃。[2]

周永新也注意到，內地在 1980 年代中已預視未來老齡化問題，希望借鏡發達國家的經驗，尤其退休保障方面。他為內地的老年學專家引線，介紹美國老年學專家、耶魯大學教授 Deborah Davis 給對方認識，促成 1986 年 5 月，由中國老齡問題全國委員會及美國老年學會（The Gerontological Society of America）在北京合辦的四天國際討論會，美國老年學會共 12 名專家及學者參加，吸引了來自澳洲、日本、印度、泰國及香港地區等代表，以及世銀和國際社會保障協會等人士。[3] 那次會議把大量信息引進內地，1991 年，內地推行全面養老金改革。

周永新與內地建立聯繫，始於他在 1980 年代加入香港《基本法》諮詢委員會，後成為香港特區籌備委員會委員，開始與新華社接觸，跟當時新華社的社工部部長李偉庭熟絡。1984 年新華社跟他聯絡，表示內地民政部的民政訓練學院有人來港，希望了解社工工作。隸屬國務院的民政部在 1978 年重設，於 1984 年首次派團到香港考察社福事務及社工教育，周永新因這次來訪，結織了民政部的官員。

↑｜周永新（中）與時任港大亞洲研究中心主任陳坤耀（左）及音樂史學者劉靖之（右）合照。港大社工學系與亞洲研究中心有不少合作，例如長期獲世界銀行列為參考書、周永新著的 *The Administration and Financing of Social Security in China*（中譯《中國社會保障制度與管理》，由亞洲研究中心於 1988 年出版。（周永新提供）

↓｜周永新（中）與法律學院教授陳弘毅（右）於 1980 年代北上考察。（周永新提供）

1986 年，周永新通過新華社安排回訪北京，受邀同行的還有剛卸任及剛上任的兩位港大社工學系系主任李希旻及顏可親。他憶述，除了拜訪民政部訓練學院，一行人還去了北京大學，跟有名的北大社會學系教授雷潔瓊見面。雷潔瓊在 1924 年赴美留學，獲南加州大學社會學碩士學位，返內地後於大學任教，自改革開放以來致力恢復北京大學社會學系，推動發展社會工作專業。

雷潔瓊是廣東人，用廣東話和周永新交談，她談到當時北大還沒有社會工作系。另一位北大社會學教授袁方也提到，社會學不應該只是進行研究，應該從事實踐工作，即社會工作。

周永新等人去了中國人民大學，考察該校的勞動和人事管理專業，這是社工訓練重要的範疇，交流亦由此展開。他們也介紹了社會保障的概念，除了勞動保險，還包括退休和醫療的範疇。周永新說，「我們又介紹了研究不僅僅是社會工作實踐，同時包括很多政策、行政，房屋、退休及失業保障等問題。他們感到非常有興趣。」人民大學勞動人事學院在 1990 年代初調整本科架構，在原有的勞動經濟、人力資源管理外，加入社會保障專業。[4]

家無電視機的貧窮新定義

在香港，周永新多年來培訓社工，贏得「社工之父」的美譽。他從 1974 年起，先後在香港社工訓練學院和香港中文大學社會工作系擔任講師，到 1983 年入職港大社工學系，桃李滿門。

大學主修中文及中國歷史的周永新轉念當社工，源於一次木屋區的探訪。1966 年，他入讀港大，受教於歷史學家羅香林，於 1967 年參加了一項由

香港中文大學展開的「城市家庭生活調查」，被派到大坑的木屋區做訪問。一間木屋的居民邊打麻將邊回答他的問題，旁邊有個十多歲的孩子。周永新說，「這孩子很聰明，但讀完小學就沒讀了，有兩三個弟妹。木屋區沒電沒水，孩子在街上撿垃圾。」社會低下層的困苦觸動了他，發覺自己很想認識社會狀況，於是大學畢業後報讀港大社工文憑課程，「希望為他們做點事。」

一年的社工課程結束後，周永新到社會福利署做感化官，見到更多窮苦與無奈交織的底層生活。他去慈雲山家訪，那家人未滿 16 歲的兒子偷竊被捕。父母給他塞錢，說再多沒有了，他們希望他寫的報告，能為兒子換取較輕的刑期。他一再推讓，才能分毫不收地脫身。他也去過觀塘雞寮的徙置區，陣陣臭味，居民都是用公廁，生活環境差劣。

嘗過貧窮的滋味

周永新少時也嘗過貧窮的滋味。父親畢業於廣州中山大學經濟系，來港後在米商商會任職秘書，供養六個子女，一家八口和 20 多人同住在灣仔一個舊樓單位。小時候的他只能跟家人擠在走廊的「碌架床」睡覺，更曾經跟着姊姊走入灣仔和昌大押典當物品。[5] 周父為多賺錢，轉職為報紙寫武俠小說和馬經。在沒有傳真機及電郵的年代，周永新中學時會幫忙父親送稿到各大報館。[6]

由於升中試成績優異，周永新升讀聖保羅男女校。班上有富家子弟同學，經常邀請同學去「遊船河」，讓這個窮孩子感受到貧富的差距。他說，「那是我一生人中上遊艇最多的時期。」

1973 年，周永新取得英國曼徹斯特大學經濟學碩士，曾修讀社會福利經

↑｜周永新曾任社工，1970 年代
投身社工培訓。(周永新提供)

↓｜周永新在北京天安門廣場留
影。（周永新提供）

濟，特別關注福利政策的資源分配問題。1974 年回港後，他加入社工行
列，在觀塘基督教家庭服務中心工作。當時港大社工學系系主任 Peter
Hodge 推薦他去剛由政府成立的社工訓練學院任教，並鼓勵他修讀博士。
周永新在 1978 年完成港大社工博士學位，博士論文是東亞和東南亞地區
社會保障制度比較研究。

投身培訓社工，讓更多人去幫助人的同時，周永新依然關注貧窮問題，
他研究香港貧窮現象逾 40 年，期間做調查、分析及政策研究，還主持香
港首項關於貧窮的調查。在 1980 年代初，香港經濟起飛，但貧窮未有消
失，他以相對性貧窮概念做研究，以生活方式來量度貧窮，例如家居設
備、衣食住行、教育醫療、生活情趣等，用多維角度的問卷做調查，推
算香港有近 15% 人口，即約 74 萬人屬貧窮階層。這個調查報告設下富裕
社會的貧窮新定義，發表後引發熱烈討論，當時極受歡迎的電視處境連
續劇《香港八二》也以此為題，講述單身漢可能因家裡缺電視機等家居
設備而找不到老婆。[7]

周永新尤其關注老年貧窮的問題。緣起是他在 1982 年參加聯合國在奧地
利維也納舉行的「世界老年會議」（World Assembly on Ageing），讓他對
家庭制度轉變與老人照顧之間的關係得到新的體悟，自此研究老年學，
探討退休保障、老人照護等問題。[8]

陳麗雲——熱血青年銘記工人說話

改革開放後，陳麗雲北上教學、做培訓，推動內地社工專業重設。對於
這段日子，她心存感恩，「這是一個很特別的歷史時刻，我們很珍惜這
些機會，那時內地很開放，他們很好學，給我們很多空間。」

1984 年，陳麗雲隨港大社工學系與中山大學的「三年合作計劃」，到廣州中山大學講學，自此積極推動內地重建社工專業。她經常往內地交流以及籌辦研討會，除邀請內地學者外，還有香港的社福機構、院校老師及社工人員協會等，「要做到全國性影響，僅靠我們港大不夠，必須將香港其他院校拉在一起合作。」透過國際性的會議，面向全國。

她認為改革開放是很有活力的年代，「接觸到的人都很棒，給我們打氣，鼓勵創新，想做好青年工作，訓練好幹部，想改善國家。和他們一起做事，我和學生都很開心。」她說，「當年內地的情況比我們艱苦很多，但即使如此，仍能提供有創意的服務概念。」

在內地交流時，陳麗雲認識了不少有意思的人，例如廣州的孟維娜，成立了內地首間針對智障兒童的民辦特殊學校，並向全國推展服務智障人士的社區計劃；[9] 北京的王行娟，成立了內地首個民間婦女研究機構，服務婦女，尤其關注家暴問題。[10]

做青年發展工作的陳麗雲，自 1987 年到北京，為中國青年政治學院舉辦工作坊及培訓課程。青年政治學院培訓學員進行青年工作，畢業後會派到學校、青少年宮及少年宮等單位，工作性質類似社工，但他們過去的訓練多屬意識形態，而非社工技巧，「他們並不清楚社工在青年發展方面要做什麼工作，亦不懂得技巧，例如怎樣引發年輕人，得到他們的信任，從而說出心底話；還有怎樣去協助年輕人提升自我等。」她又透過工作坊，教導他們運用遊戲治療，或者領袖訓練方式輔導年輕人，「對他們來說很新鮮，很受歡迎。」透過交流活動，港大社工學系教師引入不少社工技巧，例如家庭治療等，打破過去偏重思想教育的輔導方式。

↑｜陳麗雲（右）於 1988 年 5 月在中國青年政治學院授課，與學院職員在大門前留影。（港大社會工作及社會行政學系提供）

↓｜陳麗雲為中國青年政治學院的培訓引入現代社工技巧。（港大社會工作及社會行政學系提供）

↓↓｜陳麗雲（右三）於 1988 年參觀北京的孤兒院，院舍教孩子唱「媽媽好」，令人心酸。（港大社會工作及社會行政學系提供）

工人囑咐成使命

陳麗雲在 1985 年辭去做了七年的社工工作，入職港大任「實習導師」（Field Instructor），繼而走上學術之路，並隨學系北上交流，熱情地投入協助建立內地社工專業，她說，「可以為內地做些事情，很開心。在一個這麼年輕的專業，剛剛有個時空可以貢獻祖國。」她直言讀大學時，正值 1970 年代的「火紅的年代」，大學生提出了「放認關爭」的口號：放眼世界、認識祖國、關心社會、爭取權益。深受影響的陳麗雲說，「認識祖國，關心社會，人人都入了腦。」她於 1993 年獲港大博士學位，畢業論文是研究廣州在改革開放下、經濟急速發展下的社區管理。[11]

陳麗雲為人爽快。她小時候，母親認為父親希望有個兒子，所以總把她打扮成男孩。來自單親家庭的她，身體較孱弱，家境也不富裕，但她讀書成績優異，會考的成績足以讓她入讀港大醫科，不過擔心讀醫不適合自己，選修了社會科學。

1975 年成為港大生的陳麗雲，入學後不久，因太古船塢清拆，有工人示威，陳麗雲到現場探訪，聽到工友擔心失業會被迫遷出宿舍，露宿街頭。她問大學生有什麼可以幫忙？一位工友答道：「我講我們的故事給你們聽，不用現在怎樣幫我們。但請記住這些事情，未來你們可以決定政策時，要記得有這些人會受到影響。」這番話陳麗雲至今仍然記着，她說：「這囑咐成為了我的使命。」

1970 年代的香港社會服務不足，貧苦老弱孤立無助，給她留下烙印。1976 年，大學二年級的陳麗雲去觀塘基督教家庭服務中心實習。那年冬天格外冷，有同學告訴她，看到一位婆婆瑟縮在樓梯口，她聽到了「一點感覺都沒有」。直至一天晚上，她從觀塘回到堅尼地城的家，次日整

個背部劇痛，像被人打了一頓。原來因為前夜天氣太冷，走在街上讓她肌肉緊繃，她頓時明白那位婆婆瑟縮樓梯的苦況。

這份感悟驅使陳麗雲行動起來，成立露宿者行動委員會，招募了 200 餘名港大學生義工，在 1977 年的除夕晚上在全港找尋露宿者，向他們分發物資及做問卷調查。最後他們成功訪問了 215 人，當中不少是以前從內地來港，出賣勞力糊口的長者。他們年老後失業，也失去僱主提供的住宿，變成無家可歸的露宿者。

陳麗雲及　班大學生將調查寫成《關心街頭露宿者計劃調查報告書》，要求政府檢討社會福利署的露宿者政策，並提出七項改善措施。[12] 報告提交政府後，適逢當時有英國專家來港，就社會保障制度向政府提出建議，這群港大學生跟這位英國專家會面，促成政府推出為單身老人提供醫療、社會及住屋保障措施。陳麗雲等港大生亦關注艇戶、籠屋居民等的房屋問題。

港大畢業後當上社工的陳麗雲，經常穿梭摩星嶺寮屋區做家訪，居民都是基層，青少年犯罪、逃學及暴力事件等時有發生，讓家庭更難以脫貧，非常無助，讓她看到在社會學課本裡「貧窮循環理論」的現實版本。陳麗雲和一班社工跟居民，組織居民協會及青年小組，改善木屋區的社區配套設施，以及為區內青年人提供輔導和協助。他們相信，改變是可能的。[13]

1970 年代至 1980 年代中，香港仍然有寮屋區，部分缺水缺電，有的還飲用井水，生活環境差劣。當時陳麗雲和其他社工於 1981 年成立寮屋區聯盟的組織，要求政府改善寮屋區配套，他們在幾個使用井水的寮屋區抽取水樣本化驗，發現大腸桿菌含量超出世衛標準 100 倍。這次行動促使

← │ 童年的陳麗雲（右一）。（陳麗雲提供）

→ │ 熱血的陳麗雲在 1977 年除夕發起關注露宿者活動，分發物資及做背景調查，寫成報告書交給政府，政府因而推出關懷無家可歸長者的政策。（陳麗雲提供）

政府為寮屋區提供自來水。

1990 年代初，陳麗雲關注長期病患者的苦況，他們往往被劃出社福保障制度之外，得不到支援，1992 年政府發表《康復政策及服務綠皮書》，提出向殘疾人士提供服務的藍圖，但沒有涵蓋慢性病病人。於是陳麗雲跟香港復康會、香港醫學會和病人組織聯盟合作游說政府，成立新的社區復康網絡（CRN），為慢性病病人提供服務，減少他們再入院及住院日子，現時成為支援病人重要一環。[14]

1992 年醫管局成立，41 家公立醫院被納入旗下，陳麗雲向醫管局提出，在瑪麗和伊利沙伯這兩家主要醫院，設立病人資源中心的試點項目，並聘請社工，組織病人成立自助團體，互相支援，同時協助醫院提供健康教育。現時醫管局下的醫院都設有相類的中心。

陳麗雲長期關注病患者，尤其癌症患者。她丈夫是有名的腫瘤專科醫生岑信棠，她了解癌症病人在情緒上也需要支援，於是拓展關注範圍，成為腫瘤社會工作者協會（美國）會員，照顧癌症患者的心靈需要，推動善終服務、末期癌症病人尊嚴治療等。她先後獲頒美國死亡教育和輔導協會（ADEC）臨床實踐獎及腫瘤社會工作協會（AOSW）院士榮銜。

梁祖彬——感受新時代來臨

1986 年 6 月，梁祖彬由香港坐火車到廣州站，再坐一個多小時的士到中山大學，「火車班次不頻密，我不時要坐的士落深圳再轉車返港，有時坐直通巴士，夜晚趕車很危險，街燈不多，又沒有高速公路。」他到中山大學負責講第一堂課，這是港大社工學系與中山大學的「三年合作計劃」，內地校方提供住宿的賓館，雖然設有空調，但位置偏僻，「過了吃飯時間，就沒有東西吃。外面到處漆黑，下課後出外逛逛，沒有商店，買東西要用外匯券，下課後可說是無事可做。」但要說最不習慣，他笑言是每次踏入課室時，全體學生都肅立。

梁祖彬說：「那時候大家都年輕，可以為國家作出貢獻，而且是一個新領域，讓我們介紹及引進社工這個專業，希望他們接受社工，培養出他們的老師。」計劃結束後，雙方合作寫了一份總結報告，有上課的學生反映，課堂上講授的社會政策與規劃、社會服務機構管理及社區工作，為他們引入新知識和理論，切合內地現代化所需。而港大社工學系的教

梁祖彬去中山大學講課，來聽課的都是該大學的社會學學生。（港大校訊《交流》圖片）

師透過教學經驗，加深對內地社會的了解，體會到內地發展社工專業的挑戰。

港大社工學系自 1980 年代中，在暑假派學生北上實習。當年要說服內地的社福機構接受香港學生前往實習，並不容易。由於學系只跟中山大學有合作關係，沒有和內地其他前線的社福機構聯繫，而且內地沒有實習的概念，負責安排北上實習的梁祖彬說：「為了讓學生去實習，我們要去幾個內地政府部門敲門。內地沒有實習這回事，他們也擔心我們去實習會做什麼。」

梁祖彬另找途徑，透過香港社會工作者總工會搭線。總工會早在 1980 年代初已舉辦北上交流團，梁祖彬在 1983 及 1984 年間，隨交流團參觀了內地的中國共產主義青年團（共青團）、中華全國婦女聯合會（婦聯）等機構，「就是總工會的交流活動，認識了這些機構的領導。」

梁祖彬指內地從事青年、婦女等工作的機構，對社會工作感興趣，「尤

↑｜梁祖彬在 1980 年代經常北
上交流。（梁祖彬提供）

↓｜梁祖彬（左一）與時任國家
領導人喬石（右二）合攝。（梁祖
彬提供）

其共青團，可能跟他們做青年工作有關，他們對於我們的社工技巧最有
興趣，他們跟香港社會工作者總工會經常有交流，來香港了解社工工作，
我們亦上去為他們舉辦訓練課程。」他運用在總工會交流活動中建立到
的人脈關係，游說這些機構開出實習崗位給港大學生，「我跟共青團和
婦聯較熟絡，於是順理成章通過這兩個單位，派學生去他們的機構，從
事基層工作的實習。對方也想看看我們的社工有什麼特別之處。」

香港第一批社區幹事

梁祖彬 1960 年代末入讀港大社會科學學院，修讀社工和心理，但當時沒想過要當社工，甚至對社工這專業所知不多，「我皇仁畢業，讀理科，本來想入讀醫科，但會考成績不理想，尤其數學，更入不了理科，於是入了社會科學院。」

他自言是理科人不是熱血青年，不過感情豐富，實習時被安排處理家庭個案，結果經常失眠，「例如有單親家庭，家裡兒子有精神病，回家我也老想著他們今晚怎麼辦呢，有沒有錢開飯，很不開心。」有感自己不適合處理個案，他在畢業後加入楊震社會服務中心做社區工作。

當時香港社區組織協會（簡稱社協）剛成立，梁祖彬成為社協第一批受培訓的社區組織幹事，關注民生事宜，他經常組織居民街坊，舉行如抗議靜坐等的社會行動。

1970 年代，香港經濟起飛，社會出現各種問題，如大量木屋區、勞工問題等，梁祖彬當上社區組織幹事後，經常四處考察民情、跟街坊閒聊、做家訪，尋找問題介入，希望能幫助解決社會問題。

他參與的首個行動，是為油麻地避風塘 6,000 名艇戶爭取上岸安置，當時政府要在避風塘填海，卻沒有計劃安置艇戶。梁祖彬等社工組織艇戶請願，引來傳媒廣泛報導。在輿論壓力下，艇戶於 1972 年獲政府上岸安置。[15]

開居民大會、請願及靜坐等成為梁祖彬的日常工作。行動過後要發新聞稿，沒有傳真機的年代，梁祖彬和同事都會驅車到各報館派新聞稿，翌日行動上了電視、報紙，形成社會壓力，促使政府回應及行動。但他指

梁祖彬（右一）為油麻地避風塘艇戶爭取上岸安置，和前市政局議員、為弱勢社群爭取權益的杜葉錫恩（Elise Elliott Tu）舉行記者會。（梁祖彬提供）

行動從不用暴力，不直接衝擊，只運用間接壓力（indirect pressure）。[16]

在社協工作大半年後，梁祖彬到美國受訓半年，其後返回楊震社會服務中心。1975 年梁祖彬因認識港大時任社工學系系主任 Peter Hodge，獲知學系招人，於是入職港大任實習導師，主要安排和輔導學生實習。他發掘到不少新實習地方，例如民政署、勞工處、勞工處下的勞資關係科等，讓學生有不同的實習體驗。他自己也因為入職大學，走向從未想過的學術之路。

回想當年在港大工作，經常北上講課交流，梁祖彬指系主任給老師的空間很大，假期又多，返內地交流，像進入一個新天地。他說，「內地有

一班人，很想學外面的東西。我們在外面的很想把知識轉移進去，幫他們發展。大家都不怕辛苦，條件差也不介意。」

改革開放帶來希望，梁祖彬感覺到一個新時代的來臨。「開始了很多改革，但是也很亂，不知道怎麼走，很多做與不做的爭論。試新的東西，會不會很過份？官員很保守，但是學者、共青團、婦聯都願意嘗試新的東西。」多年來參與內地建立社工專業、社工培訓等，令他在 2020 年獲中國社工年會選為中國十大社工人物。

先行者

社工三子不單深入基層，也用功鑽研，理解內地急速變化的社會，發表不少有關內地社福制度的文章及著作。梁祖彬記得，當時他們提交給外國期刊的論文，沒有其他了解內地社福制度的同行專家能做審核，幾乎是直接得到刊登。

港大社工學系很早就和內地大學建立良好關係、走到前線的三位年輕學者，代表了當年社工學系精英對專業和國家最誠意的奉獻。他們憑著專業訓練，結合理論和實踐、宏大視野和實際國情，和內地專家合作，提出對政策的倡議，同時發表一系列具有標竿意義的學術論文，成為了國際研究內地社福制度的先行者。

專業社工教育從零跨越

來自加拿大的先行者

當年帶隊北上的港大社工學系系主任顏可親（Richard C. Nann）是加拿大移民第三代，雖然他不會講寫中文，但看到 1984 年《中英聯合聲明》簽署後的新時局，希望跟內地拉近距離。他在 1986 年接受港大校訊《交流》訪問時說，「由現在到 1997 年，香港與中國在社會工作和培訓方面，有一個交流學術和合作研究的黃金機會。」[1]

顏可親的社工教育經驗豐富，曾在加拿大英屬哥倫比亞大學任教 15 年，1970 年代中被借調到香港，出任社工訓練顧問委員會顧問，檢討本港社工訓練。他建議提供不同程度的訓練課程，獲得香港政府接納並實行。[2]

1985 年，顏可親出任港大社工學系系主任，後受邀到訪廣州，看到內地大學發展社工教育的困難，相關課程停辦近 30 年，教師年事已高或已離世，師資缺乏。[3,4] 同年 12 月，顏可親及前系主任李希旻到中山大學洽談合作，雙方達成協議，展開社會工作教育與研究的三年合作試驗計劃。計劃分為兩部分，核心部分由港大社工學系派員到中

1980 年代，顏可親（中）到廣州，與中山大學社會學系負責人徐必娥（左）及徐展華（右）商討三年（1986-1989）合作計劃。（港大校訊《交流》圖片）

山大學社會學系為本科生授課，在 1986 至 1988 年兩個學年內進行。第二部分是港大社工學系為中山大學的全國首屆民政院校社會工作師資培訓班（民政部委託中山大學舉辦）講課，從 1989 年 4 月開始，為期兩個月共 200 小時，全國各地包括北京、吉林、山東及湖南等的在職教師共 34 人參加。[5]

由港大派員到中山大學，是考慮到當時內地人來港不易，得去英國領事館辦理簽證，若屬公務出差更先要到北京參加集訓。當時在洽談現場的中山大學社會學系研究生秘書陳社英憶述：「兩位教授為祖國改革開放熱潮所鼓舞，希望與毗鄰的中山大學開展學術合作，這與中大社會學系一拍即合。」[6] 當年，這個計劃是內地近 30 年以來，開設首個系統性、專業及與國際接軌的社會工作專業課程，為重建社工專業邁出一大步。

顏可親還為計劃籌措經費，獲美國三藩市華僑林逸民支持。[7] 他透過在

港的女兒李林建華捐款，以支付港大教師北上的交通等開支，並為中山大學社會學系設立社會工作藏書室。[8] 梁祖彬憶述：「我們叫同事捐書，但中文書不多，英文書他們看不懂，我們盡買中文書，但香港的有限，就買台灣出版的，舊書新書一箱箱的寄上去。」[9]

從沒有到建立社工專業資格

計劃的核心部分啟動，港大社工學系派出六名教師到中山大學授課，包括周永新、梁祖彬、陳麗雲、何桂華、李希旻及曾家達。授課內容以港大社工學系本科課程為基礎，包括理論和實務，但沒有實習環節。課程大綱及教學資料要先經中山大學審批，並刪走有關請願、示威等被視為敏感的社會行動內容。為了不影響港大教師的教研工作，課程安排在聖誕節假期、復活節假期及暑假進行。1986 年 6 月開課，來聽課的都是該校社會學系三年班學生，還有中山大學的教師、民政局及婦聯的幹部。

上去授課的港大年輕學者發現，內地要發展社工專業，不能單靠引入課程，最大的挑戰是畢業生沒有就業前景，令學生修讀社工的動機不高。當年到廣州講課的陳麗雲說：「當時沒有社工這個崗位，入到中山大學的都是有能力的學生，畢業後被分配做市委公務員、企業的見習生、街道辦主任等，未必是立志去當專業社工。社工在當時沒有職稱、沒有崗位、沒有薪酬表、沒有升級制度，根本沒有社工這個工種。」[10]

要推動社工專業，陳麗雲憶述，他們當時認為只引進社工課程並不足夠，「因此後來我們轉以推動全國社會工作的專業發展作為目標，要建立社工專業的認可，應該去到全國，向政策發展。」港大社工學系教師開始在香港及內地舉辦以社工教育為主題的大型研討會，並邀請內地學者參加。

↑｜李林建華與北上實習的社工學系學生燕梨及慈文合攝。李是 1980 年代支持社工學系的三藩市華僑林逸民的女兒。（港大校訊《交流》圖片）

↓｜社工學系的年輕教師到廣州的中山大學授課，陳麗雲（右一）、梁祖彬（右二）及其他老師在大學留影。（港大社會工作及社會行政學系提供）

↓→｜陳麗雲（右二）積極籌辦及參與學術會議，推動內地建立專業社工地位。（港大社會工作及社會行政學系提供）

港大社工學系舉辦主要教育研討會

1988 年	港大社工學系、亞太地區社會工作教育協會與北京大學社會學系於北京合辦「亞太地區社會工作教育研討會」,與會者共 118 人,來自 15 個國家及地區,是內地首個有關社會工作教育的國際學術會議。[11]
1992 年 12 月	港大社工學系於香港舉辦「華人社會的社會工作教育:理論及發展研討會」,與會者包括 100 名來自美國、加拿大及亞太華人社區的社工學者及培訓人員,是 1989 年後首個邀請內地社工教育學者來港參加的國際會議。[12]
1996 年	國際社會工作者聯合會(IFSW)、國際社會工作教育聯盟(IASSW)及港大合辦 IFSW 世界周年大會,主題為 Participating in Change - Social Work Profession in Social Development,與會者來自 64 個國家過千人,包括內地社工及學者。[13]

應對因改革開放而衍生的社會問題,設立社工被視為一個解決方法,內地社工教育發展也因此邁開大步。中國民政部一直關注社工專業的發展,1987 年牽頭與北京大學合作,在該校的社會學系開辦社會工作與管理專業,培訓民政部幹事,翌年成立「社會工作教育與研究中心」,由專家組成,為社會工作發展提供意見。1988 年,國家教育委員會批准四間大學,包括北京大學、人民大學、吉林大學及廈門大學開辦社工專業,確立社工走向專業。中國社會工作者協會及中國社會工作教育協會繼而分別於 1991 及 1994 年成立。

從實習到科研

港大社工學系教師到中山大學授課後,深感對內地社福制度認識不足,

他們認為：「教師們明白自身對於內地社會福利與社會工作活動缺乏充分的了解和認識，由於不能利用當地的說法與實例來闡釋概念和工作程序，使得知識與實務的結合產生了困難。」[14] 其後，港大在內地展開學生實習計劃，社工學系教師有機會走到前線，近距離考察內地社福實務，成為全球首批研究中國社福制度的學者。

顏可親在任港大社工學系系主任期間，啟動港大學生北上實習計劃，讓本科學生於最後一年暑假，到廣州進行為期十週的暑期實習，教職員亦要北上對實習學生進行督導。[15]

1986 年暑假，梁祖彬帶着兩名學生到廣州，為實習計劃掀起序幕。師生三人去了 27 個單位探訪及搜集資料，包括共青團、婦聯、老人院、兒童福利院、精神病者康復機構及退役軍人療養院等，還有廣州舊區金花街及南華西街兩個街道辦事處。[16] 在一個街道辦舉行的活動，兩名港大生主持了攤位遊戲，街坊玩得很開心，給街道辦留下深刻印象，樂意給港大學生更多來實習的機會。到 1990 年代中，每年到廣州實習的學生由八人增至十人，至 2000 年，共有逾 50 名港大學生完成廣州實習。[17]

學生在廣州實習，社工學系的教師也要駐地數週進行督導。他們走進內地前線社福機構，與機構人員建立良好的關係，得以貼地考察，獲得第一手研究資料，寫成學術文章及著作，梁祖彬說，「關於內地，我們拿到的資料最多，在眾多大學中，我們寫的文章最多。對全世界來說，我們是一座橋樑。當時沒有人寫這些學術文章，較多關注內地的政治和經濟。」梁祖彬又指，即使 1980 年代外國有文章寫內地社會服務，也未見深入。

港大社工學系學者有關內地社福制度研究的部分論文及著作

周永新　　*The Administration and Financing of Social Security in China* (Hong Kong: The Centre of Asian Studies, HKU, 1988)，獲世界銀行長期列為參考書，是當時第一本關於內地社保制度的英文著作。中譯本由侯文若譯，名為《中國社會保障制度與管理》（成都：四川科學技術出版社，1989 年）。

陳麗雲　　*The Community-based Urban Welfare Delivery System of the People's Republic of China in the Midst of Economic Reforms: the Guangzhou Experience* (Ph.D Thesis), (Hong Kong: The University of Hong Kong, 1991).

　　　　　Issues of Welfare Planning in the PRC in the Midst of Economic Reform (Hong Kong: The University of Hong Kong, Centre of Urban Studies & Urban Planning, 1990)

　　　　　The Myth of Neighborhood Mutual Help: The Contemporary Chinese Community-Based Welfare System in Guangzhou (Hong Kong: Hong Kong University Press, 1993).

　　　　　with Nelson W.S. Chow, *More Welfare After Economic Reform? Welfare Development in the People's Republic of China* (Hong Kong: Centre of Urban Planning and Environmental Management, The University of Hong Kong, 1992).

梁祖彬　　《穗港社區工作理論與實踐》（廣州：廣東高等教育出版社，1990 年）

　　　　　Family Mediation with Chinese Characteristics: A Hybrid of Formal and Informal Service in China (Hong Kong: Department of Social Work & Social Administration, The University of Hong Kong, 1991).

　　　　　The Transformation of Occupational Welfare in the People's Republic of China: From a Political Asset to an Economic Burden (Hong Kong: Department of Social Work & Social Administration, The University of Hong Kong, 1992).

　　　　　with Richard Nann, *Authority and Benevolence: Social Welfare In China* (Hong Kong: Chinese University of Hong Kong, 1995) 中譯本《權威與仁慈：中國的社會福利》。

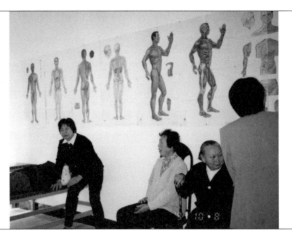

港大社工學系教師北上考察，有機會走到內地社福界前線，例如由街道辦設立的健康站，專門為區內老人提供按摩、針灸等基層醫療服務。（港大社會工作及社會行政學系提供）

1996 年，港大社工學系成立中國研究資源中心，為教職員及學者提供研究數據及資料。[18] 而港大亦開先河，將有關內地的社會福利制度納入社工課程。[19] 港大社工系學者成為研究內地社福制度的先驅者，出版大量文章及專書，開拓了研究中國的新角度。

培訓內地社工人才

港大培養內地社工研究人才，1986 年取錄首名內地生陳社英，他是中山大學研究生班畢業生。另一名內地博士生徐月賓於 1997 年畢業，現為北京師範大學社會發展及公共政策學院教授，他回顧在港大的日子，「我從香港人、特別是我的導師和老師那裡學到了最寶貴和最有價值的是真正的人文元素，他們對學生的尊重、信任和關懷，現在我以同樣的態度對待我的北京同事和學生。當然，還有我在香港有機會讀了許多好書和資料。」[20] 2001 年港大社工學系研究生包括兼讀生有 65 人，其中六成來自內地各校。[21] 陳麗雲說，現時港大社工學系的內地畢業生微信群裡已聚集近 260 人，非常熱鬧。

早年來港大社工學系的內地研究生，屬於大齡學生或者非社會學本科出身，他們在內地已是教師或教授，在港大要用英文學習都感到吃力，但苦盡甘來。梁祖彬說，入學要考英文托福（TOEFL）或雅思（IELTS），港大主要以英語教學，他們讀得辛苦；但返回內地工作，晉升很快。當然十年後情況很不同，學生都很年輕，英文水平亦高。[22] 他指由於港大社工學系畢業的內地生有較高英語水平，具備國際視野，並且可以發表英文文章，在國際同行中較易獲得肯定。

港大社工學系碩士或博士畢業的內地生，成為內地社福界的中流砥柱，如浙江師範大學法政學院院長劉夢、華東理工大學社會與公共管理學院院長何雪松等。梁祖彬說，部分學生返回內地的大學任職，要開設社工課程，也會找港大的導師協助，「例如北師大的徐月賓是我學生，我也協助他們成立社會工作碩士課程，擔任諮詢委員會的主席。」亦有內地生畢業後往外國進修及工作，例如周永新的學生陳小蓓及郭曼現分別在加拿大及美國的大學任教。[23]

1998 年，港大社工學系和復旦大學簽訂社工教育及研究合作協議，在復旦大學設立社會工作碩士及社會行政管理碩士課程，授予港大學位。港大社工學系教師於週末到上海授課，內地生不用到香港也可以修讀港大的碩士學位。這個課程經歷多年籌備，於 2001 年開學，是首兩個在內地註冊、獲中國教育部承認的海外社工碩士課程，申辦過程充滿挑戰。[24]

2000 年，內地的社工專業踏進新里程，國務院進一步擴展社會福利，加強地方政府及半政府組織，如工會、共青團、婦聯及民間非政府組織，提供更多社會服務。[25] 新政策增加了對社工的需求，2015 年修訂的《中華人民共和國職業分類大典》，把社會工作者列入「專業技術

港大社工學系與復旦大學合辦的社工碩士及社會行政管理碩士課程，陳麗雲（前二排右六）、梁祖彬（前二排左八）及時任港大副校長李焯芬（前二排右七）出席開學禮。（周永新提供）

人員」類別，社工專業獲官方確認，成為重要的里程碑。[26] 2018 年，全國有 82 所高職院校開設社工專科課程、348 所大學開設社工本科課程、150 所大學及研究機構開設社工碩士課程，以及 17 間院校提供社工相關的博士學位，每年培訓近四萬名社工專業畢業生。[27] 2021 年，全國取得社會工作者職業資格證書的有 73.3 萬人。[28]

內地社工專業在 40 多年間，由無到有，成為改革開放的新章。

註

周永新、陳麗雲、梁祖彬

1　本文部分根據周永新訪談記錄，2021 年 7 月 23 日、2022 年 8 月 4 日；陳麗雲訪談記錄，2021 年 7 月 23 日、2022 年 1 月 6 日、8 月 4 日；以及梁祖彬訪談記錄，2021 年 7 月 23 日、2021 年 12 月 23 日、2022 年 8 月 5 日。

2　顏可親、何肇發、梁祖彬：《中國社會工作與社會工作教育的探索：香港大學與廣州中山大學社會工作教育與研究三年合作計劃總結報告》（香港：香港大學社會工作學系，1990），頁 10。

3　曲海波、宋玉華：〈老齡問題國際討論會〉，《老年學雜誌》，第 3 期（1986），頁 41。

4　〈專業院校介紹：新專業新風格新面貌 —— 中國人民大學勞動人事學院十年發展簡史〉，《中國人力資源開發》，第 Z1 期（1993 年），頁 61-64。

5　周永新：《真實的貧窮面貌：綜觀香港社會 60 年》（香港：中華書局，2014 年），頁 12。

6　鄭明仁：〈周永新幫父親送稿〉，《香港文壇回味錄》（香港：天地圖書，2022 年），頁 363-365。

7　同註 5，頁 89。

8　同上，頁 122。

9　孟維娜於 1985 年在廣州創辦智靈特殊學校，是內地首間專門針對智障兒童的民辦學校，培養孩子生活技能，幫助他們融入社會，並由學校走向全國，推廣智障人士社區服務計劃。

10　王行娟於 1988 年在北京創辦紅楓婦女心理諮詢服務中心，是內地首個民間婦女研究機構，以心理輔導及社會工作方式，關注婦女及兒童的身心健康，又開設全國首條婦女熱線。

11　L.W.Chan（陳麗雲），*The Community-based Urban Welfare Delivery System of the People's Republic of China in the Midst of Economic Reform: the Guangzhou Experience* (Ph.D Thesis) (Hong Kong: University of Hong Kong, 1991).

12　《關心街頭露宿者計劃調查報告書》（香港：關心街頭露宿者計劃委員會，1977）。

13　Cecilia Lai Wan Chan, 'My Personal Journey of Generating Evidence in Social Work Practice for Social Change', *Research on Social Work Practice*, 2020, Volume 31(1), pp.1-8, http://doi.org/10.1177/1049731520961166, retrieved 4-8-2022.

14　同上。

15　〈油麻地避風塘進行填海　艇戶安置於政府廉租屋〉，《華僑日報》，1972 年 2 月 8 日，頁 5。

16　張家偉、蔡青梅：《事盡人間苦　蒼莽起風雲 — 社協五十年》（香港：香港社區組織協會，2022），頁 76-83。

紀事

1　汪士蕾：〈社工系主任談：社工培訓展望〉，港大校訊《交流》，第 49 期（1986 年 6 月），頁 1。

2　同上，頁 1-2。

3　周永新訪談記錄，2021 年 7 月 23 日。

4　顏可親、何肇發、梁祖彬：《中國社會工作與社會工作教育的探索：香港大學與廣州中山大學社會工作教育與研究三年合作計劃總結報告》（香港：香港大學社會工作學系，1990），頁 1。

5　張寧渤：〈中山大學社會教育發展探析〉，《社會工作》，第 12 期（2021 年），頁 34。

6　陳社英：〈中國社會工作專業的重建 —— 一個時代與經歷的回顧〉，《社會工作》，第 5 期（2020 年 10 月），頁 83-90。

7　林逸民（1896-1995）曾就讀廣州嶺南中小學，後留學美國修讀土木工程，回國後曾任嶺南大學校董、美國嶺南大學基金會董事等。

8　同註 4。

9　梁祖彬訪談記錄，2021 年 12 月 23 日。

10　陳麗雲訪談記錄，2022 年 1 月 6 日。

11　張燕編輯：〈史節點：北京大學社會工作專業重建與發展（上）〉，網頁《中國社工之家》，2018 年 10 月 31 日，取自 family.swchina.org/history/2018/1031/32514.shtml，20-9-2022 擷取。

12　〈「華人社會的社會工作教育」會議在港舉行〉，《當代青年研究》，第 05 期（1992），頁 47。

13　*Participating in Change: Social Work Profession in Social Development*, 24-27 July 1996, Hong Kong (Hong Kong: Joint World Congress of the International Federation of Social Workers and the International Association of Schools of Social Work , 1996)

14　同註 4，頁 11。

15　同註 1，頁 1-2。

16　〈社工廣州行——社工學生赴穗實習記〉，港大校訊《交流》，第 51 期（1987 年 4 月），頁 9。

17　Joe C.B. Leung, *Building for Excellence Together: The 50th Anniversary of Social Work Education In The University of Hong Kong* (Hong Kong: Department of Social Work and Social Administration, HKU, October 2000), pp.17-21.

18　同上，頁 23。

19　*Celebrating Our Achievements, Stepping Up to the Challenge: Sharing the Sparkling Moments Diamond Jubilee of Social Work Education in HKU* (Hong Kong: Department of Social Work and Social Administration, HKU, June 2010), pp.11.

20　同註 17，頁 23-24。

21　同註 19，頁 29。

22　梁祖彬訪問，2021 年 12 月 23 日。

23　周永新補充資料，2022 年 3 月 9 日。

24　梁祖彬、陳麗雲訪談記錄，2021 年 7 月 23 日。

25　中國國務院公報：〈關於加快實現社會福利社會化意見的通知〉，2000 年 2 月 27 日，取自 www.gov.cn/gate/big5/www.gov.cn/gongbao/content/2000/content_60033.htm，26-7-2022 年擷取。

26　〈2021 年版〈國家職業資格目錄〉公佈，社會工作者職業資格位列第 37 項〉，《社工中國網》，2022 年 12 月 6 日，取自 news.swchina.org/industrynews/2021/1206/40283.shtml，26-7-2022 擷取。

27　〈2018 年中國社會工作發展報告發佈〉，《公益時報》，2019 年 3 月 26 日。取自 www.gongyishibao.com/html/zhengcefagui/16107.html，26-7-2022 擷取。

28　〈持證社工人數達 73.3 萬　全國社會工作者職業資格考試報名人數大幅增長〉，《公益時報》，2022 年 5 月 5 日，取自 www.gongyishibao.com/html/shenghuigongzuo/2022/05/20982.html，23-9-2022 擷取。

第七章

法律篇

1984 年《中英聯合聲明》簽署，「九七」回歸大局已定，港大法律學院推動兩地交流，致力成為研究中國法律中心及普通法中心。法學碩士率先加入內地法律課程，讓香港學生有系統認識內地法律。學院於 1997年推出面向內地生、以普通法為基礎的香港法律深造課程，同時邀請內地學者來港研究。

7

LAW

港大法律系創系校舍 1969 至 1973 年（法律學院圖片）

多倫多大學法學院提供

何美歡 (1948-2010)

她為國家做學問

早在上世紀八十年代，她就看到了巨變的世界
需要中國的參與，國家要緊急提升機制，
在世界建立自己的位置。

香港出生的律師何美歡（Betty Ho）說，她是為國家做學問的。中國觸
動她的神經，讓她不安份。在 1980 年代，她已看到劇變中的世界需要
中國的參與，而中國要緊急提升機制，在世界建立自己的位置。

1993 年，首間內地國企來港上市，為融資打開窗口。H 股上市，需要
內地和香港分別立法，其間參與者包括內地和港方最高層的金融與法律
官員和專家，磨合協調的過程艱巨。那時內地沒有公司法，也沒有國際
會計準則和資產評估標準，與香港的制度和法律有天淵之別，而何美歡
是 H 股上市的幕後功臣。她和內地與香港兩地團隊起草內地企業赴港
上市的公司章程條款要求，這些條款被寫進香港聯合交易所上市規則
中，最後得到國家體制改革委員會和中國證監會以正式文件頒佈。

何美歡在 2010 年逝世，才 62 歲。朋友、同事和學生都懷念她的專業能力和精神，對香港和國家冷靜而又熱情的奉獻。她對普通法的信念，和在推動 H 股在香港上市的無償付出，更為人樂道。中國證券監督管理委員會前副主席、前首席律師高西慶回憶起與何美歡在 H 股上市過程中合作的經歷，慨歎「這個冥頑不化的小個子太難搞了。」她對細節的堅持，不同於很多人「大事化小、小事化了」的作風。

何美歡持有加拿大、美國、英國和香港的執業律師資格，1988 至 2002年執教香港大學法律學系，期間致力改革考試制度和商法課程體系。她專研公司、商事、金融法，以中英文出版英美法專著十多本，包括《交易所的所有權歸屬與治理：非互助化》、《公眾公司及其股權證券》、《香港合同法》、《香港擔保法》、《香港代理法》、《保險合同法》等，在業界中廣泛使用。

2002 年，何美歡辭去港大教席，揣着她精心設計的普通法教學方案，隻身前往清華大學任教，在沒有普通法傳統的內地，以英語有系統教授普通法。她要改革法學教育方法，培養學生登上國際舞台。

婉拒加入家族生意

何美歡 1948 年 11 月生於香港，在六兄弟姊妹中排行第四，父親經營教科書零售。她小學和中學就讀於天主教瑪利諾修院學校，先後在美國加州聖心學院和加州大學柏克萊分校獲得文學學士和亞洲研究的碩士學位。碩士畢業後，她婉拒加入家族的圖書出版事業，要找自己的路。

1973 年，何美歡移民加拿大，被僱主嫌棄「學歷過高而經驗不足」，找不到合適的工作。翌年，她考入多倫多大學法學院，成為大多數白人

1977 年，何美歡從多倫多大學法學院畢業。（多倫多大學法學院提供）

學生中的極少數亞裔。1977 年在法學院取得學士學位（LLB）後，她加盟國際律師事務所 Stitt, Baker & McKenzie，從事商事法律業務。但她總覺得，加拿大不是安身立命的地方。

1970 年代末，何美歡在《經濟學人》雜誌上看到中國改革開放的消息，激動地致信內地官員，詢問如何參與。對方以公函說，需要資金，可那時的何美歡捐不出什麼錢。又一輪傳書後，內地政府說，給我們寄一些英美國家的法律書吧，我們好參考建立自己的法律系統。何美歡想到，光寄書是沒用的，還需要專業訓練。她那時便決心要寫一部給中國人看的普通法教材。[1] 英美等國家實行普通法，內地則行成文法，要與國際接軌，內地必須認識普通法。

何美歡的胞兄何耀棣畢業於香港大學，1977 年創辦律師事務所，是改

革開放後最早為內地企業提供投資法律服務的境外律所。1982 年，何美歡加入兄長的事務所，努力學習普通話，為內地的招商引資解決法律障礙。1987 年，39 歲的何美歡為了趕上普通法的最新發展，赴劍橋大學攻讀法學碩士學位（LLM），一年後回港，加入港大教學。

在港大法律學系教學

在港大，學生愛向她提問，也害怕問她問題，因她尋根問底，一針見血。何美歡在港大的第一批學生、後來和她做同事的港大法學院教授張善喻記得，有一天班代表鼓起勇氣請願，希望何美歡「體恤民情，減少閱讀時間」。其他學生當時鴉雀無聲，何美歡走近發言的同學，問說，「你們每天花了多少時間在學習上？」大家面面相覷，不敢回答。[2]

在港大任教，何美歡相信好的教師也必須是優秀的研究學者。她以中英文出版系列英美法專著，自己翻譯成中文。她涉獵合同法、代理法、擔保法、公司法、證券法等多個領域；其力作《公眾公司及其股權證券：香港法下的監管原則》對普通法地區的公司和證券法改革影響深遠。為了方便內地學者和學生，她將 Philip Wood 的經典之作《國際金融法實務》翻譯成中文。

在港大，何美歡牽掛內地發展，熱心參與和內地院校的學術交流，從不計酬。跟同事馮象（後任清華大學法學院梅汝璈法學講席教授）在薄扶林道午餐時，她問對方「文革」中怎樣自學外語，述及在美國唸大學時怎樣設法追蹤內地的局勢，馮象說，「她的聲調有點激動，彷彿憧憬着什麼。」[3] 很多年後，何美歡北上清華任教，馮象才明白她的志向。

H 股香港上市

1992 年，何美歡得到中國銀行贊助為期 18 個月的學術假期，完成了擔保法的英文稿，準備撰寫公司法和證券法。沒料到，大律師梁定邦來電，打斷了她寧靜的生活。第一批國有企業在籌備來港上市，香港交易所邀請她做顧問，何美歡毫不猶豫地答應了。

1992 年初，香港聯交所主席李業廣帶隊訪問北京，探討香港回歸後的資本市場發展，提出了讓國企赴港上市的設想。同時期，有 20 年歷史的上海金山石化廠（上海石化前稱）負債高達 30 多億元人民幣，廠長去信時任國務院副總理朱鎔基，提出要麼債務全由國家承擔，要麼上市。朱鎔基與李業廣見面後，作出「建議讓金山石化這樣的企業通過規範化改制赴香港上市」的批示。歷史總是充滿各種巧合抑或必然，H 股就在這樣的時代背景下應運而生。4

當時紐約交易所、倫敦交易所、新加坡交易所都想到內地打開市場，但朱鎔基決定 H 股先行，准許內地企業到香港上市。於是內地與港方成立了由十名成員和兩名秘書組成的聯合工作小組，下面分設會計、法律和上市問題三個小組。內地成員包括體改委副主任劉鴻儒、處長李青原、專職委員孫效良；中國人民銀行總行金融管理司司長金建棟、國務院港澳辦公室研究所副所長陳寶瑛，秘書是中國人民銀行總行副處長聶慶平；港方的成員包括香港聯交所主席李業廣、行政總裁周文耀、理事梁定邦。

時任國家體改委處長李小雪記得，雙方在法律上差異太大，工作小組舉步維艱。當時內地的公司法尚未出台，體改委正在研究制訂《股份有限公司規範意見》。要為國企赴港上市制定法規不易，李小雪回憶說，「股

梁定邦與何美歡共事，為首批
國企來港上市梳理和協調內地
與香港的法律差異。（灼見名
家圖片）

份制試點這套制度是不是對的，在內地的企業裡還沒有實踐，現在就要
去香港上市，走出國門，出去迎接國際資本市場的大風大浪，這時候心
裡真的是沒有底。」[5]

銜接兩地迥異法律

國企上市需要一個清晰的法律框架，銜接兩地迥異的法律是個極大的挑
戰。梁定邦獻計，除了國家體改委頒佈補充規定外，可以通過公司章程
必備條款，把兩地法律需要細化的內容寫進公司章程。當年不比現在，
公司上市的章程還是白紙一張。這個章程由誰來寫？誰能完成這個兩地
法律的搭橋聯結工作？

從 5 月到 9 月，香港交易所與體改委的會議討論不出結果。時間緊迫，
梁定邦想到了邀請何美歡幫忙，梳理和協調內地與香港在企業制度、證
券制度上的法律差異。

答應梁定邦後，何美歡卻猶豫起來。她欣喜於 H 股上市必然推動內地制定公司法，但憂慮的是，H 股上市必須遵從香港公司法，但當時的香港證券法仍有不足之處，怕會給內地制定中的公司法帶去不好的影響。何美歡自問，「難道我可以自大地對人家說，本人正在草擬理想的公司法，請您五年後來提貨嗎？況且 H 股上市、公司法立法，都需要適當的政治氣候，錯過了這一課，可能再要等十年八年。」[6]

何美歡相信應該把握機會，及時引入一部哪怕不太完善的公司法。所謂「Do not let the best be the enemy of the good」，何美歡翻譯這句英文諺語為「不能要求一步到位」。她說，回想這個經歷時，領悟到法律本土化是個長遠目標，「世界不會停頓下來，等我們弄出一個理想的、自家的法律制度才與我們進行貿易。」

披荊斬棘迎難而上

何美歡加入了梁定邦的工作組。1993 年 6 月 30 日，是死線的死線。一切法律手續必須辦好，否則國企上市將推遲至少半年，無論金融世界還是政治世界都等不了。死線之前，香港方面要修改香港交易所上市規則，在 2 月確定大方向，3 月前落實具體內容，4 月中英文法律文本定稿，否則一切都來不及了。

何美歡接到梁定邦的電話時已是 1992 年 9 月，時間緊張，工作量龐大。國企赴港上市可以選擇要求較高的主板，也可以退而選擇條件較寬的次板。當時有人建議選易捨難，但是在次板上市的方案很快被否決。一是國家的面子問題，二是如果放棄對國有企業的規管要求，就無法刺激國企改革。

知難而上成為了唯一的選擇。根據香港交易所的要求，所有外地公司所屬的法律管轄區，必須為股東提供相等於香港法律提供的保障。問題是，當時內地還沒有公司法，實行的僅是體改委內部發行的《規範意見》，內容簡陋，缺乏保護股東權益的條款，而且一些條文在國際舞台上不倫不類。

何美歡只用了幾天時間，就向交易所提出應對上述問題的建議。她將需要修補的內容分成幾大類，詳細分析內地的規定與香港法律規定之間差異的嚴重性，以及工作組提供的解決辦法。小組和體改委開會時，何美歡說明香港法律的要求和背後的道理，再分析內地法律的不足。針對香港提出的解決方案，有時體改委很快就同意了，但有時會遭到企業的強烈反對。雖然阻力相當大，但最終都成功協調推進。

1992 年 11 月，在聯合工作小組香港第四次會議上，雙方確定通過制定三個文件來彌補兩地的法律差距。包括以國家體改委名義發一份《股份有限公司規範意見》的補充規定；以國家體改委名義致函香港聯交所，解釋法規中不容易被香港和其他境外投資人理解的概念和條款；雙方同意共同起草文件，明確赴港上市的公司章程必須載明的事項和條款。這些文件基本上解決了兩地法律方面存在差距的 200 個問題。[7]

李小雪尤其記得何美歡的勤奮。當時香港人流行用倉頡中文輸入法，很多人怕麻煩，抗拒使用中文。但何美歡每次開會，都準備好自己打字的中英文材料，逐條討論。在會場上，她同步修改批注，下一輪開會時已準備好更新的中英文稿件。李小雪所寫的關於國家體改委股份制改革的材料有一米高，他估計何美歡的資料更厚。

嚴謹謙虛的態度為何美歡贏得很多內地好友。李小雪說，在所有溝通

中，她從沒表示不耐煩。雖然大家對不同的看法各有堅持，但何美歡總能很快地找到彌合渠道。李小雪和高西慶回憶，他們和何美歡、梁定邦等香港專家的溝通過程非常和諧。

何美歡的淵博和專業能力之強也使李小雪震撼。每遇爭議，何美歡不僅提出香港法律作為參考，也會指出澳大利亞、加拿大和其他英聯邦國家的公司法的例子，借鑑找出協調辦法。

當時雙方從早到晚開會，翻來覆去敲定每一個細節，終於創造了在內地和香港迥異的法律框架下都可以通過的文件內容。國家體改委和中國證監會以正式文件方式頒佈必備條款，在香港則被寫進上市規則 19A 章中。這份寶貴的文件是雙方努力的結晶，發源地就是何美歡的筆記本電腦，主要內容均由她來起草。

高西慶記得，當時雙方糾結最厲害的是如何處理 fiduciary duty（受信責任）的法律概念。這是一項源自普通法的衡平法原則，規範公司董事要真誠為公司利益行事，不能做與公司利益有衝突的決定。[8] 內地可以理解這個概念，在當時的股份有限公司規範意見裡，也已經寫了類似含義的「誠信責任」。但香港方面的稱謂不同，內地堅持不能接受「誠信責任」等於英美法裡的 fiduciary duty，因為內地法律不允許直接引入英美法的法律概念。就此難題，何美歡、高西慶等兩地代表談判了近一年，最終在普通法歷史上第一次把「受信責任」用一大段黑體字，解釋在內地赴香港上市公司章程必備條款裡，成為內地和香港在 H 股上市過程中對普通法的貢獻。

港方要求苛刻，何美歡為了個別條文，不惜與體改委官員大動干戈。但她的堅持原則贏得了尊重和終生的友誼。何美歡寫道，「放棄對國有企

業規管的要求，就是讓它們以原有的管理方式經營，這似乎不符合國家利益。」[9]

青島啤酒上市創造歷史

1993 年 7 月 15 日，青島啤酒（00168）被國務院選定為首間到香港上市的國企，作為內地企業進入國際資本市場的試金石。青啤掛牌首日收報 3.6 元（港元，下同），較招股價 2.8 元升 28.5%，全日成交量 17,360 多萬股，成交金額 6.2 億多元，成為當日成交量最多的股票。到 1995 年 5 月底，全國有 21 間企業在香港上市，籌集資金 257 億港元，[10] 香港成為內地企業境外上市的首選。

一年後，內地註冊公司到香港上市（俗稱 H 股）的立法程序完成。1994 年 8 月 4 日，國務院以特殊規定的形式發佈《國務院關於股份有限公司境外募集股份及上市的特別規定》的附件——「到境外上市公司章程必備條款」，香港聯交所同時公佈法規。該條款也成為內地公司在內地上市（俗稱 A 股）廣泛使用的公司章程的基本形式。

高西慶說，「這真是一件不得了的事，在中國改革開放的歷史上都是具有創造性意義的。」[11] 李小雪稱之為「奇跡」，因為如果沒有創造出赴港上市的必備條款，就無法成就之後連上幾個台階的改革，無法赴英美上市。

中國證監會首任主席劉鴻儒說，H 股上市推動了國企改革、資本市場制度建設、股份制改革以及經濟體制改革。[12]H 股探索出的國有資產剝離、評估、拆股辦法以及主輔分離的改制模式，董事誠信責任、中小股東權益保護、獨立董事制度、分類投票制度等理念和制度在 A 股市場的應

1993 年，時任香港聯合交易所主席李業廣（前排左三）及中國證券監督管理委員會主席劉鴻儒（前排左四）出席青島掛牌上市儀式，以青島啤酒敬酒祝賀。（香港交易所提供）

用，股份公司會計制度、法律制度與國際標準的接軌，均成為此後國企改革、資本市場制度建設、股份制改革以及經濟體制改革的重要精神財富。

對於香港，正如香港聯交所前主席李業廣所說，自青島啤酒在香港上市以來，大量內地企業的上市，支持香港證券市場由一個以房地產和金融業為主的市場，轉變為一個企業股份種類更加多元、產品更加豐富的市場，使香港成為具有國際競爭力的國際金融中心。[13] 現時於香港上市的內地公司，至 2022 年 7 月有 1,400 間，佔本港上市公司總數逾一半，佔港股總市值近八成。[14]

與清華結緣

何美歡人在港大，卻與清華結緣。1993 年秋天，中國人民大學博士生王振民到港大做研究。在圖書館，他常見到一個能量十足的老師抱着大摞書卷，步履匆匆。同學跟她打招呼時，總帶着幾分敬畏的神情。經人介紹，王振民才知道這是何美歡教授。

不久後，王振民開始復建清華大學法學院，得到香港各界人士和港大老師的支持。[15] 1995 年春，王振民正式加盟清華前，何美歡約他吃飯，首次流露出對清華大學法學院的興趣。之後每年王振民來香港和港大的老師見面，交流清華法學院的建設發展，何美歡每次都出席。2001 年夏天，他們認真探討合作的可能性。何美歡準備好北上了。

2002 年，何美歡辭去港大教席，揣着她精心設計的普通法教學方案，隻身前往北京清華大學任教。她希望用一門不輸北美一流法學院水平的課，培養世界一流水平的本土法律人才，同時保持本土法學教育對最優秀的學生的吸引力。她希望教授思維方法，而不單是法律條文。她寫過「精英法學院應該是產生思想的重地，應該以培育產生思想的人才為宗旨。」[16]

但是，很多人不能理解何美歡的選擇。她曾寫道，受聘於清華，只有在國外土生土長的侄女、外甥們衷心祝賀她。「其他同輩或長輩親友認為本人是不可救藥的，過了知命之年還是這麼不安分。」[17] 何美歡說，外界質疑她從加拿大到香港，再從香港北上的決定，反映了海外華人以及香港人對個人身份認同的困惑，認為自我或國家處處不如人。她卻相信，清華聚集了中國有思想的學人，而崛起的中國的思想是無人能忽視的。

↑｜何美歡在家中為清華大學法學院學生做芒果蛋糕。（李杏杏提供）

↓｜何美歡在「普通法精要」課模擬法庭結束後，與清華大學法學院學生扮鬼臉。（王旭提供）

清華教學

2010年夏末，從不遲到的何美歡沒有出現在「普通法精要」的課上。焦急的同學們找到她的宿舍，發現她躺在床上，昏迷不醒。緊急送回香港後，何美歡9月3日在瑪麗醫院去世。她在清華的房間裡，留下一份未完成的草稿──《21世紀的法學本科教育方案》。

在她的追思會上，友人和師生懷念這位對每事全力以赴的內地和香港的女兒、律師、教授。

何美歡在清華大學法學院院慶晚會。（王旭提供）

人們懷念她，感謝她在清華八年，帶來全新的教學內容和方式。她的「普通法精要」連續多年被學生評為前 5% 最受歡迎的課程。時任清華法學院院長王振民說，「她提供任何意見，無論對國家、對學校、對學院、對同事或者學生，都既具有國際視野，又符合實際。尤其對如何處理來自西方的經驗，我們非常倚重她的建議。像她那樣長期喝洋墨水而又能保持獨立精神，洞悉西方或者說『國際』遊戲規則，又能設身處地為國家着想、不謀求任何個人私利……提出解決中國問題的切實可行方案的人太少……何老師就是這樣一位具有國際視野的、真正的、實在的愛國者。」[18]

「偉岸和弱小」

清華的學生陳慧儀這樣懷念她：「她同時是偉岸和弱小的：偉岸，在於

如斯人格，在於闊大視野——或許很多人都可以講授普通法的實體內容，但只有她，會關心中國學生要超越國外本土學生所需要的能力與技能，並傾其所有，終其一生，為之奮鬥；弱小，在於生活中那可愛的、淑女的瘦小身軀和謹慎的生活習慣。」[19]

何美歡文如其人，浙江大學法學院教授梁治平從她寫的《論當代中國的普通法教育》中，看出她「簡潔、明晰、嚴謹、準確、純粹、坦率、堅實有力、沒有絲毫做作。在表面看似尖銳的觀點之下，其實有着一種綜合性的平衡，比如在專業與博雅之間，法律外部研究與內部研究之間，知識與技能之間。」[20]

回憶 Betty

梁定邦

香港資深大律師，曾任中國證券監督管理委員會首席顧問。本文為他於 2022 年 5 月 16 日接受本書電郵訪問的筆錄。

我開始執業時（大概 1980 年）已認識 Betty。當時她是何耀棣律師事務所的律師，我們不時合辦案件。後來她參加了香港大學法律學系當教師，但我們也會在學術交流會上見面。Betty 是一位不折不扣的「完美主義者」，對任何的學術討論，她永遠拘着最嚴格、絕不妥協的態度，以追求最完整、最具邏輯、滴水不漏的結論。Betty 任教後出版了當時極為需要，且非常受歡迎的本地化普通法法律書籍，並同時出版了中文本。我記得在庭上辯論時也經常引用 Betty 的法律書籍，法官的判詞也有轉載。

H 股上市是個非常艱巨的過程。當時我國的內地法律建設還處於初期發展階段。可是在一個國際市場上市掛牌交易的公司股份，需要國際市場公認的法律基礎支撐。當時內地的公司法尚在起草階段，合同法雖已運作，但與國際公認的通用原則有距離。民法典在萌芽階段，內地只有 1986 年訂立的《民法通則》，故此支撐內地公司的法律與國際通用的商業法律有相當距離。

這個還不是唯一的問題，內地市場開放當時只有十年的歷史，會計制度上有不少計劃經濟的蹤影，另外內地稍有規模的企業是國營企業，其管治制度與國際市場所通用的治理制度也有相當距離。另外，內地的兩股票交易所也在萌芽階段，發行股份用了原始個人投資者的中籤方法，與國際通用的發行方法有很大區別。更重要是，香港股票市場的監管體制與內地市場的監管體制有非常大差別。在這個重大挑戰下，時任國務院

副總理朱鎔基與香港交易所主席李業廣同意建立四個工作小組，在六個月之內共同把障礙排除。這四個小組為：（1）法律小組；（2）會計小組；（3）上市發行小組；（4）監管小組，但（3）及（4）小組等着（1）及（2）小組有成果後才工作。

我當時當法律小組香港組長，內地委派了一位國務院經濟體制改革委員會的司長為內地組長。我們從 1992 年 6 月至 11 月，基本上全部時間投入工作，最後小組（1）及（2）在 1992 年 12 月提交報告，使（3）及（4）小組可以開始工作，讓青島啤酒股份有限公司可以在 1993 年 3 月份在香港交易所上市。

我開始的時候已知道我們工作將非常艱巨，一方面我們要把國際公認的通用法律元素併入 H 股上市公司的管制框架，另一方面我們有很大時間壓力。香港交易所的上市科人力資源很不足，所以我想到邀請 Betty 參加我們的法律小組。小組的原始工作是做一個詳細的法律比較：列舉香港上市公司的管制法律框架的基本元素與內地法律框架的相關元素相比，從而發現需要彌補的方向。經首次討論後，Betty 很快就起草了一份香港上市公司必備的法律元素，然後我們請內地專家檢視並提出彌補方案。

在這個過程中，我們發現內地專家提出的彌補方案並不足夠，所以我們決定由港方起草一套《章程必備條款》，放在內地 H 股上市公司章程並設計糾紛解決方案。Betty 是這個章程必備條款的起草人，在六個月中，小組雙方詳細並不時進行激烈辯論，最後達成協議。在這個過程中，Betty 以起草人的身份仔細記錄討論，並作必要修稿工作。我們反覆討論應起碼多過十稿。如沒有 Betty 的法律造詣與奉獻精神，我們根本無法在六個月內完成工作。當然，Betty 的貢獻是完全義務的，有時她要自己乘搭交通工具到深圳會場，都沒有要求報銷。

應回歸呼喚
共建法律框架

1980 年代，香港步入歷史轉折時期，內地改革開放帶來無限商機，本地經濟結構急速轉型，工廠北移，內地與香港經貿往來漸趨頻繁；另方面，1984 年《中英聯合聲明》簽署，確定香港在「一國兩制」的方針下回歸，《基本法》的草擬提上議程。

香港大學法律學系在 1969 年成立，1978 年脫離社會科學院獨立成為 School of Law，1984 年升格為學院（Faculty of Law），是當時香港唯一的法律學院。面對時代轉變，學院擔當了獨特的角色，除了培訓法律人才，還推動和內地法律專家學者的交流，研究兩地法律體系和建立雙方的了解、溝通和合作。

早在 1979 年，港大法律學院開始商討與內地法律界交流，當時法律學院的首任院長 Dafydd Evans 及法律專業學主任 Peter Willoughby 探討為內地生提供國際貿易法律課程的可能性，同時考慮為本地生開設中國法律課程，為未來做準備。當年院務委員會研究 1981 至 1984 的三年發展計劃時，會上有委員提出：「也許現在是時候要高度重視開設中國法律課程一事，為此必須聘請適合、符合資格的

MCL 課程首屆十名內地生於 1998 年畢業，與陳弘毅（前左四）合照。（香港大學法律學院提供）

教師。香港的律師將來可能被要求增加從事與內地發展相關的工作，甚至有機會被容許在內地執業。因此不僅有學術理由，還有實際原因支持這建議。而且我們大部分學生，是除內地學生以外，特別需要學習研究中國法律的學生。」[1] 法律學院還希望教學配合研究，發展成為領先的中國法律中心。

另方面，內地正重建法學教育及法制，1978 年主要法律學院招收法學本科生，培育文革後首批法律人才；翌年通過七部重要法律，包括自建國以來首部《刑法》及《刑事訴訟法》，被視為內地重建法制的起點。[2]

18 名教師北上中山大學授課

《中英聯合聲明》簽署後，港大法律學院踏出和內地交流重要的一步。

↑｜法律專業學主任 Peter Willoughby，攝於 1970 年代末。（港大校訊《交流》圖片）

↓｜1970 年代末，法律學院首任院長 Dafydd Evans（右）與三年級學生對話。（港大校訊《交流》圖片）

1985 年，18 名學院教師應邀到廣州的中山大學講授商業法，聽課的學生來自中山大學和全國各地大學。這次講學，由中山大學管理學系協辦，香港的培華基金贊助。³ 六年後，即 1991 年，法學院再組團訪問北京的中國人民大學，進一步建立聯繫。⁴

「九七」回歸已定，了解內地、加強交流的需要更為迫切。學院於 1986 年開設的法學碩士（Master of Laws, LLM）課程中，加入有關內地法律的單元，不少學生的論文跟內地急速發展的司法制度有關，反映學生對內地法律的興趣。⁵ 學院鑑於過去與內地的聯繫或交流較為零散，在 1986 年提出了多個加強交流的具體方案，包括邀請內地學者來港訪問、講課

來自中國政法大學的張麗英（右）及南京大學的張肇群於1987年到港大考察一年，在港大法律圖書館做研究。同年錄取的內地生還有人民大學葉琳。（港大校訊《交流》圖片）

及開研討會；邀請來自內地的研究生或初級教員作為非學位學生來學習；招募內地研究生，以及資助學院教職員北上講課等。[6] 學院的交流及訪問委員會（Committee of Staff Exchanges and Visit）邀請外地以及內地學者來訪二至四週，1987至1988年度學院共邀請七名中外學者，其中四名來自北京及上海。[7]

內地法律學者訪問計劃

對內地學者來說，要認識香港法律，最直接的途徑是到港大學習。1987年，三名內地年輕學者到港大法律學院進修一年，他們是中國政法大學國際法及貿易法講師張麗英、北京人民大學法學碩士、專攻公民法的葉琳，以及南京大學經濟法講師張肇群。[8] 他們在港大修讀本科課程，學習香港的司法制度及重要法律範疇，例如商業法及國際法，進行香港與內地法律的比較研究，以及到本地機構實習，體驗香港的司法制度。修畢課程後，由港大頒發證書。他們接受香港傳媒訪問時，張麗英說，他們非常珍惜有機會獲得另一個完全不同制度的第一手資料。[9] 他們的學費及生活費全由香港的律師事務所贊助，贊助者包括 Victor Chu and

↑｜王振民。（《灼見名家》圖片）

↓｜清華大學明理樓。（王振民提供）

↓↓｜港大法律學院的模擬法庭給來訪學
者及學生留下深刻印象。（香港大學圖片）

Co.、Johnson Stokes and Master 及 Coudert Brothers 三間律師行。[10]

來港大學習的年輕學者，成為了內地法律教育提升的種子。例如張榮順在 1990 年代初曾以「太古」（Swire）訪問學者的身份在港大法律學院進修，他後來出任全國人大常委會法制工作委員會和香港、澳門兩個基本法委員會的副主任。王振民在 1993 至 1995 年以訪問學者身份在港大法律學院進修，後來成為清華大學法律學院院長，並在 2016 年出任中央人民政府駐香港特別行政區聯絡辦公室（中聯辦）法律部部長。在到訪港大前，他在中國人民大學許崇德教授指導下攻讀博士學位，專門研究《香港特別行政區基本法》，許教授向時任港大法律學系主任 Raymond Wacks 推薦王振民到港大當訪問學者。

港大生活對王振民帶來巨大的衝擊，多年後他在慶祝清華大學法律學院 20 周年的訪問中回憶說，「儘管香港的地方小，但是港大法律學院卻有佔據了一棟大樓的四層面積。而且……老師們都有自己的辦公室，大家也把教學和研究工作當成自己的職業來做。這讓我感到很震撼。因為當年中國人民大學法律學院也就只有幾間辦公室。當時的常態是老師們都在家裡辦公，沒有辦公室的概念，也沒有上班的概念，都窩在家裡頭。」[11]

港大兩年，令王振民對港大法律學院在教學、研究以至培養人才方面的要求和標準，深有體會，萌生在內地建立現代法律學院的念頭。當時清華大學有意開設法律學院，欣然採取了他的建議。其後，王振民在香港為興建清華法律學院大樓籌款，大樓命名為明理樓，於 1999 年落成使用，是內地首間擁有獨立教授辦公大樓的法律學院，建築面積一萬多平方米。明理樓依據港大法律學院的設置，有圖書館、模擬法庭、電腦中心及多功能廳等。王振民說：「我們建的明理樓，在清華大學和整個法

學界，甚至在整個高等教育界都產生了巨大的影響。」

他在訪問中還說，「在香港的兩年時間，不但對我的專業研究有很大的幫助，也對清華法律學院的發展有很大的影響。後來我們和香港能有這麼密切的關係，也是因為當年在香港學習期間，交了很多很好的朋友。這些很多都是 20 多年的朋友，（他們）到今天還是對清華法律學院有很多的支持。」

中國法律研究小組

內地法律，以至它如何與香港法律共容成為焦點。為了回應時代的要求，港大法律學院加強對內地法律制度的研究，亦致力收藏中國法律的書籍及資料，並在這方面獲美國律師行 Paul Weiss 捐助支持。[12] 學院在 1991 年聘請一名研究員，負責搜集及整理內地法律文獻及資料，為研究內地法律的師生提供協助。後來，學院在 2009 年成立了中國法研究中心，中心在 2022 年冠名為黃乾亨中國法研究中心。

1990 年代，港大法律學院便成立中國法律研究小組（Chinese Law Research Group），研究重點包括內地的司法制度及法律、其與香港的關係、內地法律教育、知識產權、公司法、法律糾紛、司法程序及憲法研究等，當中不少研究項目獲大學教育資助委員會的研究資助局（Research Grants Council）撥款支持。[13]

中國法律研究小組成立初期籌辦的活動之一，是在 1991 年 6 月舉行研討會，邀請內地講者，共同探討香港與內地的司法互動，包括兩地法律差異、法律語言問題、法律援助等。

1986 年 1 月，中國國務院港澳辦公室秘書長兼基本法起草委員會副秘書長魯平（右二）參觀港大法律圖書館，陪同參觀的有法律學院院長 Dafydd Evans（右一）及法律圖書館職員（左一）。（香港大學檔案館提供）

1992 年 6 月，國務院批准國企到香港上市前一年，小組在現已拆卸的中環富麗華酒店舉行「中國證券市場法律研討會」，與會的包括內地、香港、美國及加拿大多地法律學者、律師及金融界人士，內地有時任深圳證券交易所副總經理禹國剛、時任北京的中國證券市場研究設計中心首席律師高西慶等。討論內容包括內地公司法及監管股票市場的法例、從法律框架下比較中西方就市場交易及訊息披露的不同等。[14] 翌年即 1993 年，中國法律研究小組再次於香港舉行國際研討會，探討有關解決行政爭議的制度，與會學者來自內地、德國及加拿大等。[15]

為配合課程需要，法律學院在 1980 年代中增聘教授中國內地法律的學者，包括在中美關係正常化後開始研究內地法律，並曾到內地講學的美籍法律學者。其中之一是 1986 年加入港大的康雅信（Alison Conner），

畢業於哈佛大學法律學院，於美國康奈爾大學獲博士學位，曾師從著名中國及東亞法律專家孔傑榮（Jerome Cohen）。她在 1983 至 1984 年於南京大學任教。她加入港大時說，香港是個「可以思考中國、閱讀中國和談論中國的地方。」[16] 同年加入港大的還有熟悉內地貿易及投資法律、曾在天津南開大學任教的 Donald J. Lewis。

學院也邀請內地法律學者到港大出任客座講師或訪問學人。例如於 1985 年透過中英信託基金訪問學人贊助計劃，邀請內地知識產權法專家、中國社會科學院法學研究所的鄭成思教授到港大訪問三個月；1987 至 1988 年學年，港大開辦三個當代內地法律課程，並先後邀請四位內地學者來訪，包括內地經濟法及外國經濟法專家、上海復旦大學法律系主任董世忠，內地婚姻法及法律用英語專家、中山大學法律系講師李斐南，民法專家、中國政法大學副校長江平，及北京大學環境法及民法專家程正康。[17]

法律學院聘請內地學者擔任全職老師始自 1993 年，包括知識產權法專家馮象、擅長公司法和合約法的劉南平、專長於民商法的郁光華，熟悉商法和司法研究的張憲初，以及專長於刑法和法律社會學的傅華伶等。[18] 張憲初和傅華伶在 1997 年加入港大，張後來出任港大法律學院副院長達 13 年，傅後來出任法律學系主任和法律學院院長。得到內地的法律專家加入，港大法律學院的內地法律課程趨多元化，讓香港學生對內地法律有更全面的認識。1995 年起，法律學院開始安排學生北上清華大學等院校短期學習內地法律，法律學院的學者亦經常獲邀北上講學。[19]

1987 年 10 月，中山大學家庭法及法律用英語專家李斐南（右二）以客席講師身份到訪港大，與法律學院的講師交流。（港大校訊《交流》圖片）

碩士課程 LLM & MCL

港大的法律課程緊隨時代需要而發展，1987 年接任法律學院院長的 Peter Rhodes 說，「香港的法律和司法制度因《中英聯合聲明》落實而出現的變化，這將會繼續反映到我們的課程中。由於內地和香港之間有了更緊密的政經關係，我們的學生須有機會學習到內地的法律和司法制度。」[20] 在這前提下，港大法律學院於上世紀八、九十年代間開辦了兩個重要的法律碩士課程，推動內地與香港互相認識及學習彼此的法律。

1986 年，學院開辦法學碩士課程（Master of Laws, LLM），課程內容涵蓋普通法和中國法，最初設六個單元，包括信用與擔保法、國際旅遊法、國際商業交易、證券監管，以及中國民法、貿易及投資法。

內地貿易及投資法與民法單元，被視為內地法律的入門課，除介紹內地的法律傳統、社會主義法律理論和 1949 年後的法律發展背景外，集中講授貿易及投資法，涵蓋土地法、金融和銀行、商業和勞動法等。民法

↑｜普通法深造文憑及碩士課程首屆畢業生和來賓、贊助者在1998年合照。前排左起：香港大學教研發展基金創會榮譽會長李韶、法律教育信託基金創辦人陳小玲、時任港大校長鄭耀宗、香港大學教研發展基金創會榮譽會長周亦卿；中排左三為時任港大法律學院院長陳弘毅，左四為時任香港終審法院首席法官李國能。（香港大學發展及校友事務部圖片）

↓｜從內地來港大修讀普通法深造文憑課程的首屆學生在校園留影。（港大校訊《交流》圖片）

方面，包括婚姻法和繼承法等。課程還包括內地解決民事和經濟糾紛的調解制度、訴訟程序等。[21] 這正迎合當時香港與內地經貿關係隨改革開放漸趨緊密，社會對認識內地法律的需求。

LLM 首屆報讀人數 120 多人，只有 22 人獲錄取，不足兩成，多為港大法律學系本科畢業生。[22] 晚上 6 至 9 時上課，大部分學生下班後趕來，學院要準備三文治給學生充飢，經過三小時緊湊的學習，大家已筋疲力竭，曾有人形容下課時的教室「像足球賽後」。[23] 班上學生的學位論文主題，多與內地法律相關。

法律學院同時鼓勵內地生認識香港法律，在 1997 年推出深造文憑及普

通法碩士（Postgraduate Diploma/Master of Common Laws, 簡稱 PDipCL/MCL）課程，為來自非普通法地區、尤其是內地的法律畢業生而設，讓他們認識香港的普通法制度。課程為一年全日制，簡介以簡體字印製。

創辦 MCL 課程和策劃 LLM 課程進一步發展的法學院前後兩位院長，先是陳弘毅在 1996 至 2002 年出任，之後由陳文敏接任至 2014 年。陳弘毅曾表示：「我們的願景是將香港大學法律學院變成研習香港普通法最理想的地方，不僅為本地學生，也為來自內地和世界各地的學生。」香港回歸，內地法律體系與香港法律體系在「一國兩制」的憲制框架下並存，港大法律學院正好擔當橋樑角色，內地律師到香港學習普通法，內地可借鑑西方經驗來建設其法律體系。[24]

MCL 課程早期的學生主要來自內地著名法律院校的畢業生，也包括內地官員和法官。現港大法律學系教授賀欣、現中聯辦法律部部長劉春華等也曾就讀該課程。2009 年，法律學院為慶祝 40 周年，舉行三場晚宴，分別在香港、北京和深圳舉行。參加的校友 600 多人來自內地，不少已擔任政府高級職務，屬深圳市人民法院的法官就多達 99 人。[25]

MCL 課程部分學生的學費獲得香港大學教研發展基金、法律教育信託基金及香港律政司等支持。陳弘毅說：「香港律政司每年贊助約十個名額，支持內地的政府官員和法官來學習香港法律，後來我們學院和深圳法院建立合作關係，由深圳法院派一些年輕法官來參加課程，可以讀香港法，或者英國法、合同法、財產法、刑法及公司法等。」[26]

法律教育信託基金是為法律教育而設的專項基金。基金創辦人陳小玲在改革開放初期，和家人北上做生意，苦於內地商業環境缺乏法律意識，深感要鼓勵外商來華投資，必先解決大家對於商業糾紛無法解決的擔

1984 年港大法律學院由 School 升格為 Faculty，教職員與時任校長黃麗松（前排中）合照。（港大法律學院圖片）

憂。1988 年，她和丈夫周克強出資成立基金，希望通過資助內地學者來港進修、為香港和內地法律學生辦培訓班等活動，促進內地和香港的法律教育，以及兩地法律學者和專業人士的雙向交流。陳小玲說，「『一國兩制』的實踐需要香港及內地人士互相了解對方的法律制度，要維護兩地的經濟繁榮及共同發展，關鍵是解決兩地法律制度的差異和衝突。」[27]

基金每年資助內地法律人才赴港，安排在香港大學、香港中文大學、香港城市大學的法學院進行研究，為期三至九個月。高峰期每年舉辦兩期，每期近十人參與，學員是內地各知名高等院校的法律系教授或主任及人大、政府和公檢法系官員。他們自帶題目來港研究，內容包羅萬象，例如 1989 年，北京大學國政系副教授王杰和鍾哲明研究香港《基本法》和一國兩制；1990 年，復旦大學法律系主任李昌道研究香港過

渡期的政治與法律；1991 年，廈門大學法律系副教授曾華群研究香港公司法和稅法；1993 年，復旦大學法律系副主任王全第研究香港合約法和房地產市場及法律調控；1995 年，西南政法大學法律系副主任杜萬華研究香港商貿法和市場經濟；中國社會科學院法學研究所李湘如研究憲法和香港與內地的法律衝突，以及 1997 年後兩地法律的協調。[28]

來訪的還有北京大學法律系教授王小能，她曾參與北大編著《合同法通論》、《民法學》等教材，一直被大學的法學院採用，同時推動完善票據法，著有《中國票據法律制度研究》。她於 1994 年到港大，為起草《中華人民共和國合同法》與港大法律學系的合同法專家進行了多次座談討論。她撰寫了《中國內地與香港地區合同效力問題之比較研究》、《中國內地與香港兩法域若干具體代理制度比較研究》及《中國內地與香港代理法比較研究》等文章。[29]

「一國兩制」涉及香港與內地法制的互動，從 1980 年代至今，香港大學法律學院從多個層面，為本地和內地培訓法律人才，並架設交流及研究平台，從而推動兩地法律人的互相溝通、了解和學習，為構建「一國兩制」的法治秩序作出其應有的貢獻。

註

何美歡

1　湯務真：〈學術，為中國——小記何老師的生平〉，載王振民著：《君子務本：懷念清華大學法學院何美歡老師》（北京：中國政法大學出版社，2011 年），頁 113。

2　張善喻：〈老師，慢走——念何美歡老師〉，載《君子務本：懷念清華大學法學院何美歡老師》，頁 84。

3　馮象：〈當著必朽的穿上不朽的——悼 Betty〉，載《君子務本：懷念清華大學法學院何美歡老師》，頁 237。

4　郭興艷：〈民企境外上市之父蔡洪平憶 H 股誕生〉，《第一財經日報》（2013 年）。取自 finance.sina.com.cn/stock/hkstock/hkstocknews/20130716/013716130508.shtml?from=jx_xgbd，07-8-2022 擷取。

5　李小雪：〈在何美歡教授追思會上的發言〉，載《君子務本：懷念清華大學法學院何美歡老師》，頁 212-213。

6　何美歡：〈法律的制定：從參與制定 H 股法律框架的經驗說起〉，載《君子務本：懷念清華大學法學院何美歡老師》，頁 280。

7　劉鴻儒：〈會當凌絕頂一覽眾山小——記中國第一批企業海外上市的那些人和事〉，《證券時報網》（2020 年）。取自 stock.stcn.com/djjd/202012/t20201222_2653880.html，07-8-2022 擷取。

8　高西慶微信訪問記錄，2022 年 5 月 9 日。

9　何美歡：〈法律的制定：從參與制定 H 股法律框架的經驗說起〉，載《君子務本：懷念清華大學法學院何美歡老師》，頁 282。

10　晶慶平：〈H 股市場產生過程（四）青島啤酒在香港成功上市〉，《資本邦》（2019 年）。取自 www.chinaipo.com/hk/69560.html，30-3-2022 擷取。

11　劉鴻儒：〈會當凌絕頂一覽眾山小——記中國第一批企業海外上市的那些人和事〉，《證券時報網》（2020 年）。取自 stock.stcn.com/djjd/202012/t20201222_2653880.html，07-8-2022 擷取。

12　同上。

13　同上。

14　〈香港成內地企業向外拓展重要橋樑〉，政府新聞網，2022 年 9 月 7 日。取自 www.news.gov.hk/chi/2022/09/20220907/20220907_124755_567.html?type=category&name=finance，20-01-2023 擷取。

15　王振民：《香港 2020：治亂交替與危中之機》（香港：中華書局，2020 年），頁 179-193。

16　何美歡：《理想的專業法學教育》（北京：中國政法大學出版社，2011 年），頁 134。

17　何美歡：〈在清華的日子〉，載《君子務本：懷念清華大學法學院何美歡老師》，頁 290。

18　王振民：〈我所認識的何美歡老師〉，載《君子務本：懷念清華大學法學院何美歡老師》頁 230。

19　陳慧儀：〈三年光陰，一生教誨〉，載《君子務本：懷念清華大學法學院何美歡老師》，頁 170。

20　梁治平：〈我認識的何美歡教授〉，載《君子務本：懷念清華大學法學院何美歡老師》，頁 222。

紀事

1　'Background to proposals for Law in the Triennium 1981-1984' (LS131/579 Amended), *HKU Board of Studies of the School of Law - Minutes (1978-1979)*, HKU Archives.

2　陳弘毅：〈中國法與我：一些回憶點滴〉，The 35th Anniversary Publication Sub-committee (ed), *Building for Tomorrow on Yesterday's Strength, Faculty of Law 35 anniversary* (Hong Kong: HKU Law Alumni Association, 2004), pp.60.

3　康雅信（Alison Conner）：〈法律交流　三管齊下〉，港大校訊《交流》，第 52 期（1987 年 11 月），頁 7。

4　同註 2。

5　　Christopher Munn, *A Special Standing in the World: the Faculty of Law at the University of Hong Kong, 1969-2019* (Hong Kong: Hong Kong University Press, 2019), pp.149.

6　　'Proposal for exchange with the PRC' with Ref. No. L763/1186, *HKU Board of Studies of the School of Law - Minutes (1986)*, HKU Archives.

7　　'Committee on staff exchange and visits: Minutes of a meeting on 19 May, 1987' with Ref. No. L251/587, *HKU Board of Studies of the School of Law - Minutes (1987)*, HKU Archives.

8　　同註 3。

9　　Agnes Lam, 'Chinese scholars leave behind their families to study law in Hong Kong', *The Standard (HK)*, 29 November, 1987, pp.4.

10　　*Hong Kong Law Society Gazette*, Vol. 1, Issue 1, May 1987, pp.28.

11　　葉簡劍：〈王振民：行勝於言〉，清華大學法律學院網頁，2015 年 9 月 7 日，取自 www.law. tsinghua.edu.cn/info/1116/8591.htm，2-5-2022 擷取。

12　　*Research in the Faculty of Law*, HKU (Hong Kong: Faculty of Law, HKU, 1993), pp.17.

13　　同上，頁 10。

14　　*Symposium on Legal Aspects of the Securities Markets in China*, 2 June1992, Hong Kong (Hong Kong: The Chinese Law Research Group, Faculty of Law, HKU, 1992).

15　　*International Symposium on the Resolution of Administrative Grievances*, 10-11 December 1993, Hong Kong (Hong Kong: Chinese Law Research Group, Faculty of Law, HKU, 1993).

16　　同註 5，頁 138。

17　　同註 3。

18　　同註 5，頁 139。

19　　〈校園動態〉，港大校訊《交流》，第 78 期（1997 年 10 月），頁 8。

20　　Peter Rhodes, 'Educating Today's Law Students for Tomorrow's Hong Kong', *The Law Society of Hong Kong Gazette*, Vol.2, Issue 2, June 1988, pp.26.

21　　'New & Amended Syllabuses from 1987-88' with Ref. No. L704/1086, *HKU Board of the Faculty of Law - Minutes (1986)*, HKU Archives.

22　　同註 5，頁 149。

23　　'Minutes of a meeting of the LLM Committee', dated 16 May 1989, *HKU Board of the Faculty of Law - Minutes (1989)*, HKU Archives.

24　　同註 5，頁 149-152。

25　　同上，頁 236。

26　　陳弘毅訪談記錄，2021 年 7 月 12 日。

27　　陳小玲訪談記錄，2022 年 4 月 29 日。

28　　《香港法律教育信託基金》工作報告（1988-1995），頁 18-20。

29　　王小能：《中國票據法律制度研究》，（北京：北京大學出版社，1999）；〈中國內地與香港地區合同效力問題之比較研究〉，《中外法學》，第 1 期（1995 年），頁 6；〈中國內地與香港兩法域若干具體代理制度比較研究〉，《法學論壇》，第 4 期（1997 年），頁 15-21；〈中國內地與香港代理法比較研究〉，《中外法學》，第 2 期（1998 年），頁 99-108。

第 八 章

城規篇

港大於 1980 年開設城市研究及城市規劃中心，迎上內地對城規人才的需要，中心的城規專家及學者被邀北上講學，引進西方城規概念和研究方法。中心首任主任郭彥弘曾出任深圳特區規劃顧問。中心亦搶先錄取來自內地的研究生。

Ryan Millier 攝

URBAN
PLANNING

為城規教育開闢新版圖

郭彥弘

葉嘉安

李津暨攝

師生兩代引進新興學科、新概念、新技術；
超越傳統用地概念，
從宏觀角度規劃城鄉發展，走向未來。

兩位香港土生土長的城規專家郭彥弘和葉嘉安，引領香港大學城市規劃
學科北上，為國家的城市規劃和發展出謀獻策。他們推動香港及內地
城規教育及研究的發展，如今桃李滿天下，師生兩代共同面對城市化
的挑戰。[1]

郭彥弘是首位在美國獲得城規博士的華人，在美國工作及生活 25 年。
1980 年，他應時任港大建築學院院長黎錦超之邀，出任港大城市研究
及城市規劃中心（下簡稱城研城規中心）首任主任。[2] 那時剛好從美國
拿到博士學位的葉嘉安回香港找工作，毛遂自薦加入中心，被取錄成為
中心首位教師，走上研究和教學之路。

郭彥弘——北上引進城規理論

郭彥弘是港大最早一批北上講學的學者，他為內地引入國際城規理論和實踐經驗，尤其是英美等地將城規教育列為獨立學科的模式，推動內地城規專業化。

早在 1981 年，郭彥弘已到廣州中山大學授課，當時有學院甚至希望他開科任教。他說：「我都拒絕了，我在港大有工作，只能在學期之間，趁假期上去一至兩次，每次逗留兩至三週。」那時候，郭彥弘每次北上，都集中時間在一間院校講課，安排緊湊，每天三小時，每週五天半，絕不輕鬆。

講課內容主要介紹歐美城規發展及趨勢，例如他在 1983 年到北京清華大學講學一週，七個題目有「城市規劃的準則和選擇」、「區域發展和規劃」、「規模經濟和土地功能」、「土地價值和改建」、「城市交通系統」、「旅遊經濟和城市規劃的關係」及「新城市及小區規劃」。[3]

有聽課的清華大學建築系副主任趙炳時對這次講學的評價，反映了當時內地城規的關注點，「都是當前國際上、特別是第三世界國家在城市規劃方面所面臨的重要課題，對於我國城市規劃從理論到實踐也都有一定的參考意義。」郭彥弘同時介紹歐美學術界一直就城規有關「效率」和「平等」原則的各種爭議。那次清華講學吸引了近百人參加，包括來自城鄉建設環境保護部、中國城市規劃設計研究院、中國建築科學研究院及北京大學等的學者、學生及官員。當時內地懂英文的人不多，對歐美發展所知甚少，港大學者的講學，成為內地接觸外國資訊的一個重要途徑。

郭彥弘從 1980 年代初開始，在內地的專業雜誌《城市規劃》發表文章，介紹西方城規理論，發表於該雜誌的文章包括〈從花園城市到社區發展：現代城市規劃的趨勢〉、〈城市規劃的若干理論問題〉和〈城市規劃對建築環境的影響〉等。[4]

研究內地理想據點

郭彥弘是「培正仔」，在香港何文田傳統名校培正中學畢業，1955 年留學英國修讀建築，1960 年代在香港及倫敦任執業建築師。到 1960 年代中，他開始專注城規，在 1968 年加入美國哥倫比亞大學的東哈林策劃項目任城規師，隨後於哥大的城規分部任助教，至 1976 年晉升為副教授，期間在哥大取得建築學碩士、城規碩士及博士學位。[5]

長年在外，郭彥弘卻很早就關注內地的城鄉發展，他的博士論文題為《中國城鄉規劃和房屋發展：一個社會主義發展中國家的區域和地方規劃》（ *Urban-rural Planning and Housing Development in People's Republic of China: Regional and Local Planning in a Developing Socialist Nation* ），聚焦內地的城鄉規劃，土地的使用對經濟、社會、政治及文化的影響。[6] 1975 年，他在哥大兼任發展中國家規劃研究及經濟與政治發展研究主任。[7]

當年，內地的城市規劃是個冷門領域，華人更少涉獵，這讓郭彥弘份外顯眼。1971 年，中美展開乒乓外交，1972 年尼克遜總統訪華，兩國關係漸漸回暖，於 1979 年 1 月 1 日正式建交，從此中美交流活動日增。郭彥弘憶述，當年美國掀起中國熱，幾乎所有中美有關城規的會議，都邀他出席及參與。例如 1978 年秋天在紐約市，由民間組織美中關係全國委員會（National Committee on U.S.–China Relations）主辦的城規及建築會議（Conference on Planning and Construction ），出席的包括內地城

市領導代表團（Delegation of Municipal Administrator），郭彥弘擔任活動統籌員；1979 年美國巴爾的摩（Baltimore）市舉行的會議「中國的城市規劃和發展」（Urban Planning and Development in China），郭彥弘出任講者，為到訪的中國城規代表團作簡介。同年，他又獲中國科學院邀請出任規劃及建築顧問。[8]

那年代，內地改革開放，香港則轉型為金融中心，兩地城市的急速變化，為郭彥弘帶來無限的嚮往，萌生回歸故園的念頭。剛好，一位陌生人黎錦超的到訪，為他帶來回港的契機。黎錦超來到哥倫比亞大學，開門見山地說港大開設城研城規中心要聘請主任，邀請他申請。黎錦超是港大建築學系首位華人系主任，及後學系升格為學院，他成為首位港大建築學院院長，為了學科發展，到處招聘高手專才，郭彥弘作為少數城規華人人才是個首選。

要研究內地的城市發展，香港是理想的據點。郭彥弘 1980 年接受港大校訊《交流》訪問時說，他在 1955 年離開香港到英國求學，當時香港的經濟正由轉口貿易走向發展輕工業，再變為工業出口。當香港開始進而轉化為國際金融中心，外國固然在香港投資，國際資金更透過香港投入東南亞及內地，「這種急劇的轉變，尤其令從事城市研究及城市規劃的人感興趣⋯⋯香港成為國際資金的轉投站，土地使用將受影響。」[9]

在港大，郭彥弘以國際城市規劃學者的視野，近距離觀察香港，他的就職演說，指出用地問題是城市規劃的重中之重，只是說來簡單，但概念繁多，問題多樣性，要靠城市規劃專家才能理解和提出解決方案。「我到香港後，同事、官員、專業人士甚至的士司機，都主動向我提出各種解決香港城市問題的建議，其中很多有原創性但不可行的想法。眾多建議差異極大，雷同者少。」[10]

30th Anniversary
Town and Gown Symposium on
30 Years of Urban Planning and
Development in Hong Kong and China
Past, Present and Future

Interflow 交流

Professor R Y Kwok on Urban Studies and Urban Planning
Staff Correspondent

城市研究與城市規劃——
訪問郭彥弘教授
本報記者

The proposed Centre of Urban Studies and Urban Planning did not come out of the blue. Faced with the explosive urban growth of Hong Kong, the University had for some time been contemplating the establishment of a centre to study urban planning 'and tackle the problems that come hand in hand with urban conditions. As early as December 1968, the Senate set up an interfaculty Working Party to report on ways of providing for urban studies on a University basis. Working groups were set up in the faculties concerned and it was the consensus that a broadly based programme focused centrally on the Asian and Hong Kong experience of urbanisation and

You have been away for twenty-five years. What attracts you to come back to Hong Kong and take up teaching here?
The simple reason is that the urban development in Hong Kong in the last two decades constitutes an interest for me. I was born and brought up here, but besides this natural interest in Hong Kong, I want to take part in this boom that is so phenomenal. I am in the field of urban studies and urban planning, and Hong Kong is one of the fastest growing and fastest changing cities in the world. Its economic achievement is spectacular. Its political environment unique. Furthermore, I had been at Columbia University for

←│郭彥弘加入港大八年後，轉到美國夏威夷大學任教。圖為港大城研城規中心 30 周年時他遠道回來參加活動。（港大城市研究及城市規劃中心提供）

→│郭彥弘初到港大，接受校訊《交流》訪問，大談回流香港原因及城規發展趨勢。（港大校訊《交流》圖片）

郭彥弘的到來，為香港和內地城規這新興學科帶來了新概念和活力。他入職港大一個月後曾說，發展新市鎮再不能限於傳統規劃一塊地作為商業、住宅或工業用途，而是要同時考慮社會因素，例如人口及經濟結構、與周邊城市配套等。港大城研城規中心在 1981 年開設城市規劃理科碩士課程，培訓本地人才，內地大學透過港大，經常邀他北上講學，他由此和內地建立聯繫。至 1988 年，郭彥弘考慮到港大的退休年齡是60 歲，轉往夏威夷大學任職。

郭彥弘在港大只有短短八年，卻帶領城研城規中心成為港大最早與內地交流的一個學術部門，經常獲邀北上講學。葉嘉安是他中心聘用的第一位學者，兩人在中心初創時期並肩作戰，傳為佳話。

葉嘉安

葉嘉安是當時香港少數的地理信息系統（Geographic Information System，GIS）專家，他在 1985 年創設全港首個把 GIS 應用於城規的課程「GIS in Urban and Regional Planning」，領本地及亞洲之先，屬嶄新技術。

內地於 1980 年代中也開始研究 GIS，葉嘉安曾多次到廣州中山大學和廣州地理研究所交流。時任廣州市規劃局局長戴逢從中山大學得悉葉嘉安是香港的 GIS 專家，來港跟他探討在廣州設立 GIS 中心，並接受建議，採用逐漸流行的「工作站」（Work Station），用區域網絡（LAN）連起來，即以多部小電腦連繫系統，取替設置單一大型電腦。1987 年，廣州成立廣州市城市自動化中心，成為首個推行土地信息數碼化的內地城市。其後各地政府設立 GIS 土地信息的部門，GIS 被廣泛應用於土地管理和城市規劃，因而發現全國農地日益減少，於 1998 年 12 月通過基本農田保護條例，並在 2006 年「十一五規劃」中提出「農地紅線」，訂下全國耕地不能少於 18 億畝的指標，以保農作物產量。[11]

另方面，1985 年中國科學院成立資源與環境信息系統國家重點實驗室，利用 GIS 處理有關環境、土地及人口分佈等的問題，協助規劃及決策，葉嘉安獲邀為學術委員會成員，提供專家意見。他說：「這個實驗室成立時，面對最重要的課題是處理水災。當遇上洪水，水庫要排洪，依憑 GIS 的數據，可以減低傷亡。」之後，葉嘉安協助資源與環境信息系統國家重點實驗室，成功申辦國際知名的第九屆空間數據處理研討會（SDH）。十年後即 1995 年，葉嘉安與內地同濟大學學者宋小冬合著的《地理信息系統及其在城市規劃與管理中的應用》出版，為內地首本有關把 GIS 應用於城規的中文教材，將這門新科學更有系統地引進到內地。[12]

↑｜葉嘉安（右）1995 年獲
頒國際歐亞科學院院士，左為
國際歐亞科學院中國科學中心
副秘書長何建邦教授。該學院
成立於 1994 年，集合世界逾
6,000 名來自科學、技術及管
理等範疇的院士，研究歐亞大
陸議題。（葉嘉安提供）

↓｜葉嘉安（右）北上珠三角
交流，與內地城市規劃師建立
深厚關係。左為深圳規劃師孫
驊聲。（葉嘉安提供）

葉嘉安也是首位提出引入基於案例推理系統（Case-based Reasoning
System）到城市規劃的學者，用案例和 GIS 結合進行研究的論文在國
際學術期刊發表。[13] 他又首先提出，將環境因素、城市形態、城市密
度等引入簡稱 CA 模型的「元胞自動機規劃模型」（Cellular Automata
Modelling），令城規決策有更全面的考慮。[14]

求學以致用　走上 GIS 專家之路

葉嘉安是郭彥弘聘請到港大城研城規中心的第一位教員。他在港大地理系畢業，獲紐約雪城大學（Syracuse University）城規博士學位，專攻發展規劃和 GIS。1980 年他取得博士學位後回到香港找工作，得知剛成立的城市研究及城市規劃中心由郭彥弘當主任，於是去信自薦，就這樣加入港大，至今 40 多年。他說，那時 GIS 在外國也是新興技術，70 年代他剛到美國讀書時，只有電腦製圖學（Computer cartography）和數據庫管理（Data-base management）。GIS 出現後，城市規劃可以做很多事情。

香港出生的葉嘉安說，他是誤打誤撞，走上了一條與眾不同的路。他中學時就讀九龍華仁書院，1973 年從港大地理地質系畢業後，希望出外留學。同學們到英美澳加深造，他卻去了泰國，「當時覺得知識不夠，想出外讀書，但經濟能力有限，有港大同學去了曼谷的 AIT（Asian Institute of Technology，亞洲理工學院）讀土木工程碩士，說有獎學金，就申請了。」只是，葉嘉安很快發現他心儀的環境地理學涉及工程等學科，非己所長，於是轉修「人居發展」（Human Settlement Development），以城市為研究焦點。

留學泰國，讓葉嘉安有機會學習電腦。當年 AIT 擁有美國以外最先進的 IBM 電腦中心，他開始利用中心的設備，自學編程對地理學的應用。

1970 年代，用電腦做研究多見於工程、科學等，但葉嘉安已用電腦及編程做社會科學研究。他的碩士畢業論文，是用 SPSS 軟件分析和研究香港「居者有其屋」計劃的可行性。[15] 今天，SPSS 是標準的統計及分析工具，在當年，葉嘉安是較早一批懂得利用電腦技術做社科研究的華人學者。

1976 年，葉嘉安再獲獎學金，由泰國轉到紐約州的雪城大學攻讀城規碩士及博士學位。他一心想回港發展，但很快就發現難題，「（在美國）讀的是美國公共政策、公共管理及政治理論等，美國與香港環境迥異，所學的在香港不能用上。」

為求學以致用，葉嘉安決定轉修地理科技相關科目，「那時候個人電腦剛興起，我想，不如轉讀科技有關的科目，返香港也能應用。」同時，他幸運地遇上被視為 GIS 先驅的電腦製圖學專家、地理學學者、雪城大學教授 Mark Monmonier。葉嘉安抓緊機會，「凡是他的課我都去上，甚至旁聽。我還向自己導師提出進行自擬題目的『專題研究』，探討電腦製圖在土地規劃的應用。」

GIS 的兩大組技術是電腦製圖及數據庫管理，葉嘉安已學習了前者，後者則因一份兼職而獲得學習機會，「大學最後一年，導師說獎學金已用盡，我要找工作賺生活費，因為我經常去大學的電腦中心，跟中心的人相熟，於是跟他們說，我需要一份兼職工作。」電腦中心正在找懂編程及 SPSS 的人幫忙，他順利獲聘。

意外的是，新工作有項福利，兼職學生可免費修讀兩個科目，當時葉嘉安已很清楚自己要走的路。「我去修讀數據庫管理，因為 Mark Monmonier 教電腦製圖，卻沒有教怎樣管理數據。」他預見未來發展，數據管理同樣重要。1980 年博士畢業的他，掌握了電腦製圖及數據庫管理兩項當年的嶄新技術，成為 GIS 的拓荒者。

因為在港大讀書時受學生運動「認識中國、關心社會」的思潮影響，葉嘉安推掉美國的工作機會，畢業後決定返港。他在美國期間，得悉四人幫倒台，鄧少平推行改革開放，非常感觸，他在書桌前貼上自撰的對聯，

↑｜葉嘉安在美國修畢博士學位，早決定返港發展。（葉嘉安提供）

↓｜中國科學院資源與環境信息系統國家重點實驗室陳述鵬院士頒發給葉嘉安的榮譽證書，以感謝他對內地地理信息系統的貢獻。（葉嘉安提供）

以抒遊子的懷抱，「悲中國貧窮落後如民初，齊努力重振國風效漢唐。」

2003 年，葉嘉安獲選為中國科學院院士、2010 年世界科學院院士、2013 年英國社會科學院院士及 2019 年香港科學院院士。2008 年，聯合國向葉嘉安頒授「聯合國人居講座獎」（UN － Habitat Lecture Award），讚揚他為把地理信息技術應用於城市和區域研究和規劃領域的先驅，對亞洲新城鎮、香港和內地的城市發展和規劃作出貢獻，影響中國以至整個亞太地區的人居研究和政策制定。[16]

到今天，葉嘉安還在 GIS 研究和應用的前線奔波。他把 GIS 應用到智慧城市的建設，和港大團隊研究的「多層道路網絡汽車導航的道路和汽車角度相差方法」在 2018 年獲日內瓦國際發明展金獎。[17] 2022 年，他參與港大智能城市建造實驗室（iLab）主任呂偉生教授研發的「跨境組裝合成模塊（MiC）物流遙距電子檢測系統」，獲香港資訊及通訊科技智慧物流金獎。該系統應用區塊鏈（blockchain）、建築資訊模型（BIM）、物聯網（IoTs）和地理信息系統（GIS）等，保證跨境組裝建築模塊的生產和運輸的品質，從而提速建屋，解決香港迫切的住屋需求。[18]

展望未來，他說在工業和交通運輸 4.0 的時代，城規專業迎來了更多的挑戰和機遇，規劃城市要考慮及利用高新科技，建設低碳城市、智能社區。 不久的將來，可能出現無人駕駛公共交通，只要市民輸入出發地及目的地，系統就會安排接駁的無人車，到家門口接人送到公車站或地鐵站。

對香港，葉嘉安充滿期待。他說，過去 20 年，香港和內地前店後廠的合作模式，並未找到出路。現在，香港與內地正要發展高新科技工業，有望締造新的合作模式，利用香港卓越的國際科研成果與珠三角的高新

產業結合，把粵港澳大灣區打造為曼克頓加矽谷世界級的特大城市群，「當年內地改革開放，是難得的機會，香港參與其中。香港人今天要把握目前的機會，這可能是最後一次的機會。」

新興專業面向急劇建設需要

1970 年代，香港的土地開發和房屋興建飛躍發展，一系列基建措施如隧道、公路及地鐵等紛紛上馬。1972 年政府推出的「十年建屋計劃」，在新界開發沙田、屯門、大埔及元朗等新市鎮，在其後十年間為 96 萬市民提供住所。

應對城市急速發展，香港大學在 1980 年 9 月成立城市研究及城市規劃中心，加緊培養人才。首位在美國取得城規博士的華人學者郭彥弘出任中心主任，剛從美國留學回港的葉嘉安成為中心首位教職員。

中心的成立，適逢改革開放初期，內地急需城鄉建設規劃。當時城市發展的步速驚人，在 1988 年以前，每年有兩個新城鎮出現，其後每年增加 22 個。城鎮人口亦大幅增加，1978 年以前的 30 年，每年增加只有 200 萬人，至1991 年年底，城鎮人口約 3.5 億。城鎮湧入大量人口，很多農村亦大興土木，升級變為城鎮。[1]

雖然內地在 1979 年已成立國家城市建設總局，負責組織城規工作，但城規人才奇缺，趕不上巨變時代的要求。[2] 從市民到決策者，對現代城規或城市的概念認識貧乏。現在

定居夏威夷的郭彥弘說：「當時內地城規人才缺乏，教授城規的都是專攻建築的老教授，課程老化；我介紹說，在西方國家，尤其是美國，城規屬獨立學科，範圍不僅建築，還有經濟、社會及法律等。」[3]

首個中國城規教育研討會

為了推動城規教育規範化，港大城研城規中心與中山大學地理學系在1983 年 9 月於廣州中山大學合辦「中國城市規劃教育研討會」，是改革開放以來首個城規教育會議，以介紹西方城規教育為主。北上參加的港大學者除了郭彥弘，還有中心副主任 P.R. Hills、講師 A.R. Cuthbert、J.W. Henderson、J.R. Schiffer、葉嘉安及方國榮共七人。[4]

內地出席的 70 多位學者，來自 13 間院校及研究機構，所屬學科包括建築、社會、經濟、心理及管理等。城規學者則有清華大學教授吳良鏞、同濟大學建築系教授李德華、南京大學地理系教授宋家泰、華南工學院建工系教授林克明、廣州市規劃局高級工程師吳威亮、中國城市規劃設計研究院黨委副書記林潤等。[5]

會上討論了人才培訓、跨學科的城規課程等議題。港大學者發表了八篇論文，包括《規劃教育發展的現狀及將來的趨勢》、《城市的發展與城市規劃人才的培養》、《城市規劃教育的幾個問題》、《城市規劃與城市形態的新方向》、《行政管理與城市規劃》、《地理學與城市及區域規劃》、《社會學與城市規劃》及《經濟學與城市規劃》。[6]

長久以來，內地的城規課程被劃入建築、土木工程或地理系，例如清華和同濟大學的城規課程歸屬建築系，北大、南京大學及中山大學則劃入地理系。但在外國，城規早被視為獨立的專業學科，葉嘉安說：「我們

↑｜1983 年在廣州中山大學舉行的城規教育研討會，吸引來自全國 13 間院校派員參加。（港大城市研究及城市規劃中心提供）

↓｜1983 年城市規劃教育研討會，七天會期的活動行程。主要是學者輪流發表論文，之後會上討論，會議前後安排出外參觀，其中包括在第六天參觀舊城改建區、街道工廠及拜訪街委會。（港大城市研究及城市規劃中心提供）

認為城市規劃的概念，不單是大規模的工程或建築項目，它應該獨立成學系，所以希望推動城市規劃在經濟改革開放中發揮作用。」[7]

1983 年廣州會議之後，內地很多大學陸續成立城規學系或課程，培訓人才。

錄取港大首名內地研究生

美國的洛克菲勒兄弟基金會（Rockefeller Brothers Fund）自 1981 年開始，贊助內地學者到港大城研城規中心訪問。據郭彥弘憶述，當時基金會主動接觸他，希望透過贊助跟內地建立關係，城研城規中心也能得到資源邀請內地學人來訪。其後有港大的城研城規信託基金（The Urban Studies and Urban Planning Trust Fund）加入，同樣為內地城規學人來訪港大提供贊助。[8]

透過贊助，內地學者訪問港大三週到一年不等，由 1982 至 1989 年間，共有 20 名內地知名學者到訪。包括 1984 年同濟大學建築與城市規劃學院院長李德華、清華大學建築與城市研究所所長吳良鏞、1985 年中國社會科學院社會學研究所所長費孝通、1987 年內地著名建築師和規劃師華攬洪、同濟大學建築與城市規劃學院副教授阮儀三和南京工學院建築研究所所長助理孟建民等。[9]

中山大學地理系教授許學強早於 1982 年到訪港大，翌年，他推動和港大合作，籌辦兩地城規教育研討會，喚起內地學術界關注城市經濟對土地的利用，以及推動城規成為獨立學科。他後來先後出任中山大學副校長和廣東省高教廳廳長。

↑｜城研城規中心於 2000 年慶祝成立 20 周年，與內地學者聚首一堂。前排由左至右：建設部周干峙、清華大學吳良鏞、香港大學葉嘉安、香港規劃署前署長潘國城、南京大學崔功豪。後排由左至右：中國城市規劃設計研究院張驊聲、中國城市規劃設計研究院鄒德慈、中山大學許學強、同濟大學吳志強、周干峙的助理汪科。（港大城市研究及城市規劃中心提供）

↓｜內地著名社會學家費孝通（右）於 1985 年 11 月到訪，與時任港大城研城規中心主任郭彥弘合照。費孝通於 1989 年獲香港大學授予名譽文學博士。（香港大學檔案館提供）

內地學者訪問港大期間，與港大學者展開合作研究。中山大學許學強與胡華穎，聯同港大葉嘉安發表論文〈廣州市社會空間結構的因子生態分析〉，刊登於 1989 年 12 月的《地理學報》。[10] 研究發現人口密集程度、科技文化水平、工人幹部比重、房屋住宅質量及家庭人口結構，是形成廣州社區類型的五個主要因子；而且廣州社區的空間模式呈向東曳長的同心橢圓形，這個空間模式的主導機制是城市發展的歷史過程、城市用地佈局和住房分配制度影響所致。這項研究成為內地城市研究的經典，可應用到廣州以外內地多個大城市的發展模式。

1983 年，中山大學地理系袁華奇入讀港大，成為改革開放以來「第一位港大的內地留學人員」，被形容為「實現了 30 年來內地（生）赴港大留學史上零的突破」。[11] 郭彥弘記得，袁華奇是得到許學強推薦過來的：「是我向許學強提出，着他介紹一名懂英文及聰明的學生到港大跟我做研究，有獎學金提供。」當年錄取內地生，除了要處理複雜的出入境及入學手續，還要為他們籌措學費及生活費。[12]

城研城規中心另一名來自內地的博士生吳縛龍，於 1995 年入讀中心的碩士課程，後赴英國做博士後研究，現為倫敦大學（University College London）規劃學院的巴特雷特講座教授（Bartlett Chair of Planning），研究領域為內地城市的轉型與規劃，是國際有名的中國城市研究權威。他著有《為增長的規劃：中國城市與區域規劃》，獲英國國家經濟社會基金會（ESRC）2013 年卓越國際影響力獎。

還有研究地理信息系統的黎夏，1996 年取得港大博士學位後返回內地，先在中山大學任教，後獲邀到華東師範大學任講座教授，是有名的 GIS 專家，2021 年入選英國社會科學院院士。

來自北京財貿學院商業經濟系的王燕祥，回憶在 1985 年入讀港大城研城規中心的碩士課程，「港大的學習生活使我受益匪淺。回到北京財貿學院後，我曾將港大的 seminar（小組討論）方法移植到教學工作中，打破了傳統的『填鴨』式教學模式，取得了較好的效果，受到同學們歡迎……在港大度過的時間雖然短暫，卻給我留下了終生難忘的美好印象。」[13]

為內地培訓人才，亦造就了香港與內地師生的合作機會。葉嘉安和他的博士生黎夏發表研究成果《利用遙感監視和分析珠江三角洲的城市擴張

過程：以東莞市為例》；[14] 兩人又合作研究城規元胞自動機模型（Cellular Automata, CA），把環境因素、城市形態及密度等引入模型計算，成為評估城市規劃方案的工具，研究成果發表在論文《約束性單元自動化 CA 模型及可持續城市發展形態的模擬》。[15]

北上考察拓闊港學者研究視野

港大城研城規中心的陳振光站在湖北十堰的山頭，縱目遼闊山區藏着無數山溝，其間的大小建築物是生產汽車配件的工廠。研究城市及經濟發展的陳振光，在英國取得博士學位，1989 年入職港大城研城規中心。他投入內地的研究項目，包括和南京大學教授、著名城規學者崔功豪合作，研究湖北漢中地區的城市發展。他隨團隊沿漢江上溯，走入十堰山區考察，目睹散佈山溝的汽車生產線，大開眼界。那間第二汽車製造廠，簡稱二汽，在 1969 年建於湖北十堰，在 21 條山溝建設了生產車架、摩打、底盤、車橋及車廂等 27 間廠房，生產的越野車及貨車等以「東風」品牌銷售，至 1992 年車廠易名為「東風」。[16]

陳振光說，「這是在 60 年代規劃經濟下，將部分重要工業發展轉移的典型例子。」冷戰期間，基於戰略考慮，中央政府將部分重要工業如汽車業，從一線地區轉移到二線，甚至十堰等更內陸的三線地區，「這個做法叫『山、散、洞』（靠山、分散、進洞），把生產線分佈在很大的山體裡。」改革開放啟動，車廠考慮搬離山區，在當地發展旅遊。陳振光的考察團前往探訪，考察搬廠的可行性。[17]

十堰的考察難得，緣於內地學人來香港訪問，和香港學者建立關係。他們返回內地後，會邀請港大學者參與項目，另外也幫忙聯繫內地機構和協調，成為港大學者到內地做研究、和學生北上學習的「搭橋人」。

↑｜1990 年，陳振光（右二）隨內
地學者包括南京大學教授崔功豪（右
一）到湖北沿漢江考察，一行人坐
吉普車進入山區，車身寫着「中國
科學院科學考察車」。（陳振光提供）

↓｜陳振中身後就是十堰，山溝間
設有汽車生產鏈。（陳振光提供）

陳振光對研究內地城市發展的興趣，始於在英國修讀碩士時。他和英國
教授談到內地改革開放，摸着石頭過河，存在許多未知，教授跟他說：
「我們熟悉歐洲甚至前蘇聯的發展，但對內地陌生，你既然是中國人，
排除了語言障礙，探索內地的城市發展是一個研究方向。」教授的一番
話，啟發了他決定將研究重點放在內地。

他入職港大後最早參與的內地項目，是 1980 年代末一項中國國家統計
局的研究，與香港其他院校的學者合作，分析 1949 至 1989 年的內地經

濟發展數據。項目的內地對口機構，是國家統計局下一個司級單位，陳
振光說，項目接觸到國家級的大型數據，「從統計角度了解內地經濟發
展，讓我深入了解在國家體制下的資料收集、統計及分析。」研究團隊
將龐大數據梳理、整存及確定，在 1990 年代發表了專著，補白過去近
40 年內地經濟數據分析的不足。陳振光認為這次研究透過香港學者團
隊，有助內地當局熟習國際機構對經濟數據的要求和處理方法，為中國
加入世貿提供非常重要的幫助。

城市群在 1990 年代後期是內地城規研究的一個重要題目，陳振光亦參
與其中。城市群研究始於西方，例如美國東北部因工業發展而出現的城
市。他與內地學者將城市群概念用於內地城市研究，並合作發表論文，
其中包括與姚士謀合著的《關於城市群基本概念的新認識》[18]、與姚士
謀、朱英明合著的《信息環境下城市群區的發展》[19]、與年福華、姚士
謀合著的《試論城市群區域內的網絡化組織》[20] 等。城市群概念在千禧
年後更為人認識，見於學術著作和政府的政策文件中。

港大城研城規中心與內地交流活動

1981 年	郭彥弘到中山大學授課，介紹歐美城規發展及趨勢，並於內地學術期刊發表文章《從花園城市到社區發展：現代城市規劃的趨勢》（1981）。[21]
	聯同香港規劃師學會、英國皇家城市規劃學會香港分會等，在香港合辦學術討論會「亞洲地區城市規劃：現在與未來」，是改革開放以來港大邀請內地官員及學者參加的首個城規國際學術會議。[22]
1982 年	郭彥弘和葉嘉安獲邀出席「深圳特區總體規劃研討會」。
	葉嘉安組織舊書捐贈活動，給中山大學圖書館送書，尤其當年地理界最具影響力的「計量革命」（quantitative revolution）研究方法參考書。[23]
1983 年	郭彥弘到北京清華大學講學一週，講授七個主題，包括「城市規劃的準則和選擇」、「區域發展和規劃」、「規模經濟和土地功能」、「土地價值和改建」、「城市交通系統」、「旅遊經濟和城市規劃的關係」及「新城市及小區規劃」。[24]
	港大城研城規中心與中山大學地理學系 9 月於廣州中山大學合辦「中國城市規劃教育研討會」。
1984 年	郭彥弘於內地學術期刊發表《城市規劃對建築環境的影響》（1984）。[25]
1986 年	與中國城市規劃設計研究院及建設部在北京聯合舉辦「沿海開放城市的規劃與發展討論會」，探討內地沿海城市率先發展，借鏡香港的發展及經驗。會議有過百人參加，三天的會議上，香港及內地專家學者發表了 19 篇論文。[26, 27]
	與香港的德國文化中心合辦「西德城市發展經驗研討會」，除邀請德國專家講學外，中國城市規劃設計研究院的科院工程師徐華東也到會上介紹內地城市發展、舊城改造等。[28]
	郭彥弘被委任為深圳市規劃委員會顧問。[29]
1987 年	在香港舉行「亞洲背景下的中國城市」（Chinese Cities in Asian Context）三天研討會。來自香港、內地、美國、澳洲、日本及馬來

↑｜葉嘉安於 1980 年代初獲邀參加深圳市規劃專家會議，其後在 1990 年代初亦參加了珠海市規劃的專家諮詢會，圖為他（左二）在珠海市規劃會上發言。（葉嘉安提供）

↓｜1993 年，港大與中山大學在廣州舉行第二次城規教育研討會，港大葉嘉安（左）及中山大學許學強於會上合攝。（港大城市研究及城市規劃中心提供）

	西亞等共 20 名學者聚首，探討城鎮化、珠三角城鎮化及城市規劃等議題。[30]
1989 年	在香港舉辦亞洲首次 GIS 國際交流會議「計算機科技在城市規劃與城市管理應用」（International Conference on Computer in Urban Planning and Urban Management, CUPUM），[31] 與會者包括內地學者，此會議成為內地接觸外國 GIS 最新技術的平台。
1993 年	與中山大學及加拿大英屬哥倫比亞大學人居中心（The Centre for Human Settlements）在廣州舉行「中國城市與城市規劃教育研討會」，四天會議有過百名中外學者參加。時任港大城研城規中心主任 Peter Hall 及副主任葉嘉安出席並發言。[32]
	籌辦「第二屆亞洲規劃院校國際會議」（International Congress of Asian Planning School），同時促成亞洲規劃院校聯合會（Asian Planning Schools Association, APSA）成立，葉嘉安擔任創會秘書長。
	與港大畢業同學會在香港合辦會議「中國城市和中國發展：香港的未來角色前瞻」，邀請內地學者及建設部官員出席，探討香港與內地的海陸空交通連繫發展。[33]
	內地出版翻譯自葉嘉安、黃良會編輯的 *Keep a City Moving: Urban Transport Management in Hong Kong*[34]，中譯版名為《保持城市交通暢通——香港城市交通管理》，作為內地急速的交通發展的參考。[35]
1994 年	推動和參與籌辦首屆「亞洲 GIS 會議」，每兩年舉行一次，成為內地以至亞洲 GIS 領域人員的交流平台，至 2003 年亞洲 GIS 協會成立，共同推動 GIS 的應用和研究。
1995 年	舉辦「地理信息系統在珠江三角洲規劃與環境管理的應用研討會」，邀請內地專家參加，會後中心與廣東省科學院廣州地理研究所、中國科學院轄下資源與環境信息系統國家重點實驗室簽訂合作協議，在規劃和管理珠三角洲上，就使用遙感和 GIS 展開共同研究。[36]
	與港大畢業同學會合辦探討京九鐵路沿線地區開發與香港發展的研討會，邀請了內地鐵道部的建設及運輸專家、城規學者等出席，研討會由九廣鐵路公司贊助。[37]

註

郭彥弘、葉嘉安

1　本文部分根據郭彥弘電話訪談記錄，2022 年 8 月 11 日、2022 年 8 月 26 日；葉嘉安訪談記錄，2021 年 6 月 28 日、2022 年 1 月 20 日、2022 年 8 月 5 日。

2　1991 年更名為城市規劃及環境管理研究中心，2008 年重整為城市研究及城市規劃中心，專注研究工作，城規課程則由港大建築學院成立的城市規劃及設計學系提供。

3　趙炳時：〈郭彥弘教授在清華大學講學〉，《城市規劃》，第 2 期（1983 年），頁 63。

4　郭彥弘：〈從花園城市到社區發展：現代城市規劃的趨勢〉，《城市規劃》，第 2 期（1981 年），頁 93-101；郭彥弘：〈城市規劃的若干理論問題〉，《世界建築》，第 6 期（1983 年），頁 12-21；郭彥弘：〈城市規劃對建築環境的影響〉，《城市規劃》，第 3 期（1984 年），頁 22-25。

5　'ANNEX I: Curriculum Vitae of the Director of the Centre R. Yin-Wang Kwok', *Board of the Faculty of the School of Architecture - Minutes (1982)*, HKU Archives.

6　Yin-wang Reginald, Kwok, *Urban-rural planning and housing development in People's Republic of China: regional and local planning in a developing socialist nation*, Thesis (Ph.D.), Columbia University, 1974, HKU Library Special Collections, Microfilmform.

7　同註 5。

8　同註 5。

9　本報記者：〈城市研究與城市規劃　訪問郭彥弘教授〉，港大校訊《交流》，第 28 期（1980 年 10 月），頁 1-3。

10　An Inaugural Lecture by R.Y.W. Kwok, 21 November, 1980, 'A Synoptic Examination on Urban Studies and Urban Planning', *HKU Gazette*, Supplement to the Gazette, Vol. XXXVIII, No.4 (1 May, 1981), HKU Library Special Collections, HKU.

11　國土資源部：〈守住全國耕地　不少於 18 億畝這條紅線〉，《中央政府資源網》，2007 年 6 月 13 日，取自 big5.www.gov.cn/gate/big5/www.gov.cn/ztzl/tdr/content_647236.htm，9-9-2022 擷取。

12　葉嘉安、宋小冬：《地理信息系統及其在城市規劃與管理中的應用》（北京：科學出版社，1995）。

13　A. G. O. Yeh, X Shi, Applying Case-Based Reasoning to Urban Planning: A New Planning-Support System Tool, *Environment and Planning B Planning and Design*, January 1999, Vol. 26 No.1, pp.101-115.

14　A. G. Yeh and X. Li, A Constrained CA Model for the Simulation and Planning of Sustainable Urban Forms by Using GIS, *Environment and Planning B: Planning and Design*, 2001, Vol. 28, No. 5, pp.733–753.

15　SPSS 全名是 Statistical Package for the Social Sciences，於 1960 年代末由 SPSS 公司創造的電腦軟件，用於統計、數據管理及分析，至 2009 年被電腦公司 IBM 購入。

16　'HKU Urban Planning Scholar receives Highest International Award at United Nation's Fourth World Urban Forum' 09 November, 2008, HKU Press Release, From www.hku.hk/press/press-releases/detail/5865.hml, retrieved 8-11-2022.

17　'HKU Urban Studies and Planning team offers novel solution to a GPS blind spot for safer and smarter driving experience in multilevel road networks', 2 May, 2018, Press Release from HKU, From www.hku.hk/press/news_detail_17836.html, retrieved 26-11-2022.

18　香港大學傳訊及公共事務處：〈港大建築學院團隊研發 e-inspection 2.0 離岸檢測系統　並安排傳媒參觀用「組裝合成」建造的學生宿舍示範單位〉，2022 年 06 月 01 日，取自 www.hku.hk/press/c_news_detail_24622.html，9-9-2022 擷取。

紀事

1　Xueqiang Xu, Desheng Xue, 'Urban Development, Urban Planning, and Planning Education in China since

1978 - Retrospect and Prospect', *Urban Planning and Planning Education Under Economic Reform in China*, edited by Anthony Gar-On Yeh, Xueqiang Xu and Xiaopei Yan (Hong Kong: Centre of Urban Planning and Environmental Management, HKU, 1997), pp.174-175.

2　國家城市建設總局在 1982 年併入城鄉建設環境保護部。

3　郭彥弘電話訪談記錄，2022 年 8 月 11 日。

4　'A Report of Delegated and Non-Controversial Business for the Meeting to be held on 14 January, 1986 (15/186)', *HKU Senate Minutes (January-June 1986)*, HKU Archives.

5　魏清泉：〈中山大學與香港大學聯合舉行城市規劃教育研討會〉，《城市規劃》，第 6 期（1983 年），頁 44。

6　《中山大學　香港大學　城市規劃教育研討會代表名單》，香港大學城市研究及城市規劃研究中心檔案資料。

7　葉嘉安訪談記錄，2022 年 1 月 20 日。

8　*Centre of Urban Planning & Environmental Management Review* (Hong Kong: Centre of Urban Planning & Environmental Management, HKU, June 1991), pp.37-39.

9　港大城市研究及規劃中心檔案資料：HK_Exchange with China 1980s.

10　許學強、胡華穎、葉嘉安：〈廣州市社會空間結構的因子生態分析〉，《地理學報》，第 44 卷第 4 期（1989 年 12 月），頁 385-394。

11　程靜：〈我所了解的港大與內地的交流〉，載劉蜀永主編：《一枝一葉總是情》（香港：香港大學出版社，1999 年增訂版），頁 281。

12　葉嘉安訪談記錄，2021 年 6 月 28 日。

13　王燕祥：〈港大留學回憶〉，載《一枝一葉總是情》，頁 224。

14　黎夏、葉嘉安：〈利用遙感監視和分析珠江三角洲的城市擴張過程：以東莞市為例〉，《地理研究》，第 4 期（1997 年），頁 56-62。

15　黎夏、葉嘉安：〈約束性單元自動化 CA 模型及可持續城市發展形態的模擬〉，《地理學報》，第 54 卷 4 期（1999 年 7 月），頁 289-298。

16　公眾教育部：〈第二汽車製造廠建設記憶〉，《北京汽車博物館》，2022-04-08，取自 www.automuseum.org.cn/shownews.html?40288acb7e2986740180084799860313?/ZXDT/YJXW/, 24-10-2022 擷取。

17　陳振光訪談記錄，2022 年 4 月 12 日。

18　姚士謀、陳振光：〈關於城市群基本概念的新認識〉，《現代城市研究》，第 6 期（1998 年），頁 15-17 及 61。

19　姚士謀、朱英明、陳振光：〈信息環境下城市群區的發展〉，《城市規劃》，第 8 期（2001 年），頁 16-18。

20　年福華、姚士謀、陳振光：〈試論城市群區域內的網絡化組織〉，《地理科學》，第 5 期（2002 年），頁 568-573。

21　郭彥弘電話訪談記錄，2022 年 8 月 11 日。

22　Yin-wang Kwok, Reginald, K.S. Pun, Diana J.L. Martin edited, *Planning in Asia: Present and Future, Proceedings from the Asian Regional Workshop/Conference of the Commonwealth Association of Planners*, 20-23 December, 1981, Hong Kong (Hong Kong: Centre of Urban Studies & Urban Planning, University of Hong Kong 1984), pp.I.

23　葉嘉安訪談記錄，2022 年 1 月 20 日。

24　趙炳時：〈郭彥弘教授在清華大學講學〉，《城市規劃》，第 2 期（1983 年），頁 63。

25　郭彥弘：〈城市規劃對建築環境的影響〉，《城市規劃》，第 3 期（1984 年），頁 22-25。

26　P. Lai-yee Choi, P. Kwok-wing Fong, R.Yin-wang Kwok edited, *Planning and Development of Coastal Open Cities*, Proceedings of a Conference on October 23-26, 1996 (Hong Kong: Centre of Urban Studies and Urban Planning, HKU, 1996).

27　本刊記者：〈開放與發展——記「沿海開放城市的規劃與發展討論會」〉，《城市規劃》，第 01 期（1987 年），頁 57-58。

28　劉寶玲：〈一九八六年下半年中國城市規劃設計研究院〉，《國外城市規劃》，第 01 期（1987年），頁 57。

29　'A Report of Delegated and Non-Controversial Business for the Meeting to be held on October 7, 1986', Reference No. 215/986 , *HKU Senate Minutes (July - December 1986)*, HKU Archives.

30　'Appendix 19: Symposia, conferences and seminars', *HKU Vice-Chancellor's Report (1986-87)*, HKU Library Special Collections, pp.118-119.

31　Gar-on Yeh, edited, *Proceedings of International Conference on Computers in Urban Planning and Urban Management*, 22-25 August 1989, Hong Kong (Hong Kong: Centre of Urban Studies and Urban Planning, HKU, 1989).

32　謝良葵：〈中國城市發展與規劃教育研討會在中山大學舉行〉，《人文地理》，1994 年第 1 期。

33　Anthony Gar-On Yeh, Chai-Kwong Mak edited, *Chinese Cities and China's Development, A Preview of the Future Role of Hong Kong* (Hong Kong: Centre of Urban Planning and Environmental Management, HKU, 1995).

34　Liang Huew Wang, Anthony Gar-on Yeh edited, *Keep a City Moving: Urban Transport Management in Hong Kong* (Tokyo: Asian Productivity Organization, 1993).

35　黃良會、葉嘉安主編，倪文彥、芮經緯譯：《保持城市交通暢通——香港城市交通管理》（北京：中國建築工業出版社，1993）。

36　〈與北京及廣州研究所簽署合作協議書　共同研究如何應用地理／土地信息系統以改善珠江三角洲的環境〉，港大校訊《交流》，第 75 期（1995 年 5 6 月），頁 125。

37　葉舜贊、葉嘉安主編：《京九鐵路沿線地區開發與香港發展》（北京：科學出版社，1997）。

第九章

拓荒者

港大校友朱裕倫及施能自在改革開放初期北上，引進新業務、新視野。朱裕倫和摯友搭建中外貿易資訊和展會平台，聯通國際；施能自開創商業諮詢服務，參與國企改革。他們的人生路向轉折，各自開出新天地。

Artem Lupanchuk 攝

PIONEERS

朱裕倫

乘着資訊的
翅膀飛躍

夥同老友「三劍俠」創業，
洞悉市場機遇，
文字與資訊織夢成真。

朱裕倫在香港鰂魚涌的辦公室佔商廈全層兩萬呎，在港員工過百，並在深圳、上海、北京及新加坡都設有分部。這位 1973 年畢業的港大校友說，有幸參與國家改革開放，見證神州風起雲湧的變化，在大時代裡和摯友開創事業。回首 40 多年跟著國運起伏，他只想到感恩二字。[1]

改革開放，創造出無數像朱裕倫的傳奇故事。這位本來對商業一竅不通的中學教師，靠合夥人團隊、對時機的判斷，在 1980 年代成為世界頂尖商業報刊中內地廣告的全球代理人。其後，他和拍檔看準內地市場對海外資訊的渴求，以及海外對內地市場的陌生，建立了內地和世界商業資訊流通的橋樑。

在資訊貧乏的 1980 年代，他們的初創公司領頭出版科技雜誌、商業名錄，溝通中外貿易資訊。他們開拓行業展會業務，建立外商與內地生產商直面交流的平台，成為最早進入內地的國際展會主辦機構。他和兩位老友所創辦的雅式集團，現在是內地最大的展會主辦商之一，每年籌辦大型全球性行業展會。在改革開放歷程中，雅式留下了先行者的腳印。

朱裕倫的人生，要由他年輕時的低谷說起。

「三劍俠」聚首創業

朱裕倫出身寒門，靠助學金及貸款入讀港大，主修數學及物理。畢業後遇上石油危機，經濟不景氣，他因為難找工作，同時亦依戀大學的生活，於是留校一年修讀教育文憑課程。

畢業後，他在深水埗佛教大雄中學教授高年級數學，生活平淡穩定，他說，「我非常享受教學生涯，並打算終生從事教育事業。」

豈料教書三年多，聲帶嚴重發炎。「你可能不能再講話。」醫生的話讓他心裡一沉。在最後半年的課堂上，他靠手提擴音機授課。愛教書卻不能隨意發聲，他對未來一片茫然。

機會照顧有心人，在與大學校友的一次遠足旅行中，朱裕倫重遇曾在學生會共事的學長馮紹波，他口中的馮兄。馮紹波曾任港大學生會會長，是 1971 年港大學生會舉辦第一次回國觀光團的團長，他 1972 年社會科學學院畢業，一年後赴英國曼徹斯特大學，取得經濟學碩士回港，正在探索前路。

↑｜朱裕倫在中學教學時和學生合照。（朱裕倫提供）

↓←｜受「認中關社」思潮影響，朱裕倫讀大學時到內地交流。（朱裕倫提供）

↓→｜讀大學時的朱裕倫是學生領袖，組織考察團北上認識祖國。（朱裕倫提供）

老友頭腦風暴一番，萌生了創業念頭，馮紹波邀請在英國結識的好友梁家齊加盟。從此三人合力開展事業，情同兄弟，到今天仍然是合夥人，在友儕間有「三劍俠」之稱。1978 年 1 月 1 日，雅式業務促進中心成立，英文名 Adsale People Limited。Adsale 由 advertising 和 sales 兩字合併而成，即廣告及銷售；people 表示以人為本，也反映了公司由三個年輕人組成。朱裕倫說：「我們沒錢，又沒任何關係，一無所有，只有幾個後生仔。」公司定位在提供貿易促進服務，是他們力之所及，只是資本有限，落腳灣仔一個 300 多呎的寫字樓，成為三人事業的起點。

從教學轉戰商界不易。朱裕倫記得獲得第一張廣告訂單時，興奮地開具合同讓客戶簽署。拍檔馮紹波看到他那張編號 A0001 的合約時，就馬上指出不要讓客戶知道他們做了多少生意，合同編號可由 P5678 開始，這讓他上了一課。接著，他參與建立公司檔案，學習系統地運作、整合資料、跟蹤覆查每一單交易、追收賬款及財務的管理，每一個環節都是新的挑戰。

雅式創立那一年，適逢改革開放前夕，搶灘內地市場的外商興致勃勃，但是他們連一本像樣的中文目錄也沒有，要透過香港的公司或代理商製作中文推廣材料。雅式得到先機，開始為外商做翻譯、印刷目錄及做廣告，客戶包括知名美國農業機械品牌 John Deere、建築設備公司 International Harvester 等。

雅式組建了一支專業團隊，翻譯大量農業、化工、機械、礦山、電力、交通以至航空技術的文件，團隊成員不少是 1950 年代從印尼等東南亞國家返回內地，至「文化大革命」後又來到香港的華僑技術人才。朱裕倫幾個年輕老闆負責商業部分的校對，以避免「joint venture」（合資公司）按字面被譯為「共同冒險」的可笑錯誤。當時生意有多好？他笑言，團

右起：朱裕倫、梁家齊、馮紹波。他們攜手創業，有「三創俠」之稱。（朱裕倫提供）

隊「一年為內地提供的現代尖端技術資訊，比起在內地工作了 20 年還多！」[2]

公司剛站穩了腳，業務很快出現樽頸。朱裕倫解釋，因為翻譯量不穩定，高峰時要趕交貨，難以控制質量；此外，有些大客開始自聘翻譯專才。生意難擴張，需求減少，利潤急降，幾個年輕老闆決定公司要馬上轉型。他們看到內地市場渴求外國資訊，決定出版科技雜誌。

創辦科技雜誌　破冰內地廣告

1978 年 11 月，《科技彙報》（*TECHNONOVA*）季刊創刊，介紹國際科技發展、最新科技產品及專題探討工業技術問題，配合「四個現代化」的國家政策。[3] 特刊免費派送給內地的廠家企業，收入來自廣告；他們又採

訪及報導想出口設備往內地的外商，招攬廣告和翻譯服務。

新雜誌收入有限，幾個年輕老闆正想開拓新業務，增加財源之際，港大校友、時任香港《文匯報》副總經理麥華章引介，讓他們成為《文匯報》特刊的外商廣告總代理。 就這樣，雅式進入了廣告業。

1979 年年初，上海《天津日報》刊登了一個牙膏小廣告，引來海外媒體爭相報導。這個簡陋的廣告只有手繪的人像和產品，相片欠奉，卻是自「文革」以來，首個在內地媒體出現的商業廣告，被外媒視為經濟轉型、走向市場化的信號。4

受此啟發，朱裕倫想到，媒體開始刊登廣告，外商市場大有可為。經過多番努力，雅式和香港《文匯報》合作，成為上海《文匯報》的外商廣告代理。

香港公司代理內地廣告，獲得了外媒大幅報導，美國《華爾街日報》的高級副總裁 Donald McDonald，指示亞洲《華爾街日報》出版人 John Orr 及正在東京公幹的廣告部主管 Victor Webb 飛往香港找《文匯報》，洽商成為上海《文匯報》獨家全球廣告分代理。《華爾街日報》兩名高層到訪，《文匯報》拉了朱裕倫去做翻譯，提議《華爾街日報》改為代理香港《文匯報》每年的廣州交易會特刊和雅式《科技彙報》的廣告。這些刊物都是在內地發行的。

這事談成後，《華爾街日報》高層繼而提出，讓雅式幫忙為美國《華爾街日報》招攬內地廣告，當時的朱裕倫怔了一怔：「這簡直是天方夜譚！」他知道，內地的公司從沒有在外國刊登商業廣告，更不要說是廣告費昂貴的美國《華爾街日報》。但是看在他們願意推動《科技彙報》的份上，

1978 年 11 月《科技彙報》創刊號封面。

雅式也就姑且一試。

成為《華爾街日報》招攬內地商戶廣告的代理，看來是「無米粥」。朱裕倫說，當時內地資金有限，《華爾街日報》一版廣告收費五、六十萬港元，對內地商戶而言是天文數字，哪會落廣告？沒想到，這是個難得的機會。

「中國人來了」

「The Chinese are coming!」1980 年 10 月，美國傳媒以這標題，報導內地在美國三藩市、芝加哥及紐約，三個月內將舉行出口商品交易會。[5] 過去內地的出口商品展會只有廣州交易會，隨着中美在 1979 年建交，雙邊經貿活動大增，內地公司主動走出國門舉辦交易會，引來美國傳媒注意。朱

裕倫說，當時這些展會只有廚師煮中國菜、工匠示範做玉器等；美國在北京的工業展，卻展出 1980 年代的現代機器，反映了美國的工業化，而內地還停留在手工藝時代。

雅式抓緊機會，配合這三個交易會，分別在《華爾街日報》組織了三個中國經貿專輯，招攬了 16 版內地出口商品廣告，推銷的產品林林總總，如士巴拿、槌仔和鋅鐵片等。雅式還說服《華爾街日報》在這些專輯中加插讀者反饋回條，吸引了 2,000 多家美國公司的回應，表示有意進口內地商品。回條上附有美國進口商有興趣的商品及聯絡方法，內地公司收到這些美國進口商名單後，都躍躍欲試。《華爾街日報》就更高興，該報的內地廣告從零飛躍到 16 版，管理層為打入內地市場舉辦慶祝酒會，並邀得中國駐美大使柴澤民出席及致賀詞。

專輯帶來多少成交難說，雅式卻因此一躍成為內地廣告的全球總代理。那 16 版廣告引來 3,000 個想入口內地的外商查詢，「我們當時把這 3,000 個查詢編印成冊，拿在手裡穿州過省拉廣告，『內地的商戶想出口到世界最大的消費市場美國，就落廣告到《華爾街日報》。』」英國《金融時報》馬上跟進，向雅式提出合作，隨後合作的外媒愈來愈多。

至 1984 年，雅式已囊括了世界各主要商業報刊在內地的獨家廣告代理權，當中除了《華爾街日報》及《金融時報》外，還有日本《經濟新聞》、德國《商報》（Handelsblatt）、加拿大《環球郵報》（The Globe and Mail）等。雅式這個在灣仔駱克道的小公司，成為全球一線商業報刊的內地廣告總代理。

好景不常，廣告代理業務很快走下坡，內地出口商刊登廣告的目的是為了尋找國外的分銷商或代理，然後把宣傳工作直接交給代理，廣告的投

放亦轉為在電視、電台等大眾媒體，面向消費者。三個創業者了解危機所在，需要急促發展多元化業務。他們轉向出版，繼而踏上了商展會業務的台階。

改革開放宣傳人員

1984 年，雅式出版對華貿易英文指南書 *China Trade Handbook*（中國貿易手冊），由亞洲《華爾街日報》全球發行。[6] 指南面向外商，介紹在內地營商的實用知識、操作辦法和經驗。由於市場上沒有相類的書籍，贏得國際商家購買，更加強了雅式的專業形象。

1985 年，雅式聯同內地對外經濟貿易部下屬出版社、華潤集團下屬香港中國廣告公司，共同出版了中英對照的《對華貿易商社名錄（港澳地區）》，並獲香港總商會、中華總商會、中華廠商聯合會等香港商會支持，這實用的名錄吸引了商戶爭相刊登廣告。[7]

1980 年 7 月的廣州暑氣逼人，朱裕倫等人在沒有空調的展廳裡，大汗淋漓，但和同事情緒高漲，因為這裡正舉行的工具機床展覽會，是雅式在內地舉辦的首個展會。朱裕倫說，內地過去進口設備有限，交易金額不高，但展會吸引了 20 多間外商參展，已是創舉。他仍然記得當年的趣事，譬如法國代理 Haddad 先生告訴他，廣州的酒店沒有空調，妻子晚上要浸在浴缸的涼水中才能入睡；還有開幕晚宴，有人居然穿著背心拖鞋出席。

這個展會也是改革開放以來首批商業展覽。1970 年代，內地已經有外商的展覽會，但都是政府間合作舉辦的，例如瑞士的機床展、英國的醫療展、德國的科技展等。直到 1980 年代，才開始有商業性展覽會，而雅式是先行者。朱裕倫指，隨著開放改革政策的推進，珠江三角洲成為投資

↑｜1980 年代出版的 *China Trade Handbook* 及中英對照的《對華貿易商社名錄（港澳地區）》，為內地及外國商戶打通資訊渠道。（朱裕倫提供）

↓｜雅式在廣州首辦行業展會的開幕儀式，場面熱鬧。（朱裕倫提供）

熱點，內地政府以低廉地價及人力成本招商引資，同時引進國外先進的技術和生產設備，加快改善基建。

甫一開放，工業生產或基建都必須走出國門，到發達國家去考察，吸取經驗，找出差距及迎頭趕上的方法。但在改革開放之初，國家資源所限，只有極少數人可以到國外考察，中層及基層的技術人員對國外技術和新設備的資訊十分渴求。朱裕倫說：「雅式的《科技彙報》及產品目錄因此那麼受歡迎，但這始終是杯水車薪。」

在朱裕倫眼中，展會是不需遠路出行的考察，把外商「請進來」製造雙贏，「全世界的機器設備及技術出口商、製造商，可以透過展會接觸到買家；內地組織展會的單位還有場地租金收入，帶動周邊消費；透過外商推銷產品，可以開眼界，又不一定要交易。」來展會的觀眾都是「行內人」，例如工程師、技術員等，由相關工業部門組織，安排專車，還有免費午餐及免費入場。

籌辦展會前，朱裕倫等人會和有關工業部門開會，根據各行業所需的設備和技術準備一份「菜單」，憑單尋找全世界的出口或製造商，針對性地邀請他們參展。

公司轉型成為專業的展會籌辦商，覆蓋的行業包括汽車及汽車配件、電力及電工、供熱及鍋爐技術、包裝技術及製品、木工及家具、紡織及成衣、運動科技、數據中心技術等。其中塑料及橡膠工業展會於 2005 年與德國最著名的展會主辦商杜塞爾多夫（Düsseldorf）合作，在內地舉辦最大型的橡塑展「中國國際塑料橡膠工業展覽會」（Chinaplas），參展商來自 40 個國家及地區共 4,000 間公司。[8] 朱裕倫說，Chinaplas 1983 年於北京創辦，初期展出的都是國外進口設備，內地拿不出像樣的本土機器；到今天，本土生產的塑料機器已連續 15 年產量世界第一，中國正在從生產大國向生產強國邁進。他指展會對於中外技術交流、貿易往來甚至合作、合資等起了極大推動力。

雅式佔整個展會市場約百分之五，但為展會行業做了不少小貢獻。在 1980 年代，公司會每月製作內地全國展會清單，整合內地的展會資料，列出舉行日期和地點，並且分行業如農業、科技、機場、塑料及發電等。這個表的原意是由此分析趨勢，例如突出展會最多的行業和城市，方便擬定展會策略；後來，這個表不僅被行內人參考，還有領事館的外貿人

↑｜1998 年，朱裕倫（中）在廣州舉行新聞發佈會。（朱裕倫提供）

↓｜1989 年，雅式公司在上海舉辦汽車展，朱裕倫（左）歡迎時任上海市市長朱鎔基到訪參觀。（朱裕倫提供）

↓↓｜雅式開業時是一間只有三個年輕人的小公司，現已擴展為一間過百人的企業。（朱裕倫提供）

員，也用來通知自己國家的廠商，「我們去很多領事館，都發現很多商務參贊把這個表釘在告示版。」朱裕倫自豪地說。

雅式的展會業務發展迅速，但也非一帆風順。1989 年 6 月初，朱裕倫等人在上海準備兩個大型展會，所有機器已搬進展館，準備就緒，但突然北京發生「六四」事件，氣氛緊張，有展商馬上返國，甚至有人提出取消展會，公司面臨存亡關頭。

展會最後延期一個月舉行，時任上海市市長朱鎔基也來參觀，朱裕倫的會議室掛著他和朱鎔基當年的合照。「當時有信念，中國仍會打開大門，我們就一定要堅持繼續。」這兩個展會成為 1989 年後中國首批大型的外事活動，在訪談中憶述此事時，朱裕倫停頓良久，當年的驚心動魄，似乎仍然歷歷在目。這是他人生中最深刻的一幕。

現時雅式已經成為國內最具規模的展會主辦商之一，朱裕倫直言，1980 年代外國展覽公司不敢進入內地市場，為他們留下機會，「那時候我們公司像是襁褓中的嬰兒，對舉辦展會認識不多，無法和外國公司競爭。正因為外商對中國沒有信心，為我們留下了一道窄窗，讓我們發展起來。」

年逾 70 歲的朱裕倫，當年一無所有地坐上改革開放的快車，抓住機會開拓事業，由數學教師變身成世界級展會的主辦商。他是改革開放歷程的傳奇故事，在大時代留下足跡。

施能自

香港仔內地
紮根 30 年

—— 拓荒者

不斷挑戰自己、保持年輕的心，
超越自己的舒適區，永遠在學習的路上前行。

土生土長的「香港仔」施能自在 1991 年獲公司派遣去上海進行商業談判，
之後投身諮詢顧問（consultancy）這當年的新興行業。沒想到他一去 30
多年，成為了港人赴內地工作和紮根的先行者、金融諮詢服務行業的領
軍人物。[1]

在國有企業從計劃經濟艱難過渡的 1990 年代，施能自為國企管理層帶來
現代企業治理的模式，諸如戰略佈局、公司治理、流程再造等新理念。
他擅長優化公司治理結構、業務流程重組、績效考核和企業數字化建設，
曾擔任眾多大型國企的管理諮詢項目負責人，為國企董事長和總經理做
領導力培訓。

經過 30 年在內地的打拚，施能自現在是德勤中國（Deloitte China）的副主席、政府及公共服務行業主管合伙人。他曾是正大集團（Charoen Pokphand Group）合資企業經理，安達信（Anderson）管理諮詢、畢馬威（KPMG）諮詢和德勤管理諮詢的負責人。

回顧過去，他說：「我一直從格局看問題，懷有激情和使命感。不困於現狀，而是看到機會。我問自己，會做什麼，可以做什麼。我感覺自己還是 30 來歲。」[2]

現在，他一如既往地為內地各級政府提供問題解決方案，更花心思面向未來，應付新時代數字經濟、科技創新、數字化領導力、企業社會責任等挑戰。他參與的項目也更具前瞻性，從北京市懷柔區的創新科技園區、德勤大學，到設計中的國家會展中心。他說，「我未必馬上理解新事物，但我可以用 90 後的心態再認識這個世界。」

初識內地

1981 年，施能自考進港大社會科學院，那時香港已經為回歸祖國的前景出現躁動。他當過學院學生會會長，還組織同學前往正在建設中的深圳大學。

在還在施工的會議室，施能自第一次和內地師生對談。他們來自五湖四海，談到「文革」的不幸遭遇，但更寄望未來的發展。他們迫切想了解香港的國際化、教育和學習環境。「感覺一切都是新的，人人謙虛，想要進步。」

1984 年，施能自（右一）在深圳大學交流，與老師同學合影。（施能自提供）

親歷合資企業改革

1985 年，施能自入職安達信會計師事務所，赴美培訓。不久後創業，在
尖沙咀星光行的地下舖面與朋友合伙開珠寶店，打算一展身手。沒想到
人流量不及預期，加上與合伙人經營理念不合，慘淡收場。珠寶店滑鐵
盧，給 20 多歲的施能自一個教訓，明白完美構想和落地執行之間的距離，
意識到風險管理的重要。

創業失敗，施能自收拾心情再去打工，1990 年出任泰籍華人創辦的卜峰
集團（內地稱為正大集團）財務經理。正大集團於 1979 年進入中國，成
為中國第一家中外合資企業。[3] 施能自在正大香港總公司上班，經常出差
上海、海南等地，評估投資項目的財務可行性和風險。

改革開放後，中國政府通過市場換技術，利用合資引進國際技術和管理
經驗，這為施能自帶來發揮的機會。1991 年 10 月，正大集團派施能自去
上海，參加合資企業增值擴股的談判，對象是集團合資企業的中方股東
上海膠鞋六廠（時為上海化工局下屬企業）。中外雙方在股權作價投入
和管理層控制權上難以達成共識，合資企業面臨解散。

那時，中外合資企業仍是新興事物，施能自比喻：「合資好像『結婚』；
雙方拿出各自好的資源，一起賺一起賠。」這番話令對方感到有意思，
願意繼續和這個「香港仔」談下去。

經過三個月的談判，雙方終於達成共識，外資方任命施能自擔任合資企
業「上海大偉力鞋業有限公司」的董事總經理，那時他才 30 出頭。沒料
到這成為他的人生轉捩點，自此留在上海。

出任「總經理」挑戰重重，首先是要習慣上海的環境。1990 年代初的上
海，20 多層的大樓屈指可數，晚上 6 點後城市就漆黑一片，但施能自卻
感受到上海的巨大吸引力。他身邊很多年輕人畢業於復旦等名校，謙虛、
努力、悟性強，靠知識改變命運，他從他們身上看到了自己的影子和將
來。在上海，他結交了很多朋友，2019 年上海大偉力鞋廠慶祝 30 周年，
施能自和 30 多位舊同事在微信群裡親切互動，恍如昨日。

空降合資國企從磨合開始

施能自花功夫融入當地文化。他私下惡補上海話，即使公司有同事開會
只說上海話，他也從不打斷。一個「香港仔」既沒技術背景，又沒人脈
資源，他要學習怎樣管理比自己年長十多歲的國企員工。

當時排拒他的，多是「老三屆」的幹部，即 1966 到 1968 年的高中和初中畢業生。他們升學的機會被「文革」打斷，上山下鄉遠赴農林牧場，其後回流上海。「老三屆」能吃苦，有多年的技術和工廠經驗，他們期待空降來當經理的是鞋業資深人士，起初不相信施能自能領導企業。然而他卻清楚自己的強項不在製鞋，而是引入現代企業管理理念。

鞋廠本來做來料加工，生產旅遊鞋出口賺取外匯。施能自反其道而行，看到內銷的巨大潛力，與同事自創運動鞋品牌「倍福來」，擬出擴大市場策略。

首先是品牌定位。當時內地一線品牌大多售價 79 元左右。施能自在會議上提出定在 149 元，以突出市場領導地位。同事對高價位感到不安，但施能自堅持，又拿出促銷方案，側重時尚和功能。

第二是形象包裝。施能自聘請香港廣告公司策劃，找來年輕帥氣的男女生，在香港中環置地廣場拍攝動感廣告，在內地各大電視台和影院播放，一炮而紅。三是借鑒 Nike、Reebok 和香港 Bossini 的成功經驗，在上海茂名路成立第一家「倍福來」運動品牌專賣店，在全國發展 130 多個銷售網點。

在施能自帶領下，鞋廠引入了現代商品由生產、推廣到銷售的手法。結果運動鞋供不應求，銷售額大升。施能自還引入「企業社會責任」這個在當年新銳的概念。為了體現品牌的企業責任心，他組織系列開風氣的公益活動，在春節時送鞋給弱勢人群，提供免費與海外親戚在新年通話的機會，籌辦健美操比賽。還有和共青團上海市委合辦大學生夏令營和開放實習機會，與電視台和電台合作公益活動等。

↑｜1992 年，施能自（右一）與時任上海市團委書記韓正交談。（施能自提供）

↓｜1992 年，施能自在香港拍攝「倍福來步步流行」電視廣告現場。（施能自提供）

產品銷售步入正軌後，施能自加強公司治理和現代企業制度。當時公司法還未出台，沒有董事會治理的概念。中方人員想不按公司章程，提前任命副總經理和工會主席，他和中方董事長因此激烈辯論，最終董事長同意按照公司章程辦事。這促使合資雙方更重視公司治理精神。接著，他探索投資信息化，普及電腦使用。

從格格不入到並肩作戰，施能自在公司的地位穩下了，更落實了他留在內地的決心。

投身「管理諮詢」助力改革

施能自的出色表現被人看在眼裡。1993 年，老東家安達信向他招手，邀請加盟新成立的「管理諮詢」團隊，負責世界銀行給國企的支持專案。世銀計劃貸款給上海有潛力的國企，擴建廠房和生產線，條件是必須接受國際管理諮詢公司的服務，提升管理水平。

那時，內地已對管理諮詢需求日增。早在 1979 年 3 月，國家經濟委員會主任袁寶華就創建了中國企業管理協會。在他的倡導下，內地於 1980 年從日本引進企業管理諮詢。[4] 1981 年，國家副主席榮毅仁倡導，會同經叔平等企業家創立了中國國際經濟諮詢公司，是改革開放後第一批專業諮詢公司之一。[5] 1984 年 10 月，十二屆三中全會作出《中共中央關於經濟體制改革的決定》，指出「增強企業的活力，特別是增強全民所有制的大、中型企業的活力，是以城市為重點的整個經濟體制改革的中心環節。」[6] 政策激活了企業在改革中尋求專業諮詢的需求。1985 年，內地出版第一部諮詢培訓教材《企業管理諮詢的理論與方法》。

1994 年，施能自回巢安達信。他帶領團隊用半年時間調研，從戰略、市

場、運營、財務等方面，給四家上海國企分別完成 2,000 多頁的建議書。他指出問題，提供實際操作建議，包括如何加強流程效率、設置財務指標、提升研發水平、改善物流管理、升級產品戰略等。世界銀行和四家國企感到滿意。

當時，很多國際諮詢公司都在探索如何推動國企改革，但多從「私有化」和「推倒重來」方面提建議，方案超前而不考慮如何落地，致使國企改革無法推進。施能自看重先進性和落地性的平衡。他說，「我想聽到的反饋是『You are good, and we can do it』（很好，我們也能做到），而不是『You are great, but we can never do it』（太棒了，但我們永遠做不到）。」

招商引資

管理諮詢不乏成功案例，但國企領導抱著懷疑態度，而且負擔不起費用。為解決國企改革的財務困境，施能自轉而協助政府招商引資，協助外資企業選址和談判，匹配雙方需求。1992 年鄧小平南巡講話後，跨國企業紛紛進駐。施能自帶領安達信的諮詢團隊，協助日本和歐美的汽車、啤酒、化工、機電等領域的跨國企業，在內地物色國企合資對象，完成前期調研、談判，設計實行方案和運作模式。

施能自曾為一家歐洲機電企業找到合資的國企。內地當時還未建立現代會計制度和科學的資產評估標準，雙方對於資產價值評估存在重大分歧。中方會計師已近 90 歲高齡，只會講上海話，談判十分艱難。老先生發現施能自竟懂得一些上海話，能理解國企的現狀和訴求，便逐漸放下戒心，最終完成談判。

地方政府找上施能自，為招商想點子。當時有個城市新區擁有兩個產業

1992 年施能自培訓管理
人員，講授最新理念。
（施能自提供）

園，分別由外資聯合開發，和由地方政府經營。兩個園區位置相鄰，設
施相似，但外資聯合開發園區的招商引資額遙遙領先。施能自調查後，
發現地方政府只是簡單複制外資園區的空間佈局，但定位模糊，規劃不
清，重點產業不突出，沒有形成產業聚集，加上園區管理和服務方式傳
統。他從戰略定位、招商模式、優惠政策等方面重新規劃。兩年後，該
園區招商額度超過外資園區。

中央企業改革

1997 年，金融風暴席捲亞洲，對內地的出口需求造成很大壓力。1998 年，
國有企業改革出現困局，主要體現在大面積虧損、產能利用率低、三角
債（企業之間相互拖欠貨款所形成的連鎖債務關係）和銀行壞賬率高企。

這時，國企開始注重內部管理和風險內控。接到北京大型國企問詢，施
能自帶領安達信管理諮詢團隊北上，為大型中央企業提供改革方案，例
如如何整合企業行政和黨建組織，以及利用信息化優化流程等。

2017 年，施能自參加國企改革論壇。（施能自提供）

施能自逐漸成為國企改革與發展諮詢領域的專家，先後擔任安達信管理諮詢中國合伙人、畢馬威管理諮詢副總裁、德勤管理諮詢中國區主管合伙人、德勤中國華北區主管合伙人等。他帶領團隊參與了中石油、中石化、中海油、中國移動、中國聯通、中國遠洋、上海汽車、寶鋼集團等多個改革項目，包括戰略轉型、財務管理、數字化轉型、人力資本變革等，提供國際實踐經驗和解決方案。

保持年輕，創立港大北京校友會

2021 年，因推動內地國企改革和諮詢行業發展的突出貢獻，施能自被港大授予「名譽大學院士」銜。[7] 回港期間，他應邀和學生分享人生經驗，身穿潮流黑色運動服，髮型帥氣。他展示在五年前開始刻意改造自我形象的過程，從嚴肅刻板到今日活力時尚，從少做運動到考取健身教練資格，不斷挑戰自己踏出舒適區。在公司年會上，他身披美國隊長戲服登台表演，宛若巨星。

施能自常說，保持活力的秘訣是和年輕人「混在一起」，他也格外扶持年輕人。德勤在全世界設有七所德勤大學，是集培訓學習、職業發展和資源共享於一體的人才培訓平台。在設計首次進駐內地的德勤大學課程時，施能自強調領導力、變革創新、人際溝通、韌性等軟技能。他發現「現在的年輕人都很厲害，但還需要面對未來的信心和不確定性的抗逆力，並保持開放心態，從環境中看到機會，順勢而為，而不是一味埋怨現狀。」

2017 年，他發起建立香港大學北京校友會，當選會長。校友會現有註冊成員 800 餘人，九成以上是 90 後。校友會舉辦多樣化的活動，包括校友講座、領導力論壇，以及女性領導力俱樂部等。他又發起「京港青年創新論壇」，組織回京的香港院校畢業生交流。

施能自近年最引以為傲的項目，是籌劃多年的德勤北京新辦公室在 2022 年啟用，採用了開放式共享型的設計，結合數字時代扁平化管理的理念，將資源使用規模化。以往，管理級的合伙人坐在靠窗的獨立房間；而新的設計讓經常出差的 200 多名合伙人共用 100 間位於樓層中央的辦公房，靠窗開放型的辦公室留給其他同事，讓更多人享受陽光和景觀。

終身學習、保持永遠年輕的心境、擁抱現在、面向未來，是施能自的寫照。他證明了一個「香港仔」可以在內地安身立命，開闢新的天地。他在內地 30 年的打拚，顯示經濟發展、改革開放、硬件設施是基礎，但只是一個開始，更需要軟能力的配合。

註

朱裕倫

1　本文部分根據朱裕倫訪談記錄，2021 年 11 月 16 日。

2　朱裕倫，《創業歷程》（2021 年）。

3　科技彙報編輯委員會：〈序言〉，《科技彙報》（香港：雅式業務促進中心，1978 年 11 月）。

4　劉冊：〈為廣告正名：從 1978-1984〉，《搜狐網》（2018 年 4 月 13 日），取自 www.sohu.com/a/228133776_100102940，25-10-2022 擷取。

5　Stewart McBride, 'The Chinese are Coming! The Chinese are Coming!', *The Christian Science Monitor*, 2, October, 1980, From www.csmonitor.com/1980/1002/100252.html, retrieved 1-11-2022.

6　Lawrence Fung edited, *China Trade Handbook*（中國貿易手冊）(Hong Kong: The Adsale People, 1984).

7　《對華貿易商社名錄（港澳地區）》（*Directory of Companies in China Trade in Hong Kong and Macau*）（北京、香港：中國對外經濟貿易出版社、香港中國廣告有限公司、香港雅式業務促進中心，1985 年）。

8　總部設於德國 Düsseldorf 的 Messe Düsseldorf，成立於 1947 年，是全球最大展會籌辦商之一。

施能自

1　德勤中國：〈跨界領導力——德勤中國華北區主管合伙人施能自博士榮膺香港大學名譽大學院士〉。取自 www2.deloitte.com/cn/zh/pages/about-deloitte/articles/dr-norman-sze-awarded-honorary-university-fellow-of-hku.html，13-8-2022 擷取。

2　本文部分根據施能自視像訪談記錄，2022 年 4 月 4 日、25 3 日、8 月 16 日。

3　央視新聞客戶端：〈深圳特區 40 年・外企看中國｜中國大陸「0001 號」外企：始終看好中國經濟〉。取自 m.news.cctv.com/2020/08/25/ARTIUEd7eCsmNEtiBbkQhR8l200825.shtml，13-8-2022 擷取。

4　潘承烈、陳華蔚：《企業管理諮詢的理論和方法》（杭州：浙江人民出版社，1985），頁 13。

5　中國國際經濟諮詢有限公司：〈關於我們〉。取自 www.ciecworld.com/index.php?c=category&id=6，13-8-2022 擷取。

6　中華人民共和國中央人民政府：〈中共中央關於經濟體制改革的決定（中國共產黨第十二屆中央委員會第三次全體會議一九八四年十月二十日通過）〉。取自 www.gov.cn/test/2008-06/26/content_1028140.htm，13-8-2022 擷取。

7　香港大學：〈香港大學 2021 名譽大學院士〉。取自 www4.hku.hk/honfellows/chit/honorary-university-fellows/dr-norman-nung-chi-sze-nung-chi-sze-dr-norman-sze-nung-chi，13-8-2022 擷取。

20 世紀八、九十年代支持香港大學和內地交流活動的捐贈者和機構名錄

20 世紀八、九十年代，支持香港大學各院系和內地學術交流活動的捐贈來自四方八面，背景多元，以下為本書在文獻中取得有公開文字記載的捐贈名錄，包括個人、商業機構和民間機構，還有香港和內地的國家基金會。（英文名字按字母排序，中文按筆畫排序。）

個人

安子介
何添
何鴻燊
李景勳
李嘉誠
林建華
林逸民
查良鏞
徐谷華
徐展堂
徐晉華
梁銶琚
郭炳聯
陳蕉琴
陳麗雲
譚華正
蘇樹輝
Lee Siu-Fung
Liu Kwok Mei Kau

商業機構

王歐陽（香港）有限公司
中信泰富
協興建築有限公司
怡和機器有限公司
東亞銀行
香港電話有限公司
賓得（Pentax）
Analogue Technical Agencies Ltd.
Astra Pharmaceuticals
Bovis (Far East) Ltd.
Bruel & Kjaer Asia Limited
Chung Hwa Travel Service
Coudert Brothers
Daido Concrete (HK) Ltd.
Dantec Electronics (H.K.) Ltd.
Dragages et Travaux Publics
Gammon Building Construction Ltd.
Hip Hing Construction Ltd.
Honor Industrial Limited
Jardine Engineering Corporation Ltd.
Jardine Matheson (China) Ltd.
Johnson. Stokes & Master
Kumagai Gumi (Hong Kong) Ltd.
Ngo Kee Construction Co. Ltd.
Olympus Corporation
Otis (Elevator) Co. (H.K.)
Right Time Construction Co. Ltd.
Ryoden Electric Engineering Co. Ltd.
Sime Darby Hong Kong Ltd.
SmithKline Beecham Limited
Springer-Verlag (HK) Ltd.
Sun Hung Kai Properties Ltd.

The American Express
Victor Chu and Co.
W. Haking Industries Limited

基金會

中英信託基金
中華醫學基金會
王寬誠教育基金會
田家炳訪問學人計劃
何耀光慈善基金有限公司
李嘉誠基金會
法律教育信託基金
查良鏞學術基金
徐朗星基金會
徐朗星學術研究基金
曾憲梓慈善（管理）有限公司
鄭裕彤博士獎助金
霍英東基金有限公司
Carnegie Foundation
Croucher Foundation
Donner Canadian Foundation
Draeger Foundation (West Germany)
Ford Foundation
Hong Kong Culture and Art Foundation
Italian Trade Commission
Matthew Linton Visiting Fellowship in Mathematics
Mrs Ivy Wu Fellowship
Rockefeller Brothers Fund
Rockefeller Foundation
Urban Studies and Urban Planning Trust Fund
Tainan Hydraulics Laboratory, NCKU Research and Development Foundation

機構

大學教育資助委員會研究資助局
中國科學院
中國國家自然科學基金委員會
中國國家教育委員會
中國現代國際關係研究院

香港建築師學會
香港科技大學
Asian Development Bank
British Council
Chartered Institution of Building Services Engineers
Council on Tall Buildings and Urban Habitat
Institution of Structural Engineers
International Development Research Centre
International School on Disarmament & Research on Conflict (ISODARCO, University of Rome/Pugwash)
National Committee on US-China Relations
Structural Engineering Institute of the American Society of Civil Engineers
United Board of Christian Higher Educton
United Nations Development Programme
World Bank

政府

香港律政司

捐贈予港大亞洲研究中心（CAS）（1980至1996年）

CAS 在 1980 至 1996 間的年報，刊登了每年的主要捐贈者。據時任 CAS 主任陳坤耀解釋，其中絕大多數捐款用於與內地交流相關的活動，如資助研究、出版或研討會。此外還有不計其數的來自個人或機構的小額捐款。

個人

何鴻卿
何鴻燊
何藍瓊纓
李嘉誠
徐展堂
許士芬
黃文放
黎昌意

羅桂祥
Eddie Lo

New Zealand Cultural Centre
Universities Coordinating Council, Alberta, Canada

商業機構

士昌置業有限公司（Sze Cheong Investment Company Limited）
易達電子有限公司（Edal Electronics Co., Ltd.）
東亞銀行
恒生銀行
香港上海滙豐銀行
樂成企業有限公司（Lok Shing Enterprises Ltd.）
W. Haking Enterprises Ltd.
Straits Economic & Trade Advisory Co., Ltd.
Toppy International Ltd.

基金會

太平洋文化基金會
王寬誠教育基金會
田家炳基金會
田集成文化教育基金有限公司
利希慎基金
李氏基金
香港培華教育基金會
King Chung Chi Foundation
Hong Kong Telecom Foundation
Hong Kong Culture and Art Foundation
Tokyo Club Foundation for Global Studies

機構

哈佛燕京學社
京港學術交流中心
香港中華文化促進中心·香港翻譯學會
香港民族音樂學會
Australia-China Council
Australia Council for the Arts
Institute of Developing Economies
Japan Institute of Labour

參考書目

大學檔案及刊物

A Report on the University of Hong Kong (September 1953)

Annual Report, 1992-1993

Annual Report: University of Hong Kong Foundation for Educational Development and Research, 1996

Board of Studies of the School of Architecture Minutes, 1980-1985

Board of Studies of the School of Education Minutes, 1980-1984

Board of Studies of the School of Law Minutes, 1978-1984

Board of the Faculty of Architecture Minutes, 1986-1997

Board of the Faculty of Education Minutes, 1984-1997

Board of the Faculty of Engineering & Architecture Minutes, 1978

Board of the Faculty of Engineering Minutes, 1980-1997

Board of the Faculty of Law Minutes, 1984-1997

Bulletin, HKU, Issue No.157-159, January-March, 1982

Convocation Newsletter, 1980-1997

Council Minutes, 1980

Court Minutes, 1976-1987

CPAO Photographic Collection, University Archives, HKU.

Gazette, 1980-1997

Interflow (交流), 1978-1997

Introducing the University of Hong Kong, 1995-1996

Senate Minutes, 1980-1981

The Newsletter of the School of Research Studies, HKU, 1993-1998

The Review, 1994-1997

Undergraduate Prospectus, 1980-1997

University Archives, HKU

Vice-Chancellor's Report, 1981-1993

Vision, Mission and Tradition: a Souvenir Book on the 80th Anniversary and the University of Hong Kong Foundation for Educational Development and Research (Hong Kong: University of Hong Kong Foundation for Educational Development and Research, 1995).

學系 / 學院刊物

醫學

Achievements in Medicine: 1985-1995 (Hong Kong: Department of Medicine, HKU, 1995)

Leung, Gabriel M. State of the Faculty Address 2022 (Hong Kong: Faculty of Medicine, HKU, 2022).

Medical Archives

Medical Faculty News

Shaping the Health of Hong Kong: 120 Years of Achievements (Hong Kong: Li Ka Shing Faculty of Medicine, HKU, 2006).

工程

75 years of Engineering: 75th Anniversary Commemorative Publication (Hong Kong: Faculty of Engineering, HKU, 1988).

75th Anniversary Open Day: 'Seeing is believing', October 29, 1988 (Hong Kong: Faculty of Engineering, HKU, 1988).

Department of Civil Engineering Newsletter

Engineering at HKU: 90 Years of Dedication (Hong Kong: Faculty of Engineering, HKU, 2002).

Engineering at HKU: A Century of Excellence (Hong Kong: Faculty of Engineering, HKU, 2012).

Faculty Review, Faculty of Engineering, HKU, 1995/96

In Loving Memory of our Beloved Father Professor Y.K. Cheung (1934-2022)

Jienchu, HKU Architectural Society Journal, 1978-79, 1983, 1986.

Success Stories of HKU: Professor Yau Kai Cheung, https://web.engg.hku.hk/home/people/ykcheung/ykcheung.htm.

The Newsletter of the Department of Mechanical Engineering, HKU (1993-1997)

《中國科學院更新改造中關村科學城中心區可行性說明書》（香港：港大建築學系，1997）。

《香港大學土木工程系 2002 年度畢業生：畢業紀念特刊》（香港：港大土木工程系，2002）。

《港京工業學術交流（Interflow trip to Tsinghua '94）》（香港：港大工程學院，1995）。

教育

Faculty of Education Records Collection: Ed 013 Departmental / Head's Reports to VC / Registrar (1984-1997).

Faculty of Education Records Collection: Ed 020 Dean / Heads Meetings 1993-01-01 to 1993-12-31.

Research Profile of Staff in the Department of Education and the Department of Professional Studies in Education, 1987.

Serving the Community for over 90 Years (Hong Kong: Faculty of Education, HKU, 2012).

《華正中國教育研究中心》（香港：港大發展及校友事務部，2001）。

程介明：《中國基礎教育規劃：遼寧省兩個縣的案例》（香港：香港大學教育系，1987）。

人文

《港大亞洲研究中心年報》，1980-1996

亞洲研究中心檔案（香港大學香港人文社會研究所藏）

建築

Archival records, Department of Architecture.

Life to Celebrate: In Memory of Professor Eric Lye Kum Chew（生命的禮讚：悼念黎錦超教授）(Hong Kong: Faculty of Architecture, HKU, 2003).

'Miracles and Mirages: Architectural and Urban Design Planning Education in China Beyond the Master Plan', Eric Lye Memorial Forum and Dinner, http://fac.arch.hku.hk/ericlye/home/

Serving and Shaping Hong Kong: 50th Anniversary of the Department of Architecture（服務香港，塑造香港：香港大學建築系五十周年紀念）(Hong Kong: Department of Architecture, HKU, 1999).

黎錦超教授特藏（香港中文大學圖書館）

社工

Celebrating our Achievements, Stepping Up to the Challenge: Sharing the Sparkling Moments Diamond Jubilee of Social Work Education in HKU (Hong Kong: Department of Social Work and Social Administration, HKU, 2010).

Celebrating the 70th Anniversary of Social Work Education in HKU: From Pioneering to Social Impact 1950-2020 (Hong Kong; Department of Social Work and Social Administration, HKU, 2020).

Leung, Joe C. B. *Building for Excellence Together: The 50th Anniversary of Social Work Education in The University of Hong Kong* (Hong Kong: Department of Social Work and Social Administration, HKU, 2000).

顏可親、何肇發、梁祖彬：《中國社會工作與社會工作教育的探索：香港大學與廣州中山大學社會工作教育與研究三年合作計劃總結報告》（香港：港大社會工作及社會行政學系，1990）。

法律

As Time Goes By, Faculty of Law, The University of Hong Kong (Hong Kong: Faculty of Law, HKU, 2012).

Building for Tomorrow on Yesterday's Strength: Faculty of Law 35 Anniversary (Hong Kong: Hong Kong University Law Alumni Association, 2004).

Faculty of Law Newsletter (Spring 2004).

Faculty of Law, University of Hong Kong, 1990-1991 (Hong Kong: Faculty of Law, HKU, 1990).

Prospectus, Faculty of Law, HKU (1995/6-1999/2000).

Res Ipsa Loquitur: the fact speaks for itself (Hong Kong: Faculty of Law, HKU, 2012).

Research in the Faculty of Law (Hong Kong: Faculty of Law, HKU, 1993).

Twentieth Anniversary, 1969-1989 (Hong Kong: Faculty of Law, HKU, 1989).

Wesley-Smith, Peter (ed.) *Thirty Years: the HKU Law School, 1969-1999* (Hong Kong: Faculty of Law, HKU, 1999).

城市規劃

Centre of Urban Planning & Environmental Management Review, June 1991

CUPEM: From CUSUP to CUPEM 20 Years of Recollections (Hong Kong: Centre of Urban Planning and Environmental Management, HKU, 2000).

城市研究及城市規劃中心檔案資料

香港大學相關網頁

工程學院

中文學院

名譽博士學位頒授典禮

社會工作及社會行政學系

法律學院

建築學院

香港大學香港大學傳訊及公共事務處

華正中國教育研究中心

教育學院

研討會 / 會議論文集

110th Anniversary Celebration Scientific Congress, October 24-26, 1997, Hong Kong (Hong Kong: Faculty of Medicine, HKU, 1997).

Cheung, Y.K., Chau, K.W. (ed.) *Sixth International Conference on Tall Buildings ; Mini Symposium on Sustainable Cities ; Mini-Symposium on Planning, Design and Socio-Economic Aspects of Tall Residential Living Environment, 6-8 December 2005, Hong Kong and China* (Singapore: World Scientific Publishing Co. Pte. Ltd 2005).

Cheung, Y.K., Kwan, A.K.H. (ed.) *Proceedings of the Fifth International Conference on Tall Buildings, 9-11 December, 1998, Hong Kong and Shanghai* (Hong Kong: Organizing Committee of the Conference, 1998).

Cheung, Y.K., Lee, P.K.K. (ed.) *Proceedings of the Fourth International Conference on Tall Buildings, 27 April - 2 May, 1988, Hong Kong and Shanghai* (Hong Kong: Organizing Committee of the Conference, 1988).

Cheung, Y.K., Lee, P.K.K. (ed.) *Proceedings of the Third International Conference on Tall Buildings, 10-15 December, 1984, Hong Kong and Guangzhou* (Hong Kong: Organizing Committee of the Third International Conference on Tall Buildings, 1984).

Cheung, Y.K., Ho, Kuang-kan, *Proceedings of the International Conference on Finite Element Methods, 2-6 August, 1982, Shanghai, China* (Beijing: Science Press, 1982).

Choi, Lai-yee, Pauline (ed.) *Planning and Development of Coastal Open Cities Part 2 Hong Kong Section, October 23-26, 1996, Hong Kong* (Hong Kong: Centre of Urban Studies and Regional Planning, HKU, 1986).

Chwang, Tse-yung, Allen, Leung, Dennis Y.C., Lee, Joseph H.W. (ed.) *Hydrodynamics: Theory and Applications: Proceedings of the Second International Conference on Hydrodynamics, 16-19 December 1996, Hong Kong* (Rotterdam, Netherland: A.A. Balkema, 1996).

Conference on Education, Social Change and Regional Development, Education, Social Change and Regional Development（教育、社會變遷與地區發展）, June 23-25, 1992 (Hong Kong: Centre of Asian Studies, HKU, 1992).

International Conference on 'School-based Innovations: Looking Forward to the 1990s'（面向九十年代的校內創新國際研討會論文集）, 13-16 December 1989, Hong Kong (Hong Kong: the Conference, 1989).

International Symposium on the Resolution of Administrative Grievances, 10-11 December 1993, Hong Kong (Hong Kong: Chinese Law Research Group, Faculty of Law, HKU, 1993).

Kwok, Yin-wang, Reginald, Pun, Kwok-shing, Peter, (ed.) *Proceedings from the Asian Regional Workshop/Conference of the Commonwealth Association of Planners, Planning in Asia: Present and Future, 20-23 December, 1981, Hong Kong* (Hong Kong: Centre of Urban Studies & Urban Planning, HKU, 1984).

Lee, Ngok, Leung Chi-Keung (ed.) *China: Development and Challenge: Proceedings of the Fifth Leverhulme Conference, 1979, Hong Kong* (Hong Kong: Centre of Asian Studies, HKU, 1979).

Lee, P.K., Tham, L.G., Cheung, Y.K. (ed.) *International Conference on Computational Methods in Structural and Geotechnical Engineering*（結構與岩土工程計算方法國際會議）, 12-14 December 1994, Hong Kong (Hong Kong: Department of Civil & Structural Engineering, HKU, 1994).

Lee, P.K.K., Tham, L.G. (ed.) *Proceedings and Messages: Y.K. Cheung Symposium, 1994, Hong Kong* (Hong Kong: Department of Civil and Structural Engineering, HKU, 1994).

Proceedings: Joint World Congress of the International Federation of Social Workers and the International Association of Schools of Social Work, Participating in Change: Social Work Profession in Social Development, 24-27 July 1996, Hong Kong (Hong Kong: The Congress, 1996).

Symposium on Legal Aspects of the Securities Markets in China, 2 June 1992, Hong Kong (Hong Kong: Faculty of Law, HKU, 1992).

Yeh, Gar-on, Anthony (ed.) *International Conference on Computers in Urban Planning and Urban Management, 22-25 August 1989, Hong Kong* (Hong Kong: Centre of Urban Studies and Urban Planning, HKU, 1989).

《人的革命研討會：中國現代化中的思想與文化問題》（香港：港大文學院，1986）。

《邁向 21 世紀的建築學教育：1996 西安全國高等學校建築學專業指導委員會會議論文集》（陝西西安，1996）。

《關心街頭露宿者計劃調查報告書》（香港：關心街頭露宿者計劃委員會，1977）。

胡耀蘇主編：《中國經濟改革與社會結構調整：國際學術研討會論集》（北京：社會科學文獻出版社，2000，第一版）。

書籍

A Convocation Project, *Growing with Hong Kong: The University and its Graduates: the First 90 Years* (Hong Kong: Hong Kong University Press, 2002).

Ahmed, Manorzoor with Cheng Kai Ming, Jalaluddin, A. K., Ramachandra, K. *Basic Education and National Development: Lessons from China and India* (New York: UNICEF, 1991).

Caryl, Christian. *Building the Dragon City: History of the Faculty of Architecture at the University of Hong Kong* (Hong Kong: Hong Kong University Press, 2012).

Chan, Cecilia L.W. *Issues of Welfare Planning in the PRC in the Midst of Economic Reform* (Hong Kong: The University of Hong Kong, Centre of Urban Studies & Urban Planning, 1990).

Chan, Cecilia L.W. *The Community-based Urban Welfare Delivery System of the People's Republic of China in the Midst of Economic Reform: the Guangzhou Experience* (Doctoral thesis, The University of Hong Kong, 1991).

Chan, Cecilia L.W. *The Myth of Neighborhood Mutual Help: The Contemporary Chinese Community-Based Welfare System in Guangzhou* (Hong Kong: Hong Kong University Press, 1993).

Chan, Cecilia L.W., and Chow, Nelson W.S. *More Welfare After Economic Reform? Welfare Development in the People's Republic of China* (Hong Kong: Centre of Urban Planning and Environmental Management, The University of Hong Kong, 1992).

Chan, H.C., Cai, C.W.,Cheung, Y.K. *Exact Analysis of Structures with Periodicity Using U-transformation* (Singapore: World Scientific, 1998).

Chen, Lincoln C. et al. (ed.) *Medical Education in East Asia: Past and Future,* (Bloomington: Indiana University Press, 2017).

Cheung, Catherine, and Ho, Joey (ed.) *Beijing Duck and Daily Bread: A Decade of Winning Competition 1993-2003, Department of Architecture, The University of Hong Kong* (Hong Kong: Hinge Publications, 2005).

Ching, Frank. *130 Years of Medicine in Hong Kong: From the College of Medicine for Chinese to the Li Ka Shing Faculty of Medicine* (Singapore: Springer Singapore Pte. Ltd.2018).

Chow, Nelson W.S. *Socialist Welfare with Chinese Characteristics: the Reform of the Social Security System in China* (Hong Kong: Centre of Asian Studies, The University of Hong Kong, 2000).

Chow, Nelson W.S. *The Administration and Financing of Social Security in China* (Hong Kong: Centre of Asian Studies, The University of Hong Kong, 1988).

Conner, Alison W. *Training China's Early Modern Lawyers: Soochow University Law School* (Lincoln, Neb.: Centre for Chinese Legal Studies, Columbia University School of Law, 1994).

Cunich, Peter. *A History of The University of Hong Kong* (Hong Kong: Hong Kong University Press, 2012).

Davis, John C., Sampson, R.J. *Statistics and Data Analysis in Geology, With FORTRAN programs* (New York Wiley & Sons, 1973).

Epstein, Edward J. *Law and legitimation in post-Mao China* (Armonk, N.Y.: M.E. Sharpe 1994).

Fang, Sin-yang, and Jeffrey, Lawrence. *Rehabilitation: A Life's Work* (Hong Kong: Hong Kong University Press, 2002).

Fung, Lawrence, (ed.) *China Trade Handbook* (中國貿易手冊) (Hong Kong: The Adsale People, 1984).

Haddad, Elie G. and Rifkind, David (ed.) *A Critical History of Contemporary Architecture 1960-2010* (London: Routledge, 2016).

Harrison, Brian. *University of Hong Kong: the First 50 Years, 1911-1961* (Hong Kong: Hong Kong University Press, 1962).

Kirby, William C. *Empires of Ideas: Creating the Modern University from Germany to America to Asia,* (Cambridge, MA: Belknap Press of Harvard University Press, 2022.)

Kwok, Yin-wang Reginald. *Urban-rural planning and housing development in People's Republic of China, regional and local planning in a developing socialist nation* (Doctoral thesis, Columbia University) (Ann Arbor, Mich.: University Microfilms, Columbia University, 1974).

Kwok, Yin-wang, Reginald. *Urban Housing Provision in China after 1978* (Hong Kong: Centre of Urban Studies and Urban Planning, HKU, 1987).

Kwok, Yin-wang, Reginald. *Recent Urban and Regional Development in China* (Hong Kong: Centre of Urban Studies and Urban Planning, HKU, 1985).

Kwok, Yin-wang, Reginald. *Structure and Policies in Planning of Shenzhen Special Economic Zone* (Hong Kong: Centre of Urban Studies & Urban Planning, HKU, 1985).

Kwok, Yin-wang, Reginald. *The Hong Kong-Guangdong link: Partnership in Flux* (Hong Kong: Hong Kong University Press, 1995).

Lau, Kit-ching Chan, and Cunich, Peter. *An Impossible Dream: Hong Kong University from Foundation to Re-Establishment, 1910-1950* (New York: Oxford University Press, 2002)

Leong, Che-Hung. *The Triumph of Rationality: from Surgical Practice to Public Service* (Hong Kong: The Commercial Press, 2018).

Leung, Joe C.B. *Family Mediation with Chinese Characteristics: a Hybrid of Formal and Informal Service in China* (Hong Kong: Department of Social Work & Social Administration, HKU, The University of Hong Kong, 1991).

Leung, Joe C.B. *The Transformation of Occupational Welfare in the People's Republic of China [electronic resource]: from a Political Asset to an Economic Burden* (Hong Kong: Department of Social Work & Social Administration, HKU, The University of Hong Kong, 1992).

Leung, Joe C.B., and Nann, Richard C. *Authority and Benevolence: Social Welfare in China* (Hong Kong: Chinese University of Hong Kong, 1995).

Leung, Joe C.B., and Xu, Yue Bin. *China's Social Welfare: The Third Turning Point* (Cambridge: Polity Press, 2015).

Matthews, Clifford, and Cheung, Oswald (ed.) *Dispersal and Renewal: Hong Kong University During the War Years* (Hong Kong: Hong Kong University Press, 1998).

Mellor, Bernard. *Lugard in Hong Kong: Empires, Education and a Governor at Work 1907-1912* (Hong Kong: Hong Kong University Press, 1992).

Mellor, Bernard. *The University of Hong Kong, an Informal History (2 Vols)* (Hong Kong: Hong Kong University, 1980).

Munn, Christopher. *A Special Standing in the World: the Faculty of Law at the University of Hong Kong, 1969-2019* (Hong Kong: Hong Kong University Press, 2019).

Nann, Richard C. *Social work - Local and Global: A Look at Social Work Across Ideologies and Culture, an Inaugural Lecture* (Hong Kong: Department of Social Work and Social Administration, HKU, 1989).

Postiglione, Gerard A. (ed.) *Education and Social Change in China: Inequality in a Market Economy* (Armonk, N.Y.: M.E. Sharpe, 2006).

Postiglione, Gerard A. and Lee, Wing On (ed.) *Social change and educational development: Mainland China, Taiwan and Hong Kong* (Hong Kong: Centre of Asian Studies, HKU, 1995).

Postiglione, Gerard A. *China's National Minority Education Culture, Schooling, and Development* (New York; London: Falmer Press, 1999).

Repair, Reconstruct and Rehabilitate: Half a Century of Orthopaedics in Hong Kong (Hong Kong: Hong Kong Academy of Medicine Press, 2004).

Roskam, Cole. *Designing Reform: Architecture in the People's Republic of China 1970-1992* (New Haven and London: Yale University Press, 2020).

Wang, Gungwu, and Wong, Siu-lun. *Dynamic Hong Kong: Business & Culture* (Hong Kong: Centre of Asian Studies, HKU The University of Hong Kong, 1997).

Wang, Gungwu, and Wong, Siu-lun. *Hong Kong in the Asia-Pacific Region: Rising to the New Challenges* (Hong Kong: Centre of Asian Studies, HKU, The University of Hong Kong, 1997).

Wang, Gungwu, et al. *Hong Kong's Transition: A Decade after the Deal* (Hong Kong: Oxford University Press, 1995).

Wang, Liang Huew, Yeh, Anthony Gar-on (ed.) *Keep a City Moving: Urban Transport Management in Hong Kong* (Tokyo: Asian Productivity Organization, 1993).

Watershed Hong Kong：《香港保衛戰紀——十八個需要記住的香港故事》（香港：蜂鳥出版有限公司，2021）。

World Bank. *China Provincial Education Planning and Finance - Sector Study* (Report No. 8657-CHA), Volume I (26 June 1991).

Yeh, Anthony Gar-On , Xu, Xueqiang and Yan, Xiaopei (ed.) *Urban Planning and Planning Education Under Economic Reform in China* (Hong Kong: Centre of Urban Planning and Environmental Management, HKU, 1997).

Yeh, Anthony Gar-On, (ed.) *Cities and China's Development: A Preview of the Future Role of Hong Kong* (Hong Kong: Centre of Urban Planning and Environmental Management, HKU, 1995).

Yu, Richard and Ducky Chi Tak. Big Shots: in Celebration of 130 Years of Medicine in Hong Kong（大醫逸照：慶祝香港醫學發展一百卅年）(Hong Kong, Li Ka Shing Faculty of Medicine, The University of Hong Kong, 2017).

《〈不惑。天命〉香港。大學。同學會》（香港：香港大學畢業同學會，2021）。

《一九七二年雨災調查委員會中期報告書》（香港：香港政府印務局，1972）。

《工作報告（1988-1995）》（香港：香港法律教育信託基金，1996）。

《中國內地及香港邁進九十年代社會福利發展研討會報告書》，1990年10月30日至11月3日，北京（香港：香港社聯，1991）。

《內港波浪及其消減報告摘要》（香港：香港特區政府土木工程署，1997年11月）。

《對華貿易商社名錄（港澳地區）》（*Directory of companies in China trade in Hong Kong and Macau*）（北京、香港：中國對外經濟貿易出版社、香港中國廣告有限公司、香港雅式業務促進中心，1985）。

《廣州福利服務：一鱗半爪：香港社會工作人員協會考察團報告書：一九八二年十二月廿七日至卅一日》（香港：香港社會工作人員協會，1983）。

王小能：《中國票據法律制度研究》，（北京：北京大學出版社，1999）。

王思斌、阮曾媛琪、史柏年主編：《中國社會工作教育的發展》（北京：北京大學出版社，2014）。

王思斌、唐鈞、梁寶霖、莫泰基編：《中國社會福利》（香港：中華書局，1998）。

王思斌：《社會工作本土化之路》（北京：北京大學出

版社，2010）。

王振民：《法律、法治與法學》（第一版）（北京：法律出版社，2006）。

王振民：《法律基礎教程》（北京：清華大學出版社，2000）。

王振民：《香港 2020：治亂交替與危中之機》（香港：中華書局，2020）。

王振民編：《君子務本：懷念清華大學法學院何美歡老師》（北京：中國政法大學出版社，2011）。

文灼非：《中國采風》（香港：香港文化教育出版社有限公司，1996）。

朱裕倫：《創業歷程》（未出版）

阮曾媛琪、黎永開編：《廿一世紀中國內地與香港社會福利與社會工作發展論文集（回歸特刊）》（香港：香港社會工作人員協會出版，1997）。

李忠海：《治水·治學·治心：李焯芬傳》（香港：中和出版有限公司，2012）。

吳茲潛、張佑啟、范壽昌：《結構分析的樣條有限條法》（廣州：廣東科技出版社，1986）。

何丙郁：《學思歷程的回憶：科學、人文、李約瑟》（北京：科學出版社，2007）。

何美歡：《理想的專業法學教育》（北京：中國政法大學出版社，2011）。

周永新：《中國社會保障制度與管理》（成都：四川科學技術出版社，1989）。

周永新：《真實的貧窮面貌：綜觀香港社會 60 年》（香港：中華書局，2014）。

柯達群：《回歸心聲：港人訪問錄》（上海：上海人民出版社，1997）。

香港大學同學會：《我們的香港、我們的同學會》（香港：香港大學畢業同學會，2016）。

香港地方志中心編纂：《香港參與國家改革開放志》上下冊（香港：中華書局，2021）。

香港建築師學會編著：《筆生建築——29 位資深建築師的香港建築》（香港：三聯書店（香港）有限公司，2016）。

韋慶遠：《張居正和明代中後期政局》（廣州：廣東高等教育出版社，1999）。

華南理工大學香港校友會執委會主編：《華南理工大學香港校友會成立三十周年 1969-1999 特刊》（香港：華南理工大學香港校友會執委，1999）。

郭大江：《百年檔案藏一代風流：香港大學早期工學

士故事》（香港：牛津大學出版社，2012）。

陳多主編：《改革開放 40 年與香港》（香港：三聯書店（香港）有限公司，2019）。

陳雨春編：《金應熙香港今昔談》（北京：龍門書局，1996）。

陳麗芳：〈《走向未來》叢書出版研究〉（西南交通大學碩士論文，2013 年）。

梁卓偉：《大醫精誠：香港醫學發展一百三十年》（香港：三聯書店（香港）有限公司，2017）。

梁祖彬、顏可親：《權威與仁慈：中國的社會福利》（香港：中文大學出版社，1996）。

梁祖彬：《穗港社區工作理論與實踐》（廣州：廣東高等教育出版社，1990）。

張家偉、蔡青梅：《事盡人間苦　蒼莽起風雲——社協五十年》（香港：香港社區組織協會，2022）。

黃良會、葉嘉安主編、倪文彥、芮經緯譯：《保持城市交通暢通——香港城市交通管理》（北京：中國建築工業出版社，1993）。

黃麗松：《風雨絃歌　黃麗松回憶錄》（香港：香港大學出版社，2000）。

黃艷秋：《中國當代商業廣告史》（開封：河南大學出版社，2006）。

葉舜贊、葉嘉安主編：《京九鐵路沿線地區開發與香港發展》（北京：科學出版社，1997）。

葉嘉安、宋小冬：《地理信息系統及其在城市規劃與管理中的應用》（北京：科學出版社，1995）。

單周堯編：《香港大學中文學院歷史圖錄》（香港：香港大學中文學院，2007）。

程介明：《中國教育改革：進展、局限、趨勢》（香港：商務印書館，1992）

馮明珠編：《盛清社會與揚州研究　恭賀陳捷先教授八秩華誕論文集》（台北：遠流出版事業股份有限公司，2011）。

曾家達、王思斌、殷妙仲主編，《21 世紀中國社會工作發展國際研討論文集》（北京：中國社會科學出版社，2001）。

曾家達、殷妙仲、高鑒國、辛偉泉主編：《中國社會工作的發展：加拿大華人學者的回顧與探討》（第一版）（北京：社會科學文獻出版社，2013 年）。

楊永安編：《足跡：香港大學中文學院九十年》（香港：中華書局，2017）。

趙子美、趙子強編：《趙令揚教授追思集》（香港：香

港大學中文學院、商務印書館，2019）。

厲以賢主編，白傑瑞、李錦旭協編：《西方教育社會學文選》（台北：五南圖書，1992）。

鄭明仁：《香港文壇回味錄》（香港：天地圖書，2022）。

鄭敏華：《潤物無聲：工程界翹楚》（香港：思網絡有限公司，2010）。

鄭毓信、梁貫成：《認知科學建構主義與數學教育：數學學習心理學的現代研究》（上海教育出版社，1998）。

鄧小平：《鄧小平文選》卷二（北京：人民出版社，2008）。

劉智鵬、劉蜀永編：《侯寶璋家族史》（香港：和平圖書有限公司，2012 年增訂版）。

劉蜀永：《劉蜀永香港史文集》（香港：中華書局，2010）。

劉蜀永編：《一枝一葉總關情》（增訂版）（香港：香港大學出版社，1999）。

潘承烈、陳華蔚：《企業管理諮詢的理論和方法》（杭州：浙江人民出版社，1985）。

潘國駒編：《黃麗松在南大與港大》（新加坡：八方文化創作室，2016）。

錢偉長總主編、孫鴻烈本卷主編：《20 世紀中國知名科學家學術成就概覽：地學卷》（北京：科學出版社，2010）。

謝榮滾編：《陳君葆文集》（香港：三聯書店（香港）有限公司，2008）。

期刊

Acta Oceanologica Sinica (Beijing)

Architectural Design (London)

Clinical Medical Journal

Comparative Education (Bristol)

Environment and Planning. B Planning and Design (London)

Hong Kong Law Journal (Hong Kong)

Journal of Architectural Education (Washington D.C.)

Research on Social Work Practice (California)

The Annals of Regional Science (Berlin)

The Christian Science Monitor (Boston)

The Journal of Architecture (London)

The Law Society Gazette (Hong Kong)

The Law Society of Hong Kong Gazette (Hong Kong)

人文地理（西安）

中山大學學報論叢（廣州）

中外法學（北京）

中華全科醫學（蚌埠）

中華骨科雜誌（天津）

中華神經外科雜誌（北京）

中華創傷骨科雜誌（廣州）

中華醫史雜誌（北京）

中華顯微外科雜誌（廣州）

中國人力資源開發（北京）

中國社會科學（北京）

中國修復重建外科雜誌（四川）

中國廣告（上海）

中國醫藥科學（北京）

中學教師培訓（長春）

東南文化（南京）

水科學進展（南京）

世界建築（北京）

國外城市規劃（北京）

水利學報（北京）

世界建築導報（深圳）

世界建築導報社（深圳）

古籍整理研究學刊（長春）

生物學通報（北京）

民族教育研究（北京）

老年學雜誌（長春）

地理研究（北京）

地理科學（長春）

地理學報（北京）

地域研究與開發（鄭州）

同濟大學學報（上海）

自然辯證法通訊（北京）

中華手外科雜誌（上海）

江蘇高教（南京）

社會（廈門）

社會工作（南昌）

社會學研究（北京）

法學論壇（山東）

河北學刊（石家莊）

建築創作（北京）

建築學報（北京）

城市規劃（北京）

南方建築（廣州）

科學新聞（北京）

華中建築（武漢）

時代建築（上海）

特區實踐與理論（深圳）

高等建築教育（重慶）

現代城市研究（南京）

教育研究（北京）

敦煌研究（蘭州）

當代青年研究（上海）

經濟地理（長沙）

廣東解剖通報（廣州）

廣東解剖學通報（廣州）（後更名為：廣東解剖學通告）

廣東醫學（廣州）

學位與研究生教育（北京）

學術研究（廣州）

醫學研究通訊（北京）

報刊及雜誌

The Standard (Hong Kong)

工商晚報（香港）

大公報（香港）

中山日報（中山）

中國三峽工程報（北京）

文匯報（香港）

亞洲週刊（香港）

明報（香港）

明報月刊（香港）

明報周刊（香港）

香港文學（香港）

科技彙報（香港）

華僑日報（香港）

第一財經日報（上海）

新報人（香港）

書函及信件（私藏）

王鍾翰致趙令揚函

包遵信致趙令揚函

任繼愈致趙令揚函

香港大學文學院《人的革命：中國現代化中的思想與文化問題研討會》邀請信

唐振常致趙令揚函

容肇祖致趙令揚函

馮其庸致趙令揚函

湯一介致趙令揚函

瞿同祖致趙令揚函

訪談

王維仁

白傑瑞（Gerard A. Postiglione）

朱裕倫

朱濤

祁樂彬（John Cribbin）

李行偉

李啟光

李焯芬

范上達

林光泰

林兆鑫

周子京

周永新

周肇平

冼玉儀

孟鴻偉

施能自

韋永庚

袁國勇

徐天佑

徐詠璇
高西慶
郭大江
郭彥弘
陸人龍
陳小玲
陳弘毅
陳坤耀
陳振光
陳偉明
陳鴻霖
陳麗雲
梁卓偉
梁定邦
梁祖彬
梁貫成
梁智鴻
梁慶儀
張英相
黃依倩
黃啟華
黃紹倫
葉嘉安
程介明
馮可強
楊文信
楊永安
楊佰成
楊紫芝
楊銳
趙子強
鄭耀宗
黎沛濤
劉少瑜
龍炳頤
譚國煥

網站

Adsale Group

Lo, Andrew H.B., SOAS, University of London

M+ 博物館

Messe-Duesseldorf

Network (September 2008), Publication of University of Manitoba Canada

Online Archive of California

Rockefeller Brothers Fund

Rockefeller Foundation

The International Association for the Evaluation of Educational Achievement (IEA)

UNESCO International Institute for Educational Planning

World Bank

丁香會議
人社東華
中山大學第一附屬醫院
中央政府資源網
中華人民共和國中央人民政府
中國教育部
中國國務院
中國新聞網
中電集團
北京汽車博物館
央視網新聞
同創－科大通訊
灼見名家
香港政府新聞網
香港科學院
香港特區政府新聞公報
香港電台
清華大學法律學院
新浪網
廣東新聞網
德勤中國
聯合國南南合作日
證券時報網

附錄三 |

感謝

本書的研究和撰寫得到友好、港大教授、教職員、校友和各部門的幫助，特表謝意。

感謝葉嘉安教授，多年催促港大發展和校友事務部動手蒐集和記錄港大在改革開放初期和內地的互動和交往，尋訪當年的風雲人物，搶救歷史。

感謝支持這個項目的校友的信任，委託筆者組織研究團隊，擔起重任。

感謝葉嘉安、楊永安、黃啟華、陸人龍提供當年中文學院活動的會議原始資料，包括會議邀請信、小冊子、出席名單、報刊報道等；楊永安幫忙聯絡中文學院老師和趙令揚教授家人，取得一手照片，搶救了大批大師書函和趙教授的文件；黃啟華保留着趙教授的大量文件，他協助聯繫，並提供了很多細節及珍貴文獻。

感謝王振民協助聯絡清華法學院老師和校友，提供有關何美歡和法律篇的資料。

感謝港大教授、教職員、校友和各部門的幫助。

感謝香港三聯出版部李毓琪和寧礎鋒的支持和協助，使本書得以完成。

感謝香港大學發展及校友事務部這兩年來的支持、友誼，和為團隊提供溫暖的工作環境。我們一起度過了新冠疫情的起伏和挑戰，常懷希望，銘記明德格物。

特別感謝接受團隊訪談，
提供意見的學者和校友

特別感謝在各方面提供意見、
信息和協助的前輩和朋友

王維仁	陳小玲	張佑啟家人	潘少權
白傑瑞	陳弘毅	趙令揚家人	賴偉雲
（Gerard A. Postiglione）	陳坤耀	丁新豹	鍾佩芬
朱裕倫	陳振光	于文晶	韓啟榮
朱濤	陳偉明	文灼非	鄺國偉
李行偉	陳鴻霖	方幸生	羅慧芳
馮可強	陳麗雲	王旭	譚兆璋
李啟光	陸人龍	白淨	譚佩雯
李焯芬	程介明	吳鄰鴻	Cole Roskam
冼玉儀	黃依倩	呂書練	Devorah Lindsay
周子京	黃啟華	李永峰	
周永新	黃紹倫	李杏杏	M+ 博物館
周肇平	楊文信	李秀雯	多倫多大學法學院
孟鴻偉	楊永安	李佳星	香港大學人文社會研究所
林兆鑫	楊佰成	李津霆	香港大學土木工程系
林光泰	楊紫芝	李香蓮	香港大學工程學院
祁樂彬	楊銳	李梓新	香港大學中文學院
（John Cribbin）	葉嘉安	孫文彬	香港大學出版社
施能自	趙子強	徐佳鳴	香港大學呂志和法律圖書館
范上達	劉少瑜	張可恩	香港大學李嘉誠醫學院
韋永庚	鄭耀宗	張仲斌	香港大學法律學院
徐天佑	黎沛濤	梁美美	香港大學社會工作及社會行政學系
徐詠璇	龍炳頤	梁翠華	香港大學城市研究及城市規劃中心
袁國勇	譚國煥	梁燕蕾	香港大學建築學系
高西慶		連浩鋈	香港大學建築學院
張英相		郭家傑	香港大學專業進修學院
張善喻		陳伊敏	香港大學教育學院
梁卓偉		陳素玲	香港大學傳訊及公共事務處
梁定邦		曾明	香港大學圖書館
梁祖彬		楊哲宇	香港大學圖書館特藏部
梁貫成		楊曉雯	香港大學檔案館
梁智鴻		葉惠霞	香港中文大學建築學院圖書館
梁慶儀		廖莹	香港交易所
郭大江		劉蜀永	香港法律教育基金有限公司
郭彥弘		歐陽業俊	清華大學法學院

[書名]

香港大學世紀之問——改革開放初期與內地交流的人和事

[主編]

陳婉瑩

[特約編輯]

鄭靜珊、趙晗

[責任編輯]

寧礎鋒

[書籍設計]

姚國豪

[出版]

三聯書店（香港）有限公司

香港北角英皇道四九九號北角工業大廈二十樓

Joint Publishing (H.K.) Co., Ltd.

20/F., North Point Industrial Building,

499 King's Road, North Point, Hong Kong

[香港發行]

香港聯合書刊物流有限公司

香港新界荃灣德士古道二二〇至二四八號十六樓

[印刷]

美雅印刷製本有限公司

香港九龍觀塘榮業街六號四樓A室

[版次]

二〇二三年九月香港第一版第一次印刷

[規格]

十六開（170mm × 220mm）四〇〇面

[國際書號]

ISBN 978-962-04-5278-9

三聯書店
http://jointpublishing.com

JPBooks.Plus
http://jpbooks.plus

本書團隊已盡力取得圖片使用許可，並註明出處，如有遺漏，請和團隊聯繫，電郵：HKURnOU@gmail.com